"十四五"普通高等教育规划教材

基础会计（第二版）

张海梅　高玉梅 ◎ 主编

图书在版编目(CIP)数据

基础会计/张海梅,高玉梅主编.—2版.—上海:立信会计出版社,2023.7
ISBN 978-7-5429-7337-5

Ⅰ.①基… Ⅱ.①张… ②高… Ⅲ.①会计学-基本知识 Ⅳ.①F230

中国国家版本馆CIP数据核字(2023)第124318号

策划编辑　　王斯龙
责任编辑　　王斯龙
美术编辑　　吴博闻

基础会计(第二版)
JICHU KUAIJI

出版发行	立信会计出版社			
地　　址	上海市中山西路2230号	邮政编码	200235	
电　　话	(021)64411389	传　　真	(021)64411325	
网　　址	www.lixinaph.com	电子邮箱	lixinaph2019@126.com	
网上书店	http://lixin.jd.com	http://lxkjcbs.tmall.com		
经　　销	各地新华书店			
印　　刷	常熟市人民印刷有限公司			
开　　本	787毫米×1092毫米	1/16		
印　　张	17.5			
字　　数	448千字			
版　　次	2023年7月第2版			
印　　次	2023年7月第1次			
书　　号	ISBN 978-7-5429-7337-5/F			
定　　价	48.00元			

如有印订差错,请与本社联系调换

第二版前言

近年来,中共中央、国务院相继发布了《关于加强和改进新形势下高校思想政治工作的意见》《关于深化新时代学校思想政治理论课改革创新的若干意见》,提出要强化思想理论教育和价值引领,把社会主义核心价值观体现到教书育人全过程。教育部也相继发布了《高校思想政治工作质量提升工程实施纲要》《高等学校课程思政建设指导纲要》,指出要科学设计课程思政教学体系,统筹推进课程育人。2022年4月,习近平总书记视察中国人民大学时进一步指出:思政课的本质是讲道理,要注重方式方法,把道理讲深、讲透、讲活,老师要用心教,学生要用心悟,达到沟通心灵、启智润心、激扬斗志。

本教材第一版出版后,我们收集了多所院校任课老师的使用反馈意见。本次修订仍保留了原教材的内容体系结构,承续了原教材的编写风格。为了贯彻新时代党的教育方针、落实立德树人根本任务,本次修订特别注重体现党的二十大精神,将思政与专业教育相结合,将显性教育与隐性教育相统一。

本次修订的主要内容如下:

(1) 精心设计课程思政案例。本教材充分挖掘课程中蕴含的思想政治教育资源,突出"爱国敬业、诚信严谨、说法守法"课程思政主线,将立德树人融入教材内容的各层面,坚持为党育人、为国育才。本教材在每一章中均以二维码的形式增加了思政案例,注重价值引领,弘扬社会主义核心价值观,培养学生的爱国情怀、职业操守和奋斗精神。

(2) 创新教学模式和搭建教学创新平台。为了适应移动学习和泛在学习的需要,本教材对每一个重要知识点和技能点都配有微课视频,同时教材还配有章节习题、单元测验、期末考试等内容。所有教学资源都已上传至超星泛雅平台,有助于学生自主学习和教师实施翻转课堂,也为社会人员自主学习提供了方便。

(3) 优化教学内容。本教材根据最新的企业会计准则的规定,跟踪行业最新发展,对部分知识点进行更新,做到与时俱进,同步对接新知识、新规范和新技能。

本教材的修订仍由张海梅和高玉梅共同完成。其中,第一章、第三章、第四章、第六章、第七章、第八章、第十章由张海梅修订;第二章、第五章、第九章由高玉梅修订;张海梅负责审阅定稿。

本教材主要为以应用型、技术技能型人才培养为目标的会计学专业的学生编写,可作为应用型普通本科院校的会计学、财务管理、审计等专业的基础教材,也可作为高职高专财经商贸类专业的教材,还可以作为广大经营管理者和会计工作者的入门参考书。

由于编者的水平有限,教材中若有错漏或不妥之处,恳请各位老师和同学提出宝贵意见,联系邮箱为 zhm.nt@163.com。你们的回应是我们前进的最大动力!

编 者

2023 年 4 月

目 录

第一章 总论 1
 第一节 会计概述 2
 第二节 会计职能、会计对象和会计方法 7
 第三节 会计基本假设与会计基础 13
 第四节 会计目标和会计信息质量要求 16
 本章习题 20

第二章 会计要素与会计等式 24
 第一节 会计要素 25
 第二节 会计等式 33
 本章习题 38

第三章 账户与复式记账 42
 第一节 会计科目 43
 第二节 账户 49
 第三节 复式记账法 54
 本章习题 66

第四章 制造业企业主要经济业务的核算 73
 第一节 制造业企业主要经济业务概述 74
 第二节 资金筹集业务的核算 76
 第三节 供应过程业务的核算 85
 第四节 生产过程业务的核算 94
 第五节 销售过程业务的核算 104
 第六节 财务成果形成与分配业务的核算 110
 本章习题 123

第五章 会计凭证 130
 第一节 会计凭证概述 131
 第二节 原始凭证 132
 第三节 记账凭证 139
 第四节 会计凭证的传递和保管 145
 本章习题 146

第六章　会计账簿ᅠ151
  第一节　会计账簿概述ᅠ153
  第二节　会计账簿的内容与记账规则ᅠ159
  第三节　对账和结账ᅠ167
  第四节　会计账簿的更换与保管ᅠ175
  本章习题ᅠ175

第七章　财产清查ᅠ180
  第一节　财产清查概述ᅠ182
  第二节　财产物资的盘存制度ᅠ184
  第三节　财产清查的方法ᅠ186
  第四节　财产清查结果的处理ᅠ192
  本章习题ᅠ197

第八章　财务会计报告ᅠ201
  第一节　财务会计报告概述ᅠ202
  第二节　资产负债表ᅠ205
  第三节　利润表ᅠ211
  第四节　现金流量表ᅠ214
  第五节　所有者权益变动表ᅠ218
  本章习题ᅠ220

第九章　账务处理程序ᅠ227
  第一节　账务处理程序概述ᅠ229
  第二节　记账凭证账务处理程序ᅠ230
  第三节　科目汇总表账务处理程序ᅠ247
  第四节　汇总记账凭证账务处理程序ᅠ252
  本章习题ᅠ256

第十章　会计工作组织ᅠ260
  第一节　会计工作组织概述ᅠ261
  第二节　会计机构和会计人员ᅠ262
  第三节　会计法规体系ᅠ265
  第四节　会计档案管理ᅠ267
  本章习题ᅠ269

第一章 总 论

学习目标

1. 理解会计的概念和特征
2. 理解会计的职能
3. 掌握会计核算的七种方法
4. 熟悉会计的四项基本假设
5. 掌握会计基础
6. 理解会计信息质量要求

重点与难点

1. 会计基本职能
2. 会计基本假设
3. 权责发生制和收付实现制的区别

知识框架结构

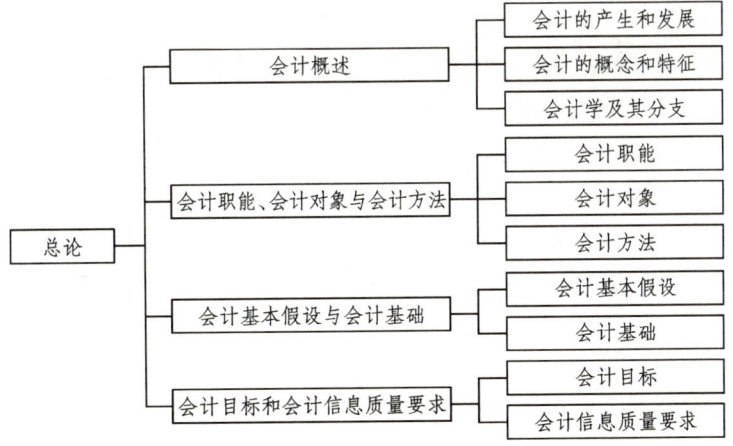

案例导入

朱总理三题"不做假账"的深意

朱镕基曾先后3次为3所国家会计学院题写校训,而3次题字竟是同样的内容:"不做假账"。2002年11月19日,朱镕基在香港举行的第十六届世界会计师大会上演讲并提到此事时,引来了热烈的掌声。

不做假账,知易行难。

20世纪末21世纪初,美国安然公司及世通公司惊天破产所揭露的大公司财务欺诈案,不都是"假账"在作怪吗?在不少地方,"账"是为"人"服务的,会计是听领导指挥的,"两本账""阴阳账""糊涂账"……比比皆是。

做假账,确实为某些人、某些小团体、某些地方带来了"好处"。然而,它带来的损害甚至灾难却不知是那些"好处"的多少倍。近年来,一些公司为了获取上市资格,大做假账,上市之后,继续公布虚假财务状况,极大地损害了投资者的利益。假账的大量存在,也使我国很多统计信息及经济指标误差很大,这不仅严重影响了政府的决策,也动摇了"诚信"这块市场经济的基石。更重要的是,假账对党和政府一直倡导的"实事求是"工作作风和原则构成了严重挑战,助长了弄虚作假之风。这种风气甚至蔓延到其他领域,"假作真时真亦假,谁不作假谁吃亏",使整个社会的公信力大大降低。

"不做假账"原本是会计行业职业操守的"底线",但这个"底线"在当前却遭受冲击。这个"底线"如果得不到恢复,其他方面的会计技能也将失去根本。所以,会计行业的当务之急,就是要重建信用。这不仅是会计行业的安身立命之本,也是整个社会经济大厦的基础。

"不做假账"这4个字不仅是送给国家会计学院的,也是送给全国会计从业者的。

业务技能思考:

你认为一个会计工作者最基本、最重要的会计素养有哪些?

[摘自"朱总理三题'不做假账'的深意"(《南方都市报》,2002-11-20),作者盛大林]

第一节 会 计 概 述

一、会计的产生和发展

人类的会计行为是社会经济发展到一定阶段的产物。它随着社会生产而产生,并适应经济管理的客观需要而不断发展、完善。当社会生产发展到一定水平,剩余产品开始经常性出现并不断增多时,私有制逐步产生,以交换为目的的商品和商人也逐渐形成并发展起来,对用货币形式计量和记录的需求逐步增加,使会计从整个生产职能中分离出来,成为一项独立的职能。因此,会计的发展和完善与社会生产力的发展和管理要求的不断提高紧密相关。

(一)我国会计的产生和发展

会计在我国有着悠久的历史。我国会计的产生和发展经历了以下三个阶段。

1. 古代会计阶段(从原始社会到1840年的封建社会末期)

早在原始社会,人类为了记录生产过程中的劳动耗费和取得的劳动成果数量,采用了"结绳记事"(图1-1)、"刻契记事"(图1-2)、"垒石计数"等简单的方法,记录生产过程中的劳动耗费和取得的劳动成果。这个时期,所谓的会计只是在生产时间之外附带地把收、支记录下来,是生产职能的附带部分。到了原始社会末期,社会生产力发展到一定水平,出现了剩余产品,社会再生产活动日益复杂,人们单凭头脑记忆或用很简单的方法来记录生产过程中的各项耗费和所得,已不能适应社会需要。为了对生产过程中生产资料和劳动时间

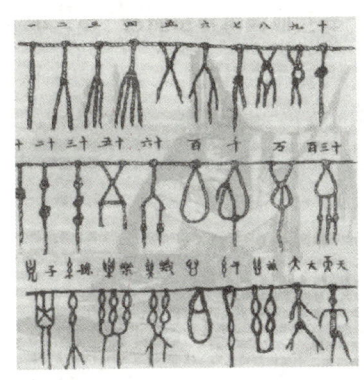 

图 1-1　结绳记事　　　　　　图 1-2　刻契记事

的消耗以及劳动成果的数量进行更加准确的记录和计算，会计逐渐从生产职能中分离出来，独立成为具有特定职能的专职会计，最早的会计由此产生。

西周时期，我国出现"会计"一词，设立"司会"一职。"会计"最早的含义是指"零星算之为计，总合算之为会"，意即会计既有日常的零星核算，也有年终的综合核算。"司会"是我国最早的官厅会计，专管钱粮赋税，"掌国之官府郊野县都之百物财用"。西周时期还建立了"以参互考日成，以月要考月成，以岁会考岁成"的"日成""月要""岁会"等报告文书，可以说是旬报、月报、年报等会计报表的雏形。对账簿的设置，也从单一流水账发展为"草流"（也叫底账）、"细流""总清"三账，并一直使用到明清时期。

唐宋时期，随着生产力的发展，我国逐步形成了一套记账、算账的古代会计结算法，即"四柱清册"，也称"四柱结算法"。所谓"四柱"是指"旧管"（相当于期初结存）、"新收"（相当于本期收入）、"开除"（相当于本期支出）、"实在"（相当于期末结存）四个部分。"四柱结算法"是把一定时期内的财物收支记录，通过"旧管＋新收＝开除＋实在"（即"期初结存＋本期收入＝本期支出＋期末结存"）这一平衡公式，加以总结的一种会计结算法。它既可检查日常记账的正确性，又可系统、全面和综合地反映经济活动的全貌。这是我国古代会计的一个杰出成就，即使在现代会计中，仍然运用这一平衡关系。随着生产力的进一步发展，"四柱结算法"传入民间为商界所沿用，逐渐形成了我国传统的中式簿记。

明末清初，我国资本主义开始萌芽，出现了以"四柱"为基础的"龙门账"，把会计账目划分为"进"（相当于各项收入）、"缴"（相当于各项支出）、"存"（相当于各项资产）、"该"（相当于资本、负债）四大类，运用"进－缴＝存－该"（即"各项收入－各项支出＝各项资产－各项负债"）的平衡公式来计算盈亏，分别编制"进缴表"和"存该表"。在两表中计算求出的盈亏数应当相等，称"合龙门"，以此勾稽全部账目的正误。这同时也标志着我国会计由单式记账向复式记账的迈进。

清朝中期，由于资本主义经济的萌芽与发展，出现了"天地合账"。在这种方法下，账簿采用垂直书写，直行分为上下两格，上格记收，称为"天"，下格记付，称为"地"。上、下两格所登记的数额必须相等，即所谓"天地合"。

"四柱结算法""龙门账"与"天地合账"充分显示了我国古代会计阶段上各个时期传统中式簿记的特点。

2. 近代会计阶段(1840—1949 年)

1840 年鸦片战争后,我国成为一个半殖民地半封建社会,封建经济与资本主义经济并存,会计也是中西并存、发展缓慢。中式会计继续沿用和改良老式的中国会计,西式会计则全盘输入英美资本主义会计。在这个阶段,借贷记账法传入我国。

民国时期,国民政府实施了相对统一的会计制度,新式会计人才取代了旧式账房先生。

案例:潘序伦——中国现代会计之父

3. 现代会计阶段(1949 年至今)

中华人民共和国成立后,财政部先后多次制定了分行业的会计制度,强化了对会计工作的组织和指导。1963 年 1 月,国务院发布《会计人员职权试行条例》,第一次明确了会计人员的职责、权限、任免、奖惩等内容;1981 年,我国恢复了注册会计师制度;1985 年 1 月颁布《中华人民共和国会计法》(以下简称《会计法》),该法是新中国会计工作的第一部根本大法,并于 1993 年、1999 年、2017 年分别对其进行了修正或修订;1992 年 11 月,财政部发布了《企业会计准则》和《企业财务通则》,实现了会计核算制度改革和财务管理模式的重要转变;2000 年 6 月,为了规范企业财务会计报告,保证会计信息的真实完整,国务院发布《企业财务会计报告条例》;2000 年 12 月,财政部还颁布了有助于规范企业会计核算工作、提高会计信息质量的《企业会计制度》。

案例:创下四个第一的谢霖

在经济全球化与资本市场国际化的背景下,2006 年 2 月,财政部发布了《企业会计准则——基本准则》和 38 项具体准则,该准则自 2007 年 1 月 1 日起在上市公司范围内施行,并鼓励其他企业执行。为了进一步适应社会主义市场经济发展需要和进一步规范企业会计计量的方法,2014 年,财政部修订了基本准则和 5 项具体准则,新发布 3 项具体准则;2017 年,修订具体准则 6 项,新发布具体准则 1 项;2018 年,修订具体准则 1 项;2019 年,修订具体准则 2 项。

2011 年 10 月,为了规范小企业会计确认、计量和报告行为,财政部发布《小企业会计准则》,要求符合条件的小企业自 2013 年 1 月 1 日起执行。

2015 年 10 月,财政部发布了《政府会计准则——基本准则》,自 2017 年 1 月 1 日起在各级政府、各部门、各单位施行;2016 年,发布 4 项"政府会计准则——具体准则";2017 年,发布 2 项"政府会计准则——具体准则";2017 年 10 月 24 日,发布《政府会计制度——行政事业单位会计科目和报表》,自 2019 年 1 月 1 日起施行;2018 年,发布 3 项"政府会计准则——具体准则"。

目前,我国会计准则体系日趋完善,其中,企业施行《企业会计准则——基本准则》和 42 项具体准则,小企业施行《小企业会计准则》,行政单位和事业单位施行《政府会计准则》(含基本准则和 9 项具体准则)。

(二)西方会计的产生与发展

在西方,从自然经济、商品经济到市场经济,从手工作坊到合伙制,从股份公司的兴起到跨国公司的涌现,会计始终与社会经济发展相适应,并经历了古代会计→近代会计→现代会计的历史变革。

1. 古代会计(公元 15 世纪中叶以前)

早先的会计仅仅是一种简单的计量、记录行为。随着以小生产方式为主的自然经济占主导地位,并有了一定的简单商品生产后,会计才逐渐从生产职能中分离出来,成为当事人采用专门方法进行的一种核算活动。其主要特征是单式簿记。单式簿记对经济事项的发生主要采取序时流水登记的方法，平时只登记货币资金的收付和债权债务业务。这一时期，社会上只有少数人知晓会计原理，此时会计仅扮演着"账房管家"的角色。

2. 近代会计(15世纪中叶到20世纪中叶)

15世纪，随着意大利北部城市手工业的兴起和商业、银行业的繁荣，世界上最早的借贷复式簿记账册开始诞生。1494年，意大利数学家卢卡·帕乔利出版了《算术、几何、比及比例概要》一书，标志着近代会计的开端，也是会计发展史上第一个里程碑。该书第一次系统地总结、介绍了威尼斯复式簿记为主的借贷复式记账法，为借贷复式簿记在世界范围的传播奠定了基础。此后的300年间，会计面临着一个相对稳定的商业资本主义背景，其主要职能是资产的记录和保管，借以防止因贪污盗窃而遭受损失。1581年，威尼斯会计学院的建立，表明会计已作为一门学科在学校里传播。18~19世纪，英国爆发工业革命，早期的成本计算会计应运而生。

19世纪中叶以后，股份公司在西方得到广泛发展，并成为企业组织的主要形式。在经营方式上，股份公司由股东直接从事经营管理。此时，会计服务的对象主要是公司内部管理。为了防止公司经营者的舞弊行为，保护投资者的权益，英国首先出现了以审查会计报表真实性为目标的独立审计。1853年，苏格兰爱丁堡会计师公会成立，它标志着会计开始作为一种专门职业而存在，这也是会计发展史上第二个里程碑。

1911年，弗雷德里克·温斯洛·泰勒的《科学管理原理》出版，标准成本会计由此产生，同时也成为会计发展史上第三个里程碑。1929—1933年，美国在经历经济危机后开始着手制定会计准则，用于规范会计行为，并逐渐形成以提供对外财务信息为主要任务的财务会计。

3. 现代会计(20世纪中叶以后)

20世纪30年代经济危机之后，西方各国先后研究和制定了会计准则，以1939年美国发布的第一份"公认会计准则"为起点，进一步把会计理论和方法推上了一个新的台阶。财务会计准则体系的形成不仅奠定了现代会计法制体系和现代会计理论体系的基础，并且促进了传统会计向现代会计的转变。进入20世纪50年代，在会计规范进一步深刻发展的同时，为适应现代管理科学的发展，形成了以全面提高经济效益为目的、以决策会计为主要内容的管理会计。1952年，国际会计师联合会正式通过"管理会计"这一专业术语，标志着会计正式划分为财务会计和管理会计两大领域。管理会计的产生是会计发展史上的第四个里程碑。财务会计主要为企业外部利益相关者提供财务信息，而管理会计主要帮助企业内部管理当局进行经营决策。1973年，国际会计准则委员会(IASC)成立，随即发布了一系列国际会计准则，引导各国会计逐步走向国际化。

在20世纪末21世纪初的世纪之交，人类社会进入信息时代和知识经济时代，现代会计处理系统由手工簿记系统发展为电子数据处理系统和网络系统。会计处理的电算化，是会计在记录和计算技术方面的重大革命，是会计发展史上第五个里程碑。它大大促进了会计信息的传递，提高了工作效率，实现了会计科学的根本变革，为企业的财务管理提供了更为广阔的空间，是现代会计产生的重要标志。

二、会计的概念和特征

(一) 会计的概念

我们通常意义上讲的会计,是从会计工作的角度来解释的,目前有以下两种主要观点。

1. 会计信息系统论

会计信息系统论,就是把会计的本质理解为一个经济信息系统。会计是按照会计规范确认、计量、记录一个组织的经济活动,运用特定程序加工处理经济信息,并将处理结果传递给会计信息使用者的信息系统,是组织和总结经济活动信息的主要工具。会计信息系统论是当今西方会计界的主流观点。

2. 会计管理活动论

会计管理活动论认为,会计不仅是一种管理方法,而且本身就是管理,是经济管理的重要组成部分。会计管理的内容是价值运动,其目的是提高经济效益,其基本职能是计划和控制。

综合以上观点,我们认为:会计是以货币为主要计量单位,运用专门的方法,核算和监督一个单位经济活动的一种经济管理活动。

(二) 会计的基本特征

1. 会计是一种经济管理活动

会计是一种经济管理活动,为企业经济管理提供资料依据,并通过各种方式直接参与经济管理,对经济活动进行核算与监督。

会计与社会经济密切相关,并随着社会经济的发展而发展。传统意义上的会计,主要是账务处理,仅限于事后的记账、算账、报账等工作内容,实质上是簿记。随着社会经济的发展,会计的职能、方法、内涵和外延都发生了很大的变化,会计不再局限于记账、算账、报账,还参与经济管理、进行经营决策,形成了现代意义上的会计,具有更完善的功能、更深刻的内涵和更广泛的服务领域。

2. 会计以货币作为主要计量单位

经济活动中通常使用劳动计量单位、实物计量单位和货币计量单位三种计量单位,如图1-3所示。

会计对经济活动过程中使用的财产物资、发生的劳动耗费及劳动成果等以货币作为主要计量单位,进行系统的记录、计量、分析和考核,以达到加强经济管理的目的。因为,劳动计量和实物计量只从某一角度反映企业的生产经营情况,不同计量单位之间不

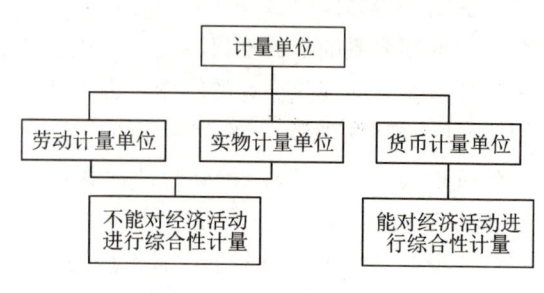

图1-3 会计计量单位

能在数量上进行汇总和比较;而货币计量便于统一衡量和比较,全面反映企业的生产经营情况。只有借助统一的货币计量,才能取得经营管理上所必需的连续、系统和综合的会计资料。

3. 会计具有核算和监督的基本职能

会计的职能是指在经济管理活动中所具有的功能。会计的基本职能表现在两个方面:

对经济活动进行会计核算和实施会计监督。

4. 会计采用一系列专门的方法

会计方法是用来核算和监督会计对象，实现会计目标的手段。会计方法具体包括会计核算方法、会计分析方法和会计检查方法等。其中，会计核算方法是最基本的方法。这些方法相互依存、相辅相成，共同形成了一个完整的会计方法体系。

三、会计学及其分支

会计学属于管理科学，它运用一系列经济理论和范畴来建立它的概念和方法，它分属经济管理的一个特定方面，是关于价值管理和成本管理的知识体系。随着会计实践的不断发展和丰富，会计学理论也在不断发展和完善，并分化出许多分支，每一分支都形成了一个独立的学科。这些学科相互促进、相互补充，构成了一个完整的会计学科体系。

会计学按其知识和研究内容分类，主要分为理论会计学和应用会计学。其中，应用会计学又分为财务会计、管理会计和审计学，具体如图1-4所示。

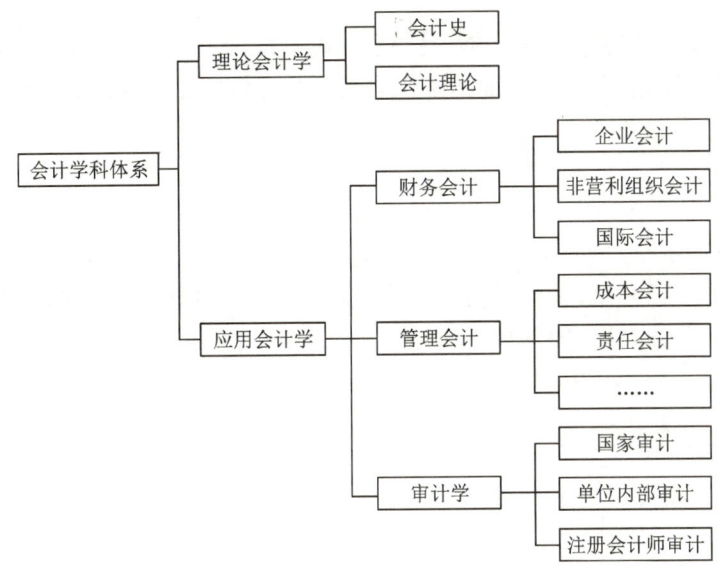

图1-4 会计学科体系

第二节 会计职能、会计对象和会计方法

一、会计职能

会计职能是指会计在经济管理中所具有的职责和功能，即会计是干什么的。会计职能可分为会计基本职能和会计拓展职能。

马克思曾把会计的基本职能准确地概括为"对过程的控制和观念的总结"，就是指会计对经济活动的反映和监督，也可称为核算和监督。会计的拓展职能是随着生产的

微课：会计职能

发展,经济关系的复杂化和管理理论的提高,在会计基本职能不断细分和充实的基础上出现的,主要包括预测、决策、评价等职能。会计职能具体如图1-5所示。

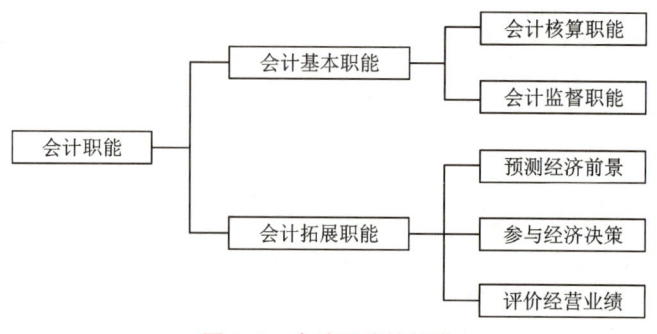

图1-5 会计职能的种类

（一）会计的基本职能

1. 会计核算职能

会计核算职能也称会计反映职能,是指会计以货币为主要计量单位,通过确认、计量、记录、报告等环节,对特定主体的经济活动进行记账、算账和报账,为有关方面提供会计信息的功能。

会计的核算职能又具体表现为记账、算账和报账三个阶段。记账就是运用一定的程序和方法将一个会计主体所发生的全部经济业务在账簿上予以记载;算账就是在记账的基础上,运用一定的程序和方法来计算该会计主体在生产经营过程中的资产、负债、所有者权益、收入、费用(成本)以及损益情况;报账就是在记账和算账的基础上,通过编制财务报表等方式将会计主体的财务状况、经营成果等情况向会计信息使用者报告。它们之间的关系如图1-6所示。

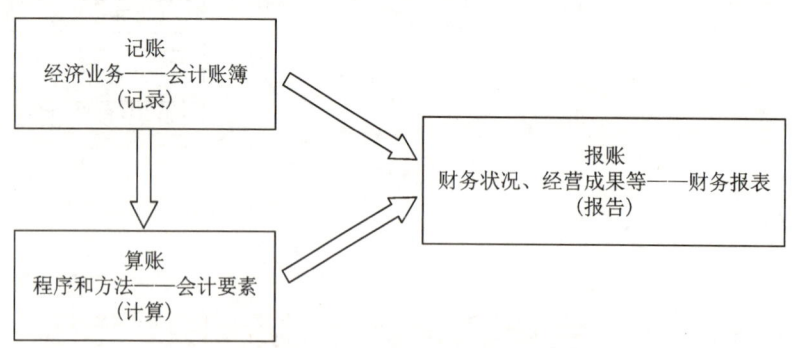

图1-6 记账、算账和报账三个阶段关系图

会计核算贯穿于经济活动的全过程,是会计最基本的职能,它具有以下三个特征:

(1) 会计核算主要以货币为计量单位,具有综合性。综合性是会计的一个主要特点,虽然实物计量单位和劳动计量单位能够具体反映各项财产物资的增减变动和生产过程中的劳动消耗,对核算和经济管理都是必要的,但这两种计量单位都不能综合反映会计的内容。所以,尽管在会计核算过程中已经运用了实物计量单位和劳动计量单位进行记录,但是最后仍

必须以货币综合地加以反映。

（2）会计核算内容不仅包括事中核算、事后核算，还包括事前核算。会计核算对已经发生的经济业务进行事后确认、计量、记录和报告，这是会计核算工作的基础。随着社会经济的发展，市场竞争日益激烈，企业经济活动日益复杂，经营管理需要加强预测。因此，会计核算从事中核算、事后核算扩展到事前核算，分析和预测未来经济前景，为经营管理提供更多的信息。

会计核算的内容具体表现为生产经营过程中的各种经济业务，包括：①款项和有价证券的收付；②财物的收发、增减和使用；③债权、债务的发生和结算；④资本、基金的增减；⑤收入、支出、费用、成本的计算；⑥财务成果的计算和处理；⑦需要办理会计手续、进行会计核算的其他事项。

（3）会计核算具有完整性、连续性和系统性的特点。完整性是指凡属会计核算的内容都必须加以记录，不能有任何遗漏；连续性是指对各种经济业务的确认、计量、记录和报告都要连续进行，不能有任何中断；系统性是指会计提供的数据资料必须在科学分类的基础上形成相互联系的有序整体。三者缺一不可，相辅相成。

2. 会计监督职能

会计监督职能也称控制职能，是指会计人员在进行会计核算的同时，对特定对象（即会计主体）经济业务的合法性、合理性进行审查。合法性审查是指检查各项经济业务是否符合国家有关法律、法规，是否遵守财经纪律，是否执行国家的各项方针政策等，以杜绝违法乱纪行为；合理性审查是指检查各项财务收支是否符合特定对象的财务收支计划，是否有利于预算目标的实现，是否有奢侈浪费行为，是否有违背内部控制制度要求等现象，为增收节支、提高经济效益严格把关。

会计监督职能具有以下特征：

（1）会计监督主要是利用核算职能所提供的各种价值指标进行货币监督。会计核算以货币为主要计量单位，并提供了一系列反映企业经济活动的价值指标，如资产、负债、所有者权益、收入、费用（成本）和利润及偿债能力、获利能力等，会计监督主要就是依据这些指标进行的。

（2）会计监督贯穿于经济活动的全过程，包括事前、事中和事后监督。其中，事前监督主要表现为对计划和预算的审核；事中监督主要表现为对日常经济活动的适时限制和调整；事后监督主要表现为对已经完成的经济活动的合理性、合法性和有效性进行的检查、分析、评价以及必要的纠正活动。

《会计法》确立了单位内部监督、社会监督、政府监督"三位一体"的会计监督体系，为会计监督的具体内涵及其实现方式赋予了新的内容。本教材中的会计监督职能，仅限于以会计机构和会计人员为监督主体，对单位经济活动进行的内部监督。

3. 两大基本职能的关系

会计核算与会计监督是相辅相成、辩证统一的。会计核算是会计的首要职能，是会计监督的基础，为会计监督提供依据；会计监督是会计核算质量的保证，只有核算没有监督，就难以保证核算所提供信息的质量。可见，会计是通过核算为管理提供会计信息，又通过监督直接履行管理职能，两者必须结合起来发挥作用，才能正确、及时、完整地反映经济活动。

(二)会计的拓展职能

除具有前述两个基本职能外,会计还具有预测经济前景、参与经济决策、评价经营业绩等拓展职能。

预测经济前景是指根据财务会计报告等信息,判断和推测经济活动的发展变化规律,以指导和调节经济活动,提高经济效益。

参与经济决策是指根据财务会计报告等信息,运用定量分析和定性分析方法,对备选方案进行经济可行性分析,为企业生产经营管理提供决策相关的信息。

评价经营业绩是指利用财务会计报告等信息,采用适当的方法,对企业一定经营期间的资产运营、财务效益等经营成果,对照相应的评价标准,进行定量及定性对比分析,作出真实、客观、公正的综合评判。

随着经济的日益发展和人们对会计管理认识的变化,会计职能的内涵和外延也不断地丰富拓展,使得传统的职能得到不断充实,新的职能又不断派生。也就是说,会计职能并不是一成不变的。

二、会计对象

(一)会计对象的含义

会计对象是指会计核算和监督的内容,即会计的客体。凡是特定主体能够以货币表现的经济活动,都是会计核算和监督的内容。以货币表现的经济活动通常又称为资金运动或价值运动,因此,会计对象是社会再生产过程中的资金运动。

> 【提示】
> 不是企业发生的所有经济活动都是会计核算和监督的对象,只有能以货币表现的经济活动才是会计核算和监督的内容。

(二)会计对象的具体内容

以工业企业为例,资金运动可分为资金投入、资金循环与周转(即资金运用)和资金退出三个阶段,如图1-7所示。

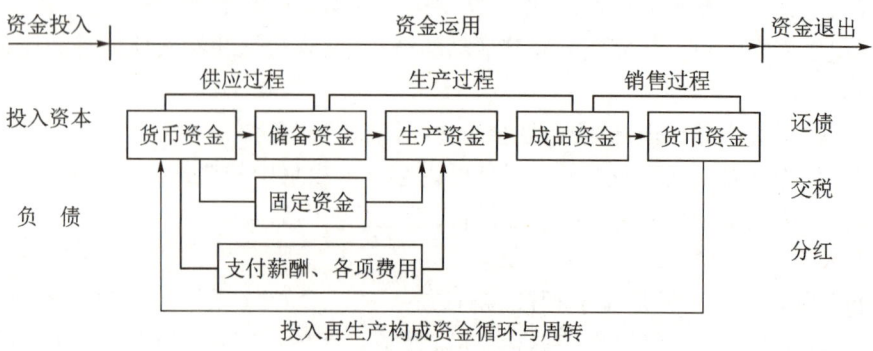

图1-7 工业企业资金运动图

资金投入是单位取得资金的过程,是资金运动的起点,主要包括投资者投入的资金和向债权人借入的资金;资金退出是资金运动的终点,主要包括偿还债务、依法缴纳税费、向所有者分配利润、经法定程序减少资本等。

资金从货币资金形态开始,依次转化为储备资金、生产资金、成品资金形态,最后又回到货币资金形态的过程,称为资金循环。资金的不断循环称为资金周转。资金的循环和周转过程可以划分为三个具体阶段,即供应过程、生产过程和销售过程。工业企业的资金在这三个阶段不断地循环周转,这些资金在空间序列上同时并存,在时间序列上依次延展。

三、会计方法

(一) 会计方法的含义与内容

会计方法是用来反映和监督会计对象,实现会计职能的手段,具体包括会计核算方法、会计检查方法和会计分析方法。这三种方法紧密联系,相互依存,相辅相成,形成了一个完整的会计方法体系,如图 1-8 所示。

微课:会计方法

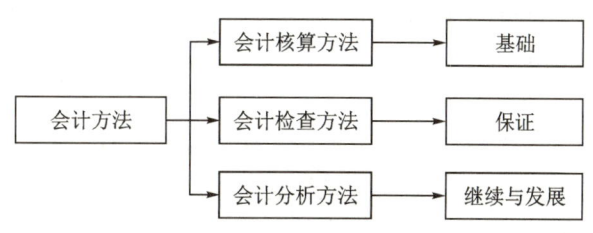

图 1-8 会计方法体系

(二) 会计核算方法

会计核算方法是指会计对企业已经发生的经济活动进行全面、连续、系统的反映和监督所采用的方法。

会计核算方法具体由七种方法构成,分别是:设置会计科目和账户、复式记账、填制和审核会计凭证、登记账簿、成本计算、财产清查和编制财务会计报告。

1. 设置会计科目和账户

会计科目是对会计要素的具体内容进行分类核算的项目。账户是根据会计科目设置的,具有一定格式和结构,用于分类反映会计要素增减变动情况及其结果的载体。设置会计科目和账户是保证会计核算系统性的专门方法。

2. 复式记账

复式记账是指对于每一笔经济业务,都必须以相等的金额在两个或两个以上相互联系的账户中进行登记,系统地反映会计要素增减变化情况及其结果的一种记账方法。复式记账是会计核算方法体系的核心。

3. 填制和审核会计凭证

填制和审核会计凭证是为了审查经济业务合理、合法,保证登记账簿的会计记录正确、完整而采用的专门方法。正确填制和审核会计凭证,是进行会计核算和监督的基础。

4. 登记账簿

登记账簿简称记账,是以审核无误的会计凭证为依据,在账簿中分类、连续、系统、完整地记录各项经济业务的一种专门方法。账簿记录所提供的各种核算资料,是编制财务报表的直接依据。

5. 成本计算

成本计算是对生产经营过程中发生的各种生产费用,按照不同的成本计算对象进行归集和分配,进而计算产品的总成本和单位成本的一种专门方法。

产品成本是综合反映企业生产经营活动的一项重要指标。正确进行成本计算,是考核生产经营过程中费用支出水平的依据,同时又是确定企业盈亏和制定产品价格的基础,可为企业进行经营决策提供重要依据。

6. 财产清查

财产清查是指通过对货币资金、实物资产和往来款项的盘点或核对,确定其实存数,查明账存数与实存数是否相符的一种专门方法。

7. 编制财务会计报告

编制财务会计报告是以会计账簿记录和有关资料为依据,全面、系统地反映企业在某一特定日期的财务状况或某一会计期间的经营成果和现金流量的一种专门方法。

上述会计核算的各种方法不是孤立的,而是相互联系、密切配合的,共同形成了一个完整的会计核算程序和方法体系,如图1-9所示。在会计核算的诸多方法中,填制和审核会计凭证是会计核算的起点,登记账簿是会计核算的中间环节,编制财务会计报告是会计核算的终点。在连续的会计期间,这些工作周而复始地循环进行。在会计的日常工作中,正确地运用这些会计核算方法,是会计核算与监督职能得以实现的重要保证。

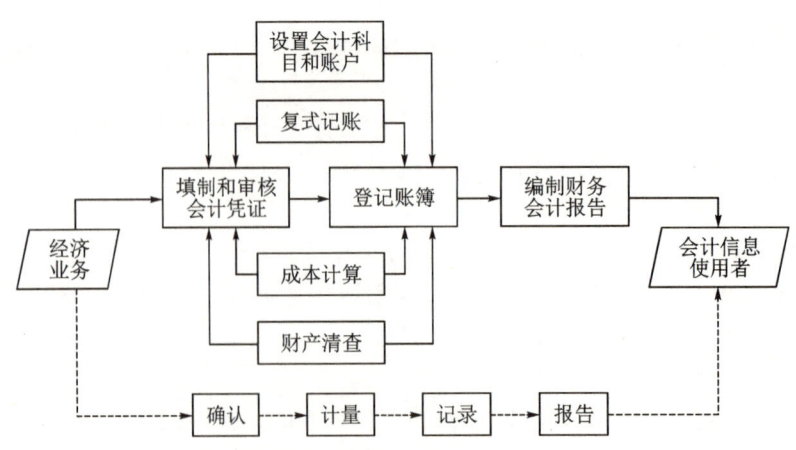

图1-9 会计核算方法体系图

第三节 会计基本假设与会计基础

一、会计基本假设

会计基本假设又称会计核算的基本前提,是指对会计核算所处的时间、空间环境等所作的合理设定,它是进行会计确认、计量和报告时必须明确的前提条件。明确会计核算的基本前提,主要是为了当会计实务中出现一些不确定因素时,能进行正常的会计业务处理,并对会计领域里存在的某些尚未确知并无法正面论证和证实的事项作出符合客观情理的推断和假设。会计基本假设包括会计主体、持续经营、会计分期和货币计量。

微课:会计基本假设

(一) 会计主体

会计主体是指企业会计确认、计量和报告的空间范围,也就是会计所核算和监督的特定单位或组织。为了向财务报告使用者正确反映企业财务状况、经营成果和现金流量,提供对其决策有用的信息,会计核算和财务报告的编制应当明确会计主体,界定不同会计主体会计核算的范围,把握会计处理的立场,集中反映特定对象的活动,并将其与其他经济实体区别开来,最终实现财务报告的目标。

在会计主体假设下,企业应当对其本身发生的交易或者事项进行会计确认、计量和报告,反映企业本身所从事的各项经济活动。

【提示】
　　会计主体不同于法律主体(法人),两者并非是对等的概念。法律主体通常是会计主体,例如,一个企业作为一个法律主体,应当建立财务会计系统,独立反映其财务状况、经营成果和现金流量。但是,会计主体不一定是法律主体。也就是说,会计主体可以是独立法人,也可以是非法人;可以是一个企业,也可以是企业内部的某一个单位或企业中的一个特定的部分;可以是一个单一的企业,也可以是由几个独立企业组成的企业集团。例如,企业集团由若干具有法人资格的企业组成,各个企业既是独立的会计主体也是法律主体,但为了反映整个集团的财务状况、经营成果及现金流量情况,还应编制该集团的合并财务报表。企业集团是会计主体,但通常不是一个独立的法人。

(二) 持续经营

持续经营是指在可预见的未来,会计主体将会按当前的规模和状态持续经营下去,不会停业,也不会大规模削减业务。也就是说,在可预见的未来,该会计主体不会发生破产或清算,将会按照既定的目标经营下去,所有的资产将正常营运,所负有的债务将正常偿还。

企业会计核算所使用的一系列会计处理方法和原则都应建立在持续经营前提的基础上。明确这个基本前提,就意味着会计主体将按照既定的用途使用资产,按照既定的合约条件清偿债务,发生的相关预付待摊或预提待付费用及长期资产的成本才能在受益期间进行合理分配和收回。

在持续经营假设下,会计确认、计量和报告都应以持续、正常的经济活动为前提。一个企业如果不能持续经营时,应当停止使用根据该假设所选择的会计确认、计量和报告的原则与方法,否则不仅不能客观地反映企业的财务状况、经营成果和现金流量,还会误导会计信息使用者的经济决策。

(三) 会计分期

会计分期是指将一个企业持续经营的生产经营活动人为地划分为一个个连续的、长短相同的期间,以便分期结算账目和编制财务会计报告。一般情况下,一个单位的经营活动总是连续不断进行的,如果等到单位经营活动全部结束以后才核算其财务成果,既不利于单位自身经营管理,也不能满足单位外部利益关系各方了解单位经营情况的需要。因此,会计上就将连续不间断的经营过程划分为连续、相等的会计期间,据以计算盈亏,按期编制财务会计报告,及时向财务报告使用者提供有关企业财务状况、经营成果和现金流量的信息。

在会计分期假设下,企业应当正确划分会计期间。一般地,会计期间分为会计年度和会计中期。在我国,会计年度自公历1月1日起至12月31日止。会计中期是指短于一个完整的会计年度的报告期间,通常包括半年度、季度和月度。

由于有了会计分期,才产生了本期与非本期的区别,产生了权责发生制和收付实现制两种会计基础,出现了应收、应付、预收、预付、折旧、摊销等会计处理方法,并为划分资本性支出与收益性支出等会计原则奠定了理论与实务的基础。

(四) 货币计量

货币计量是指会计主体在会计确认、计量和报告时以货币作为计量尺度,来反映会计主体的生产经营活动。

货币是商品的一般等价物,可作为衡量一般商品价值的共同尺度,具有价值尺度、流通手段、贮藏手段和支付手段等特点。其他计量单位,如重量、长度、容积、台、件等,只能从一个侧面反映企业的生产经营状况,无法在量上进行汇总和比较,不便于会计计量和经营管理。只有选择货币这一共同尺度进行计量,才能全面反映企业的生产经营情况。所以,会计确认、计量和报告选择货币作为计量单位,是由货币本身的属性决定的。

我国会计核算以人民币为记账本位币。业务收支以人民币以外的货币为主的单位,也可以选定其中一种货币作为记账本位币,但编制的财务会计报告应当折算为人民币反映。在境外设立的中国企业向国内报送的财务会计报告,也应当折算为人民币反映。

上述会计核算的四个基本假设,具有相互依存、相互补充的关系。会计主体确立了会计核算的空间范围,持续经营与会计分期确立了会计核算的时间长度,而货币计量则为会计核算提供了必要手段。没有会计主体,就不会有持续经营;没有持续经营,就不会有会计分期;没有货币计量,就不会有现代会计。

二、会计基础

微课:会计基础

会计基础是会计确认、计量和报告的基础,是通过确认一定会计期间的收入和费用从而确定损益的标准。会计基础包括权责发生制和收付实现制。

(一) 权责发生制

权责发生制也称应计制、应收应付制,是以收入的权利或支出的义务是否归属于本期作为确认收入和费用的标准。在权责发生制下,凡是当期已实现的收入和已经发生或应当承担的费用,不论款项是否收付,都应当作为当期的收入和费用,计入利润表;凡是不属于当期的收入和费用,即使款项已经在当期收付,也不应作为当期的收入和费用。由于它以收入和费用是否归属本期为标准,所以称为应计制。

权责发生制主要是从时间上规定会计确认的基础,其核心是根据权责关系的实际发生期间来确认收入和费用。根据权责发生制进行收入与成本费用的核算,能够更加准确地反映特定会计期间真实的财务状况和经营成果。在我国,企业和其他具有营利性质的组织和机构的会计核算采用权责发生制。

(二)收付实现制

收付实现制也称为现金收付制或现金制,它以收到或付出现金为标准,来记录收入的实现或费用的发生,是与权责发生制相对应的一种会计基础。

在收付实现制下,凡是本期收到的款项或支出的款项,不论是否应归属本期,都应当作为本期的收入和费用;反之,凡是本期没有实际收到的款项或付出的款项,即使应归属于本期,也不能作为本期的收入和费用。由于款项的收付实际上以现金收付为标准,所以一般称为现金制。

在我国,政府会计由预算会计和财务会计构成。其中,预算会计采用收付实现制,国务院另有规定的,从其规定;财务会计采用权责发生制。

【例 1-1】 新华有限责任公司 2023 年 9 月份的有关经济业务如下:

(1)销售产品一批,售价 40 000 元,货款尚未收到。
(2)预付下年度的财产保险费 3 600 元。
(3)摊销本月份负担的报刊费 1 000 元。
(4)支付上月份的水电费 2 400 元。
(5)预收销货款 30 000 元。
(6)收到上月销售产品的货款 26 000 元。
(7)预提本月借款利息 400 元。
(8)销售产品一批,售价 80 000 元,款项已收存银行。

要求:分别按收付实现制和权责发生制计算该公司本月份的收入和费用,并填入表 1-1 中。

表 1-1　　　　收付实现制和权责发生制下收入和费用的确认表　　　　单位:元

序号	收付实现制		权责发生制	
	收入	费用	收入	费用
1	—		40 000	
2		3 600		—
3		—		1 000
4		2 400		—
5	30 000		—	
6	26 000		—	
7		—		400
8	80 000		80 000	
合计	136 000	6 000	120 000	1 400

第四节　会计目标和会计信息质量要求

一、会计目标

微课：会计目标

会计目标是要求会计工作完成的任务或达到的标准，即向财务报告使用者提供企业财务状况、经营成果和现金流量等有关的会计信息，反映企业管理层受托责任履行情况，有助于财务报告使用者作出经济决策。根据这一规定，我们可以把会计目标具体表述为提供满足企业外部会计信息使用者需要的会计信息和提供满足企业内部会计信息使用者需要的会计信息两方面。

（一）提供满足企业外部会计信息使用者需要的会计信息

会计信息外部使用者，泛指企业内部各级管理人员以外的人员，以及所有企业外部的信息使用者，他们是报告企业的利益相关者，主要包括政府机构、投资者、债权人、供应商和客户、企业员工和社会公众等。会计信息的外部使用者不参与企业的日常运作，具有独特的信息需求，希望能根据企业财务会计报告的信息进行与报告企业相关的决策。由于外部会计信息使用者众多，各自所要解决的问题不同，因此对企业所提供信息的要求也各不相同。

（1）政府机构。政府及其相关机构最关心的是有限资源的合理配置情况。它们要求企业提供投入产出能力、营运能力、发展能力以及对社会的贡献能力等方面的信息。这些会计信息可以帮助政府机构分析企业对资源的运用及其对社会所作的贡献，以便作出是否需要制定或修订税收政策、货币政策、财政政策等经济政策，是否需要利用经济手段干预市场经济秩序，是否需要调整资源配置等宏观决策。

（2）投资者。投资者最关心的是投资的风险以及回报。他们要求企业提供获利能力、资本结构以及利润分配政策等方面的信息。这些会计信息可以帮助投资者分析投资价值，以便作出最佳投资决策。

（3）债权人。债权人最关心的是其所提供资金能否按期如数收回。他们要求企业提供偿债能力以及获利能力等方面的信息。这些会计信息可以帮助债权人分析评估授信或放贷的安全性及获利性，防范和化解信用风险，作出授信或放贷决策。

（4）供应商和客户。供应商和客户最关心的是企业能否继续生存。他们要求企业提供经营能力、支付能力和获利能力等方面的信息。这些会计信息可以帮助供应商和客户分析评价企业的经营风险，以便作出诸如销售方式、商业信用等商业决策。

（5）企业员工。企业员工最关心的是企业为其提供的劳动报酬的高低、福利的好坏，企业是否能够提供长久、稳定的就业机会等方面的情况。他们要求企业提供财务结构和获利能力等方面的信息。这些会计信息可以帮助企业员工分析企业的财务状况和经营能力，以便作出择业决策。

（6）社会公众。社会公众所关心的是企业，尤其是股份有限公司持续的、有序的发展情况。他们要求企业提供目前及未来发展等方面的会计信息，以帮助他们了解企业，进行未来的各种决策。

面对众多的外部使用者对会计信息的具体需求,会计旨在提供"通用"的信息,主要是有关企业财务状况、经营成果、现金流量等方面的信息,以满足投资者和债权人的信息需求,同时兼顾其他会计信息使用者的需要。会计实现这一目标主要是通过对外提供的财务会计报告,尤其是财务报表来完成的。

对于需要提供特殊资料的外部使用者,企业应另行提供特别报告。如企业每年向税务机关申报所得税,必须根据税法的规定,将一般报告中与税法不同之处加以修正,另行编制特别报告。

(二) 提供满足企业内部会计信息使用者需要的会计信息

会计信息的内部使用者,泛指企业内部各级管理人员,包括董事会成员、总经理、副总经理和各职能部门经理等人员。企业内部管理人员在作出某项经营决策时,往往需要企业有关部门提供相应的决策依据和数据支持,以保障决策的科学性。

例如,企业要作出是否增加某种产品的生产决策时,除了要做好充分的市场调查外,还必须通过会计部门掌握该产品目前的库存量,是否能满足市场供应,生产该产品所需的设备、原料、人工等条件是否满足需要,每件产品的成本是多少,可以获得多少利润,企业目前是否有足够的资金用于增加投资等情况。充分了解了这些信息,企业管理人员才能作出是否增加生产的正确决策。

又如,企业在作出是否向银行贷款、贷款金额是多少的决策时,需要会计部门提供企业目前资金状况的详细报告,了解企业有多少流动资金,有多少负债,是否具有偿债能力,需要多少资金才可满足生产和经营的需要等。

再如,企业要对年度经营业绩进行评价,以决定对职工的奖惩时,需要会计部门提供本年度企业的财务状况、经营成果、主要经济指标的计划完成情况,内部经济责任的落实情况及人力资源的配置和利用情况等。

因此,会计提供的资料和信息是企业经营决策的重要依据和前提。会计信息使用者如图 1-10 所示。

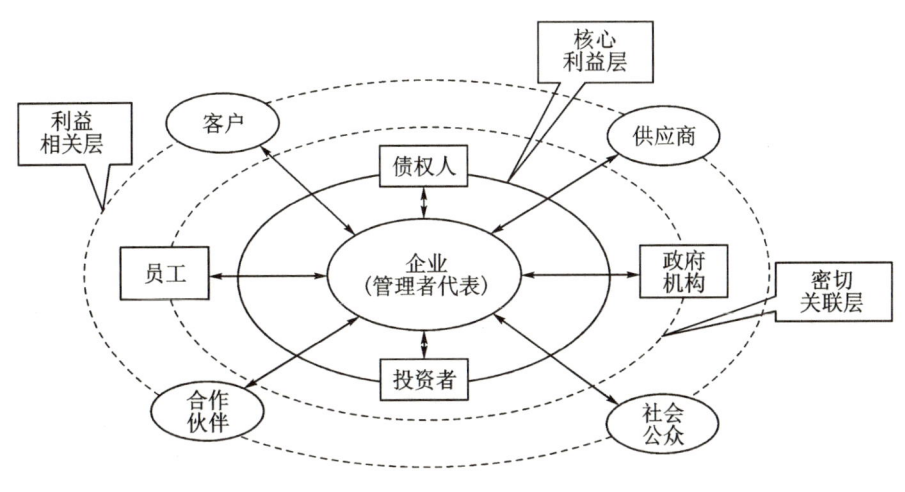

图 1-10 会计信息使用者

二、会计信息质量要求

微课：会计信息质量要求的内容

思政：会计当而已矣

会计工作的基本任务就是向财务会计报告使用者提供与企业财务状况、经营成果和现金流量等有关的会计信息。会计信息质量的高低是评价会计工作成败的标准。会计信息质量要求是对企业财务报告中提供的会计信息质量的基本要求，是使财务会计报告中提供的信息对信息使用者决策有用所应具备的基本特征。根据《企业会计准则——基本准则》的规定，会计信息质量要求包括可靠性、相关性、明晰性、可比性、实质重于形式、重要性、谨慎性、及时性。

（一）可靠性

可靠性是指企业应当以实际发生的交易或事项为依据进行会计确认、计量和报告，如实反映符合确认和计量要求的各项会计要素及其他相关信息，保证会计信息真实可靠、内容完整。可靠性是对会计工作和会计信息质量的最基本要求，是会计信息的灵魂。

可靠性可从以下三个方面把握：

（1）应以实际发生的交易或者事项为依据，不得以虚构的、尚未发生的交易或者事项为依据进行确认、计量和报告。

（2）要如实反映，而不能歪曲或错误地反映，保证账证、账账、账实、账表之间相互一致。

（3）企业在符合重要性和成本效益原则的前提下，保证会计信息的完整，其中包括编报的报表及附注等内容应当保持完整，不能随意遗漏或减少应披露的信息，与使用者决策相关的有用信息都应当充分披露。

（二）相关性

相关性又称有用性，是指企业提供的会计信息应当与财务报告使用者的经济决策需要相关，有助于财务报告使用者对企业过去、现在或未来的情况作出评价或者预测。

会计信息是否有用，是否具有价值，关键是看其与使用者的决策需要是否相关，是否有助于决策或者提高决策水平。相关性体现在以下两个方面：

（1）反馈价值。相关的会计信息应当能够有助于使用者评价企业过去的决策，证实或者修正过去的有关预测，具有反馈价值。

（2）预测价值。相关的会计信息应当具有预测价值，有助于使用者根据财务报告所提供的会计信息预测企业未来的财务状况、经营成果和现金流量。

反馈价值和预测价值往往同时存在并相互影响，反馈的目的是为了更好地进行预测。

在会计工作中坚持相关性，需要企业在确认、计量和报告会计信息的过程中，充分考虑使用者的信息需求和决策模式。如果提供会计信息后，没有满足信息使用者的需要，对信息使用者的决策没有什么作用，就不具有相关性。

（三）明晰性

明晰性又称可理解性，是指企业提供的会计信息应当清晰明了，便于财务会计报告使用者理解和使用。企业编制财务报告、提供会计信息的目的在于使用，而要让使用者有效使用会计信息，应当能让其了解会计信息的内涵，弄懂会计信息的内容，这就要求财务报告所提供的会计信息应当清晰明了，易于理解。只有这样，才能提高会计信息的有用性，实现财务报告的目标，满足向投资者等财务报告使用者提供决策有用信息的要求。

(四)可比性

可比性是指企业提供的会计信息应当具有可比性。可比性的目的在于增强会计决策的有用性。

可比性包含以下两层含义：

(1) 横向可比。横向可比是指不同企业发生的相同或相似的交易或者事项，应当采用相同或相似的会计政策，确保会计信息口径一致，相互可比。可比性要求在制定会计准则和会计制度时，尽可能地减少会计处理方法的可选择范围。同时，可比性也要求在选择会计处理方法时应当选择使用国家统一规定的会计处理方法；在编制财务报告时，应当按照国家统一规定的会计指标编报，以便不同企业的会计信息相互可比。

(2) 纵向可比。纵向可比是指同一企业不同时期发生的相同或相似的交易或者事项，应当采用一致的会计政策，不得随意变更。确需变更的，应当在附注中予以说明。

(五)实质重于形式

实质重于形式是指企业应当按照交易或者事项的经济实质进行会计确认、计量和报告，不应仅以交易或者事项的法律形式为依据。通俗地讲，当企业发生的交易或事项的经济实质与法律形式不一致时，企业通常应当根据经济实质对所发生的交易或事项进行会计确认、计量和报告。如果企业仅仅以交易或事项的法律形式为依据进行会计确认、计量和报告，那么就容易导致会计信息失真，无法如实反映经济现实和实际情况。

在实际工作中，交易或事项的法律形式并不总能完全反映其经济实质内容。大多数情况下，企业发生交易或事项的经济实质与法律形式是一致的。但在有些情况下，会出现不一致。例如，企业租入的资产(短期租赁和低价值资产租赁除外)，虽然从法律形式来讲企业并不拥有其所有权，但是由于租赁合同规定的租赁期相当长，往往接近于该资产的使用寿命，租赁期结束时承租企业有优先购买该资产的选择权，在租赁期内承租企业拥有资产使用权并从中受益等。从其经济实质来看，企业能够控制租入资产所创造的未来经济利益，因此在会计确认、计量、记录和报告中就应当将租入的资产视为企业的资产，并在资产负债表中填列使用权资产。

会计信息要想反映其所拟反映的交易或事项，就必须根据交易或事项的实质和经济现实进行判断，而不能仅仅根据它们的法律形式进行核算和反映。

(六)重要性

重要性是指企业提供的会计信息应当反映与企业财务状况、经营成果和现金流量有关的所有重要交易或者事项。

在实务中，如果会计信息的省略或者错报会影响投资者等财务报告使用者据此作出决策的，该信息就具有重要性。重要性的应用需要依赖职业判断，企业应当根据其所处环境和实际情况，从项目的性质和金额大小两方面加以判断。

对于重要的业务和事项，应分别核算、单独反映、力求准确，作重点说明，并在财务报告中予以充分、准确的披露；对不重要的经济业务则可适当简化处理、合并反映。

(七)谨慎性

谨慎性又称稳健性，是指企业对交易或者事项进行会计确认、计量和报告应当保持应有的谨慎，不应高估资产或者收益，也不应低估负债或者费用。

在市场经济环境下，企业的生产经营活动面临着许多风险和不确定性，如应收款项的可收回性、固定资产的使用寿命、无形资产的使用寿命、售出存货可能发生的退货或者返修等。会计信息质量的谨慎性要求，需要企业在面临不确定性因素的情况下作出职业判断时，应当保持应有的谨慎，充分估计可能的风险和损失，既不高估资产或者收益，也不低估负债或者费用。例如，要求企业对可能发生的资产减值损失计提资产减值准备、对售出商品可能发生的保修义务确认预计负债、对固定资产采用加速折旧法计提折旧等，都体现了会计信息质量的谨慎性要求。

谨慎性的应用也不允许企业设置秘密准备，如果企业故意低估资产或者收益，或者故意高估负债或者费用，将不符合会计信息的可靠性和相关性要求，损害会计信息质量，扭曲企业实际的财务状况和经营成果，从而对使用者的决策产生误导，这是会计准则所不允许的。

（八）及时性

及时性是指企业对于已经发生的交易或者事项，应当及时进行会计确认、计量和报告，不得提前或者延后。

会计信息的价值在于帮助所有者或者其他信息使用者作出经济决策，具有时效性。即使是可靠、相关的会计信息，如果不及时提供，就失去了时效性，对使用者的效用就大大降低甚至不再具有实际意义。在会计确认、计量和报告过程中贯彻及时性，一是要求及时收集会计信息，即在经济交易或者事项发生后，及时收集整理各种原始单据或者凭证；二是要求及时处理会计信息，即按照会计准则的规定，及时对经济交易或者事项进行确认或者计量，并编制出财务报告；三是要求及时传递会计信息，即按照国家规定的有关时限，及时地将编制的财务报告传递给财务报告使用者，以便其及时使用和决策。

本章习题

一、单项选择题

1. 在会计核算的基本前提中，界定会计工作空间范围的是（　　）。
   A. 会计主体　　　　B. 持续经营　　　　C. 会计期间　　　　D. 货币计量
2. 甲公司于2023年3月5日销售商品一批，增值税专用发票注明价款100 000元，货款于2023年4月28日收到并存入银行；2023年3月10日预收客户销货款150 000元存入银行，该批货物于2023年5月17日发出；2023年3月18日收到上月销货款80 000元。根据权责发生制原则，该企业2023年3月份应确认的收入为（　　）元。
   A. 350 000　　　　B. 200 000　　　　C. 150 000　　　　D. 100 000
3. 企业会计核算的基础是（　　）。
   A. 收付实现制　　B. 权责发生制　　C. 现收现付制　　D. 现金收付制
4. 下列关于会计对象的表述中，不正确的是（　　）。
   A. 会计对象指会计核算和监督的内容
   B. 会计对象是指某一法律主体发生的所有经济业务
   C. 会计对象在企业中具体体现为再生产过程中的资金运动
   D. 凡是特定主体能够以货币表现的经济活动就是会计的对象
5. 企业本月收到上期产品赊销款80 000元；本期销售产品60 000元，收到货款10 000元，余款尚未收到。按权责发生制原则,本月实现的产品销售收入为( )元。
   A. 80 000   B. 60 000   C. 90 000   D. 10 000

6. 企业的资金运动表现为资金投入、资金运用和资金退出,以银行存款上交税金属于( )。
   A. 资金投入   B. 资金运用   C. 资金退出   D. 资金收付

7. 企业将租入的设备(非短期租赁)确认为固定资产,是基于( )要求的考虑。
   A. 重要性   B. 实质重于形式   C. 明晰性   D. 谨慎性

8. 在收付实现制下,不能确认为当期费用的项目是( )。
   A. 支付下年的报刊杂志费   B. 支付全年的财产保险费
   C. 计提本月短期借款利息   D. 支付当月管理部门用房屋租金

9. 要求企业按照交易或事项的经济实质进行会计核算,而不应当仅仅按照它们的法律形式作为会计核算的依据,这是会计信息质量的( )要求。
   A. 客观性   B. 可比性   C. 相关性   D. 实质重于形式

10. ( )是会计最基本的职能。
    A. 会计预测   B. 会计监督   C. 会计核算   D. 会计决策

11. 某企业1月份发生下列支出:①支付本年第一季度财产保险费2 400元;②支付去年第四季度利息3 000元;③支付本年度报刊费6 000元。则权责发生制下该企业本月应负担费用( )元。
    A. 3 000   B. 1 300   C. 8 400   D. 11 400

12. 对固定资产采用加速折旧法,主要体现了( )的会计信息质量要求。
    A. 重要性   B. 配比性   C. 谨慎性   D. 及时性

13. 按期计提固定资产折旧是以( )为基本前提的。
    A. 会计主体   B. 权责发生制   C. 会计分期   D. 货币计量

14. 会计人员在进行会计核算的同时,对特定主体经济活动的合法性、合理性进行审查称为( )。
    A. 会计控制   B. 会计核算   C. 会计监督   D. 会计分析

15. 下列不属于会计核算方法的是( )。
    A. 编制财务预算   B. 编制财务会计报告
    C. 成本计算   D. 财产清查

16. 企业资产以历史成本计价而不以现行成本或清算价格计价,是基于( )的会计基本假设。
    A. 会计主体   B. 持续经营   C. 会计分期   D. 货币计量

二、多项选择题

1. 按照权责发生制的要求,下列会计处理中,正确的有( )。
   A. 本期已经实现的收入无论款项是否收到,都作为本期收入处理
   B. 凡是在本期收到和付出的款项,都作为本期收入和费用处理
   C. 本期已经发生的费用,无论款项是否实际支付,都作为本期费用处理
   D. 凡是本期发生的收入,只要没有实际收到款项,都不作为本期收入处理

2. 在有不确定因素情况下作出判断时,下列事项中,符合谨慎性要求的做法有( )。

A. 在报表中确认预计负债　　　　　　B. 合理估计可能发生的损失和费用
  C. 在报表中确认预计收入　　　　　　D. 将研究过程中的费用计入无形资产成本
3. 下列会计基本假设中,属于会计主体的有(　　)。
  A. 独立法人　　　　　　　　　　　　B. 非法人企业
  C. 单一企业　　　　　　　　　　　　D. 多个企业组成的企业集团
4. 正是由于有了会计分期,才产生了(　　)两种不同的会计基础。
  A. 权责发生制　　B. 实地盘存制　　C. 收付实现制　　D. 账面盘存制
5. 下列关于会计基本职能理解中,错误的有(　　)。
  A. 会计核算主要是以数量和货币为主要计量单位
  B. 会计监督包括事前监督、事中监督和事后监督
  C. 会计核算和会计监督是会计的两大基本职能
  D. 会计核算比会计监督更加重要
6. 下列项目中,属于会计核算方法的有(　　)。
  A. 编制财务报告　　B. 成本计算　　C. 财产清查　　D. 复式记账
7. 下列做法中,违背会计核算可比性要求的有(　　)。
  A. 鉴于某项固定资产经改良性能提高,决定延长其折旧年限
  B. 鉴于某被投资企业将发生亏损,将该项投资由权益法核算改为成本法核算
  C. 鉴于某项专有技术已经陈旧过时,未来不能给企业带来经济利益,将其账面价值一次性核销
  D. 鉴于利润计划完成情况不佳,将固定资产折旧方法由双倍余额递减法改为平均年限法
8. 下列主体中,可以作为会计主体的有(　　)。
  A. 独资企业　　B. 合伙律师事务所　　C. 科技大学　　D. 企业集团
9. 以权责发生制为核算基础,下列各项不属于本期收入或费用的有(　　)。
  A. 本期支付下期的房屋租金　　　　　B. 本期预收的货款
  C. 本期售出商品但尚未收到货款　　　D. 本期支付上期的房屋租金

三、判断题

1. 根据收付实现制的要求,当期已经实现的收入和已经发生或应当负担的费用,无论款项是否收付,都不应当作为当期的收入和费用。(　　)
2. 货币是会计核算中最主要、最基本并且是唯一的计量单位。(　　)
3. 凡是能够以数量表现的经济活动,都是会计核算和监督的内容,也就是会计的对象。(　　)
4. 凡特定对象发生的经济活动,都是会计核算和监督的内容。(　　)
5. 持续经营假设可以使会计核算的各项原则建立在非清算的基础之上。(　　)
6. 持续经营是指在可预见的将来,会计主体将会按当前的规模和状态继续经营下去,不会停业,也不会大规模削减业务。(　　)
7. 正确填制和审核会计凭证,是会计核算的基本方法之一,也是会计核算工作的起点和基本环节。(　　)
8. 持续经营假设是指即使有可靠证据表明企业有可能破产,也不能改变会计确认、计量和

9. 2023年5月21日,某企业收到上月销货款50 000元存入银行,该笔款项依据权责发生制要求不应计入5月份的收入。（ ）
10. 会计主体假设要求甲企业只能核算甲企业的经济业务,包括甲企业股东投入甲企业的股本,但不能把甲企业股东个人的收入、支出作为甲企业的收入、支出核算。（ ）
11. 谨慎性会计信息质量要求是指企业会计核算工作不得高估企业的资产和收益,不得低估企业的负债和损失。（ ）
12. 我国企业会计采用的计量单位只有一种,即货币计量。（ ）

四、业务题

大生有限责任公司9月份发生如下经济业务：
(1) 销售产品收到现款15 000元。
(2) 销售产品120 000元,购买单位A公司交来现款50 000元,余款暂欠。
(3) 收到A公司前欠货款12 000元。
(4) 计提本月短期借款利息30 000元。
(5) 收到B公司预付货款120 000元。
(6) 开出转账支票支付本月广告费100 000元。
(7) 计算本月应交所得税80 000元。
(8) 本月缴纳上月所欠办公电话费5 000元。
(9) 摊销应由本月负担的财产保险费12 000元。
(10) 支付管理部门10~12月份报纸订阅费3 000元。

要求：分别按权责发生制和收付实现制确认9月份的收入和费用的金额,完成表1-2的填写。

表1-2　　　　　按权责发生制和收付实现制确认收入和费用　　　　　单位：元

序号	权责发生制		收付实现制	
	收入	费用	收入	费用
1	15 000		15 000	
2	120 000		50 000	
3			12 000	
4		30 000		
5			120 000	
6		100 000		100 000
7		80 000		
8				5 000
9		12 000		
10				3 000

第二章　会计要素与会计等式

学习目标

1. 了解会计要素的含义
2. 掌握会计六要素的内容
3. 理解会计等式的含义和类型
4. 熟悉企业经济业务的类型
5. 掌握经济业务对会计等式的影响

重点与难点

1. 会计要素的确认
2. 经济业务对会计等式的影响

知识框架结构

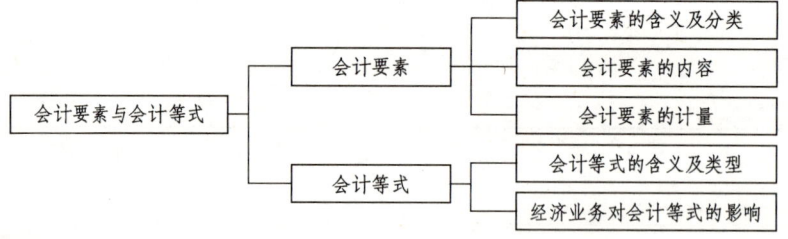

案例导入

数据即石油，这个时代最重要的能源

　　石油在 100 年前成为现代社会最重要的大宗商品，其开采、交易、提炼促进了勘探、化工、运输和金融等诸多产业的发展。后工业时代，数据成了数字经济中最新的大宗商品，其收集、提炼和分析，也已成为驱动所有科技创新的关键资源。

　　什么发生了改变？智能手机和互联网让数据丰富充裕、无处不在、价值飙升。无论你在跑步、看电视，甚至只是在旅途中安坐，几乎每项活动都会产生数字痕迹，这就为数据提炼厂提供了更多的原料。有估算，一辆自动驾驶汽车每秒会产生 100GB 的数据。

　　与此同时，像机器学习这样的人工智能技术从数据中提取了更多的价值。算法能预测客户何时下单、喷气发动机何时需要维护，或是某人何时可能罹患某种疾病。通用电气和西门子等工业巨头现在则把自己包装成了数据公司。

　　科技巨头一向受益于网络效应，如 Facebook 的注册用户越多，就会吸引越多人加入，有了数据后,还会带来更大的网络效应。通过收集更多数据,公司会有更大的空间来改进产品,从而吸引更多用户,产生更多数据,如此循环。特斯拉从它的自动驾驶汽车那里收集的数据越多,就越能改进自动驾驶技术。特斯拉2017年第一季度只卖出了2.5万辆车,但目前市值比卖出230万辆车的通用汽车还高,这便是原因之一。

现在,这些巨头公司经营的就是数据——数字时代的石油。这些巨头包括Alphabet(谷歌的母公司)、亚马逊、苹果、Facebook和微软,看起来势不可挡。它们是全球市值最高的五家上市公司,利润也在飙升,2017年第一季度,它们的净利润总和超过250亿美元。亚马逊占据了美国在线消费总额的一半,谷歌和Facebook几乎包揽了美国去年数字广告收入的全部增长。

业务技能思考:
既然数据已成为很多企业最重要的资源,并能够给公司带来巨大的价值,那么数据是资产吗?数据应该作为企业的资产确认吗?

[摘自"数据即石油,这个时代最重要的资源"(数字智库,2017-05-11),作者佚名]

第一节 会计要素

一、会计要素的含义及分类

会计对象是社会再生产过程中的资金运动或价值运动。在各企业中,资金运动的具体过程表现为各种各样为数众多的经济业务,为了分门别类地、正确地核算和监督各项经济业务,需要使用一些特定概念对会计对象进行分类。

(一) 会计要素的含义

会计要素是根据交易或者事项的经济特征所确定的财务会计对象的基本分类,是会计对象的具体化,是对资金运动第二层次的划分,是反映会计主体的财务状况和经营成果的基本单位。

(二) 会计要素的分类

我国《企业会计准则》将会计要素划分为六类:资产、负债、所有者权益、收入、费用、利润。其中,前三类要素表现资金运动的相对静止状态,属于反映财务状况的会计要素,在资产负债表中列示;后三类要素表现资金运动的显著变动状态,属于反映经营成果的会计要素,在利润表中列示。具体如图2-1所示。

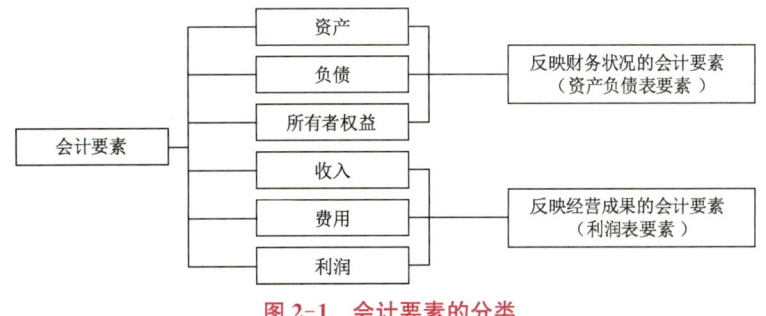

图2-1 会计要素的分类

二、会计要素的内容

(一) 资产

1. 资产的含义

微课:资产要素

资产是指企业过去的交易或者事项形成的、由企业拥有或者控制的、预期会给企业带来经济利益的资源。资产可以具有实物形态,如房屋、建筑物、机器设备、商品、材料等,也可以不具备实物形态,如应收款项、无形资产等。

2. 资产的特征

(1) 资产是由企业过去的交易或事项形成的,即资产必须是现实的资产,而不是预期的资产。企业过去的交易或事项包括购买、生产、建造行为或其他交易或者事项。预期在未来发生的交易或者事项不形成资产,如企业预期购买的材料、设备等,因交易尚未发生,所以不能作为企业的资产。

> 【提示】
> 交易是指以货币为媒介的商品或劳务的交换,如购买原材料等;事项则是指没有实际发生货币交换的经济业务,如企业完工产品验收入库等。

(2) 资产是企业拥有或控制的。拥有是指法律意义上的拥有,即所有权归企业所有;控制是指由企业支配使用,但并不等于企业取得所有权。一项经济资源是否属于企业资产,通常要看其所有权是否属于该企业,但企业是否拥有经济资源的所有权不是确认资产的绝对标准。那些所有权不属于特定企业但为该企业所实际控制的经济资源,也就是企业能够自主地运用该项经济资源从事经营活动、谋求经济利益并承担着相应风险的资源,也应确认为企业的资产。例如,企业以融资租赁方式租入的固定资产,尽管所有权不属于承租企业,但由于受承租企业实际控制,在会计实务中也应将其列作承租企业的固定资产来确认。

(3) 资产是预期能给企业带来经济利益的资源。这是资产的本质特征,也是资产最重要的特征,即资产应该具有直接或者间接为企业增加现金或现金等价物流入的能力。对于那些预期不能给企业带来经济利益的资源,如已经毁损变质的存货、已经淘汰报废的设备等,企业不能作为资产保留在资产账上。

3. 资产的确认条件

将一项资源确认为资产,除了需要符合资产定义,还要同时满足以下两个条件:

(1) 与该资源有关的经济利益很可能流入企业。资产的确认应与经济利益流入企业的不确定性判断结合起来。如果在编制财务报表时能证明与该资源有关的经济利益很可能流入企业,那么该资产应予以确认;反之,不能确认为资产。可能性程度的界定往往需要依赖职业判断。

(2) 该资源的成本或者价值能够可靠地计量。财务会计系统是一个确认、计量和报告的系统,可计量性是所有会计要素确认的重要前提,资产的确认也是如此。只有当有关资源的成本或者价值能够可靠计量时,资产才能予以确认。可靠计量要求以取得可验证的确凿证据为依据,如果资源的成本或者价值无法可靠计量,则不能确认为资产。如企业计划购入的材料,由于尚未实际发生,不能可靠确定其成本,就不能确认为该企业的资产。

4. 资产的分类

资产按其流动性可以分为流动资产和非流动资产。

1）流动资产

流动资产是指可以在1年或超过1年的一个营业周期内变现或被耗用的资产，主要包括库存现金、银行存款、交易性金融资产、应收票据、应收账款、其他应收款、预付账款、存货等。

库存现金是指存放在企业准备随时支用的现款，主要用于企业日常经营活动中发生的小额零星支出，如支付因公出差职工的借款，支付小额的办公费用支出等。

银行存款是指企业存放在其开户银行的款项。

交易性金融资产主要是指企业持有的分类为以公允价值计量且其变动计入当期损益的金融资产。

应收票据是指企业由于销售产品或提供劳务而收到的商业汇票，包括银行承兑汇票和商业承兑汇票。

应收账款是指企业由于销售产品等应向购买方收取而暂未收到的款项。

其他应收款是指企业在日常经营活动中产生的应收票据和应收账款以外的其他应收款项。

预付账款是指企业由于购买销售方的产品等，按照合同规定预先支付给供应商的款项。

存货是指企业在日常生产经营活动中持有的，为销售或耗用而储备的资产，包括原材料、在途物资、库存商品、周转材料、发出商品、委托加工物资等。

2）非流动资产

非流动资产是指流动资产以外的其他资产，主要包括债权投资、长期股权投资、固定资产、无形资产、长期应收款、长期待摊费用等。

债权投资是指到期日固定、回收金额固定或可确定，企业有明确意图和能力持有至到期的非衍生金融资产，如企业购入的国债、公司债券等。

长期股权投资是指企业取得并有意图长期持有被投资单位股份的投资，包括股票投资和其他股权投资。

固定资产是指企业为生产商品、提供劳务、出租或经营管理而持有的、使用寿命超过一个会计年度的具有实物形态的资产，包括房屋建筑物、机器设备、运输工具等。

无形资产是指拥有或者控制的没有实物形态的可辨认非货币性资产，包括专利权、非专利技术、商标权、著作权、土地使用权等。

长期应收款是指企业在日常生产经营中发生的超过一个正常营业周期的各项债权。

长期待摊费用是指企业已经发生（一般是指已经实际支付了货币资金）但应由本期和以后各期负担的分摊期限在1年以上的各项支出。

（二）负债

1. 负债的含义

负债是指企业过去的交易或事项形成的、预期会导致经济利益流出企业的现时义务。一般企业都有负债，即使是经营非常成功的企业。企业往往通过借款取得扩大规模所需的资金，或以赊账的方式购买商品物资。

2. 负债的特征

（1）负债是企业承担的现时义务。现时义务是指在现行条件下已承担的义务。未来发

微课：负债要素

生的交易或事项形成的义务不属于现时义务,不应当确认为负债。现时义务可以是法定义务,也可以是推定义务。法定义务即法定合同义务,是指直接依据法律规定产生的而非由当事人约定的义务。推定义务是指根据企业多年来的习惯做法、公开的承诺或者公开宣布的政策而导致企业将承担的责任。如某企业多年来制定一项销售政策,对售出商品提供一定期限的售后保修服务,该预期为售出商品提供的保修服务就属于推定义务,应将其确认为一项负债。

(2) 负债的清偿预期会导致经济利益流出企业。企业清偿负债的方式多种多样,如用现金清偿、以非货币性资产或劳务清偿、举借新债清偿旧债等,无论采用何种偿还方式,都会使经济利益流出企业。

(3) 负债是由过去交易或事项形成的。只有过去发生的交易或事项才能增加或减少企业的负债,而不能根据谈判中的交易或事项,或计划中的经济业务来确认负债。

3. 负债的确认条件

将一项现时义务确认为负债,除了需要符合负债的定义,还要同时满足以下两个条件:

(1) 与该义务有关的经济利益很可能流出企业。负债的确认应与经济利益流出企业的不确定性程度判断相结合。如果有确凿证据表明,与该现时义务有关的经济利益很可能流出企业,就应当将其作为负债予以确认。

(2) 未来流出经济利益的金额能够可靠地计量。负债的确认在考虑经济利益流出的同时,对于未来流出的经济利益的金额应当能够可靠计量。对于与法定义务有关的经济利益流出金额,通常可以根据合同或者法律规定的金额予以确定,并且考虑到经济利益流出的金额通常在未来期间,有时未来期间较长,有关金额的计量需要考虑货币时间价值等因素的影响。对于与推定义务有关的经济利益流出金额,企业应当根据履行相关义务所需支付的最佳估计数进行估计,并综合考虑有关货币时间价值、风险等因素的影响。

4. 负债的分类

负债按流动性可分为流动负债和非流动负债。

1) 流动负债

流动负债是指在1年或超过1年的一个营业周期内偿还的债务,包括短期借款、应付票据、应付账款、预收账款、应付职工薪酬、应付股利、其他应付款、应交税费、1年内到期的长期负债等。

短期借款是指企业向银行或其他金融机构借入的期限在1年以内(含1年)的借款。

应付票据是指企业购买材料、商品和接受劳务时开出、承兑的商业汇票,包括商业承兑汇票和银行承兑汇票。

应付账款是指企业因购买材料、商品或接受劳务等应该支付给供应单位的款项。

预收账款是指企业根据合同规定向购货单位预收的款项。

应付职工薪酬是指企业应该支付而尚未付给职工个人的各种薪酬。

应付股利是指企业应当分配给投资者的现金股利。

应交税费是指企业按照税法规定计算应缴纳的各种税费。

2) 非流动负债

非流动负债又称长期负债,是指偿还期在1年或超过1年的一个营业周期以上的债务,包括长期借款、应付债券、长期应付款等。

长期借款是指从银行或其他金融机构借入的期限在1年以上的各种借款。

应付债券是指企业为筹集长期资金而发行的期限在1年以上的债券。

长期应付款是指除了长期借款、应付债券以外的其他各种长期应付的款项,包括应付融资租入固定资产的租赁费、以分期付款方式购入固定资产等发生的应付款项等。

判断一项负债是流动负债还是长期负债,关键是看该负债的偿还期。如长期借款一般是长期负债,但如果该项长期负债需要在1年内偿还,就应该作为流动负债在财务报表中列示。

(三)所有者权益

1. 所有者权益的含义

所有者权益又称净资产,是指企业的资产扣除负债后由所有者享有的剩余权益。公司的所有者权益又称为股东权益。在企业中,负债是债权人对企业享有的权益,所有者权益反映企业所有者(股东)对企业净资产享有的权益。

微课:所有者权益要素

2. 所有者权益的特征

(1) 它是一种剩余权益。因为债权人权益优先于所有者的权益,所有者权益在数量上等于企业的全部资产减去全部负债后的余额。因此,在企业清算时,只有当所有的负债得到清偿后,所有者才能实现其对资产的要求权。

(2) 除非发生减资、破产、清算等特殊事项,企业一般无需向投资者偿还投入的资本。

(3) 所有者凭借所有者权益参与企业的利润分配。

3. 所有者权益的内容

所有者权益的来源包括所有者投入的资本、直接计入所有者权益的利得和损失、留存收益等。所有者权益的内容具体表现为实收资本(或股本)、其他权益工具、资本公积、其他综合收益、盈余公积、未分配利润等。

实收资本是指投资者按照企业章程或者合同、协议的约定,实际投入企业的资本。

其他权益工具是指企业发行的除普通股以外分类为权益工具的金融工具,如被认定为权益工具的优先股、永续债等金融工具。

资本公积是指投资者投入的超过其在注册资本中所占份额的那部分资本(称为资本溢价或股本溢价),以及其他资本公积。资本公积主要用来转增资本(或股本),所以也可称其为准资本。

其他综合收益是指企业根据企业会计准则规定未在当期损益中确认的各项利得和损失,包括以后会计期间不能重分类进损益的其他综合收益和以后会计期间满足规定条件时将重分类进损益的其他综合收益两类。

盈余公积是指企业从税后利润中提取的企业积累资金,包括法定盈余公积和任意盈余公积。

未分配利润是指企业的税后利润按照规定进行分配以后的剩余部分,这部分利润可以在以后年度进行分配。

【提示】
盈余公积和未分配利润又统称为留存收益。

4. 所有者权益的确认和计量

所有者权益的确认、计量主要取决于资产、负债、收入、费用等其他会计要素的确认和计量。所有者权益在数量上等于企业资产总额扣除负债后的净额,即为企业的净资产,反映所有者(股东)在企业中享有的经济利益。

(四) 收入

1. 收入的含义

微课:收入要素

收入是指企业在日常活动中形成的、会导致所有者权益增加的、与所有者投入资本无关的经济利益的流入。收入取得的形式包括销售商品、提供劳务及让渡资产使用权等。

2. 收入的特征

(1) 收入是从企业的日常活动中产生的,而不是从偶发的交易或事项中产生的。日常活动是指企业为完成其经营目标所从事的经常性活动以及与之相关的活动,如企业销售产品、提供劳务等。明确界定日常活动是为了将收入与利得相区分,日常活动是确认收入的重要标准。凡是日常活动所形成的经济利益的流入应当确认为收入;反之,非日常活动所形成的经济利益的流入不能确认为收入,应当计入利得。利得又分为直接计入当期损益的利得和计入所有者权益的利得。

(2) 收入的取得会导致经济利益流入企业,可能表现为资产的增加,也可能表现为企业负债的减少,或两者兼而有之。

(3) 收入只包括本企业经济利益的流入,不包括为第三方或客户代收的款项,如企业代收的增值税等。

(4) 收入会引起所有者权益增加。

(5) 收入与所有者投入资本无关。

3. 收入的分类

收入按照性质不同,可以分为销售商品的收入、提供劳务或服务的收入等。

收入按企业经营业务的主次不同,可以分为主营业务收入和其他业务收入。

主营业务收入,是指企业主营业务活动产生的收入,包括销售商品、提供劳务的收入等;其他业务收入,是指与日常经营活动直接相关但不属于企业主要经营活动产生的收入,包括出租固定资产、包装物和销售原材料的收入等。主营业务收入和其他业务收入都是企业日常经营活动产生的,会计上将其合称为营业收入。

4. 收入的确认条件

当企业与客户之间的合同同时满足下列条件时,企业应当在客户取得相关商品控制权时确认收入:

(1) 合同各方已批准该合同并承诺将履行各自义务。

(2) 该合同明确了各方与所转让商品或提供劳务相关的权利和义务。

(3) 该合同有明确的与转让商品或提供劳务相关的支付条款。

(4) 该合同具有商业性质,即履行该合同将改变企业未来现金流量的风险、时间分布或金额。

(5) 企业因向客户转让商品或提供劳务而有权取得的对价很可能收回。

(五) 费用

1. 费用的含义

微课:费用要素

费用是指企业日常活动所发生的、会导致所有者权益减少的、与向所有者分配利润无关的经济利益的流出。

2. 费用的特征

（1）费用是企业在日常活动中所发生的经济利益的流出，而不是从偶发的交易或事项中发生的经济利益的流出。费用界定为日常活动所发生的，目的是为了将费用和损失相区分，企业非日常活动所发生的经济利益的流出不能计入费用，而应当计入损失。

（2）费用会导致企业所有者权益的减少。费用的本质是资产的转化形式，是企业资产的耗费，是企业经济利益的流出，而且这种流出会导致所有者权益的减少。

（3）费用与向所有者分配利润无关。

3. 费用的分类

费用通常按其与收入进行配比的方法进行分类，分成成本费用和期间费用。

（1）成本费用为应当与收入进行直接配比的费用，包括主营业务成本、其他业务成本、税金及附加等。

（2）期间费用为应当与营业收入进行期间配比的费用，包括销售费用、管理费用和财务费用等。

成本费用与期间费用可合称为营业费用，是狭义的费用内容。广义的费用还可以包括资产减值损失、公允价值变动损失、所得税费用等内容。

4. 费用的确认条件

根据费用的定义，费用的确认条件包括以下几点：

（1）与费用相关的经济利益很可能流出企业。

（2）经济利益的流出会导致资产的减少或负债的增加。

（3）经济利益的流出金额能够可靠计量。

（六）利润

1. 利润的含义

利润是指企业在一定会计期间的经营成果，包括收入减去费用后的净额、直接计入当期利润的利得和损失等。

收入减去费用后的净额反映企业日常活动的经营业绩，直接计入当期利润的利得和损失反映企业非日常活动的业绩。

直接计入当期利润的利得和损失，是指应当计入当期损益、会导致所有者权益发生增减变动的、与所有者投入资本或向所有者分配利润无关的利得或损失，指的是营业外收入和营业外支出。

微课：利润要素

利得和损失的分类

利得和损失分为两种：一种是直接计入所有者权益的利得或损失；一种是直接计入当期利润的利得或损失。直接计入当期利润的利得或损失一般作为企业的营业外收入和营业外支出；直接计入所有者权益的利得或损失一般作为其他综合收益。

2. 利润的计量

利润的金额取决于收入和费用、直接计入当期利润的利得和损失金额的计量。

3. 利润的分类

利润按其列报程序分为营业利润、利润总额和净利润三个层次。

本教材第四章将具体阐述利润的形成与账务处理，故此处不再赘述。

三、会计要素的计量

会计要素的计量是为了将符合确认条件的会计要素登记入账并列报于财务报表而确定其金额的过程。企业应当按照规定的会计计量属性进行计量，确定相应金额。

（一）会计计量属性及其构成

会计的计量属性是指会计要素的数量特征或外在表现形式，主要包括历史成本、重置成本、可变现净值、现值和公允价值。

1. 历史成本

历史成本，又称为实际成本，是指取得或制造某项财产物资时所实际支付的现金或现金等价物。

在历史成本计量下，资产按照其购置时支付的现金或者现金等价物的金额，或者按照购置资产时所付出对价的公允价值计量。负债按照其因承担现时义务而实际收到的款项或者资产的金额，或者承担现时义务的合同金额，或者按照日常活动中为偿还负债预期需要支付的现金或者现金等价物的金额计量。

2. 重置成本

重置成本又称现行成本，是指按照当前市场条件，重新取得同样一项资产所需支付的现金或现金等价物金额。

在重置成本计量下，资产按照现在购买相同或者相似资产所需支付的现金或者现金等价物的金额计量。负债按照现在偿付该项债务所需支付的现金或者现金等价物的金额计量。

在实际工作中，重置成本多应用于盘盈固定资产的计量等。

3. 可变现净值

可变现净值是指在正常生产经营过程中，以预计售价减去进一步加工成本和预计销售费用以及相关税费后的净值。

在可变现净值计量下，资产按照其正常对外销售所能收到现金或者现金等价物的金额扣减该资产至完工时估计将要发生的成本、估计的销售费用以及相关税费后的金额计量。

可变现净值通常应用于存货资产减值情况下的后续计量。它只能用于对资产的计量，不能用于对负债的计量。

4. 现值

现值是指对未来现金流量以恰当的折现率进行折现后的价值，是考虑货币时间价值的一种计量属性。

在现值计量下，资产按照预计从其持续使用和最终处置中所产生的未来净现金流入量的折现金额计量。负债按照预计期限内需要偿还的未来净现金流出量的折现金额计量。

现值通常用于非流动资产可收回金额和以摊余成本计量的金融资产价值的确定等。例如，在确定固定资产、无形资产等可收回金额时，通常需要计算资产预计未来现金流量的现值；对于债权投资等以摊余成本计量的金融资产，通常需要使用实际利率法将这些资产在预期存续期间或适用的更短期间内的未来现金流量折现,再通过相应的调整确定其摊余成本。

5. 公允价值

公允价值是指市场参与者在计量日发生的有序交易中,出售一项资产所收到或转移一项负债所需支付的价格。

在公允价值计量下,资产和负债按照在公平交易中熟悉情况的交易双方自愿进行资产交换或者债务清偿的金额计量。

公允价值主要应用于交易性金融资产等金融资产的计量。

(二) 会计计量属性的选择

企业在对会计要素进行计量时,一般应当采用历史成本计量属性。采用重置成本、可变现净值、现值、公允价值计量的,应当保证所确定的会计要素金额能够取得并可靠地计量。

第二节 会 计 等 式

一、会计等式的含义及类型

(一) 会计等式的含义

会计等式又称会计平衡公式,是利用数学等式反映会计要素之间内在平衡关系的计算公式。它揭示了会计要素之间的内在联系,因而成为会计核算的理论基础。

(二) 会计等式的类型

1. 财务状况等式

财务状况等式,是用来反映某一特定时点企业资产、负债和所有者权益三者之间平衡关系的会计等式,亦称基本会计等式和静态会计等式。

众所周知,企业从事正常的生产经营活动,都需要筹集一定数量的资金,拥有一定的经济资源,即资产,如库存现金、厂房、机器设备、原材料等。企业筹集资金的渠道不外乎有两个方面:一是投资者投资;二是债权人提供,如银行借款等。企业筹集的资金投入营运后,形成企业所持有的各种资产。投资者对投入企业的资金视投资额的多少和所负担风险的大小,等比例地获取投资所得,这就是投资人对企业资产的要求权(所有者权益);债权人有要求企业偿还债务的权利,这就是债权人对企业资产的要求权(债权人权益,即企业的负债)。这种对企业资产的要求权,在会计上总称为"权益"。企业拥有的每一项资产,都是投资者或债权人所提供的,因此,资产和权益必须同时存在。有一定数额的资产,必然有一定数额的权益;反之,有一定数额的权益,也必然有一定数额的资产。从数量上看,在任何一个时点上,一个企业所拥有或控制的资产总额必定等于权益总额。用公式表示如下:

$$资产＝权益＝负债＋所有者权益$$

它反映的是企业资金运动的静态状况,表明了企业在某一时点(通常为会计期初或会计期末)的财务状况,因此,该等式被称为财务状况等式或静态会计等式。

资产、负债和所有者权益的平衡关系,是最基本的会计等式,称为第一会计等式。这一等式是复式记账法的理论基础,也是编制资产负债表的依据。

思政:人生是一个会计恒等式

【提示】
　　基本会计等式还可以表示为"资产－负债＝所有者权益",但不能表示为"资产－所有者权益＝负债"。

2. 经营成果等式

经营成果等式,是用来反映企业一定时期收入、费用和利润之间恒等关系的会计等式。

企业拥有资产进行生产经营活动,目的是获取收入,实现盈利。企业取得收入的同时必然会发生相应的费用,通过收入与费用的比较,才能确定一定时期的盈利水平,确定最终经营成果。在不考虑利得和损失的情况下,企业的收入扣除相关的费用就形成了企业的利润,可以用公式表示为:

$$收入－费用＝利润$$

收入、费用与利润的平衡关系是第一会计等式运动的结果,称为第二会计等式。它反映企业资金运动显著变动的状态,表明了企业在某个会计期间所取得的经营成果,又称动态会计等式、经营成果等式。

企业的目标是追求利润最大化,而资金只有在运动中才能增值,因此,企业经营过程中,一方面取得收入;另一方面发生费用。收入扣除费用就是利润,即净收益。

从企业的产权关系来看,净收益归属于所有者,它也是第一会计等式与第二会计等式的连接点。第一会计等式与第二会计等式的这种关系可以用等式表示为:

$$资产＝负债＋所有者权益＋利润$$
$$资产＝负债＋所有者权益＋收入－费用$$

即:

$$资产＋费用＝负债＋所有者权益＋收入$$

这一等式是对第一会计等式、第二会计等式的扩展,称为第三会计等式。

会计期末,企业结算后,收入减去费用等于利润,利润本质上归属于企业的所有者权益,因此,收入、费用消失,第三会计等式就会变成第一会计等式。所以,第一会计等式是一种恒等式,第三会计等式不能代替第一会计等式。同样的道理,第三会计等式消失时,第二会计等式也自然融入了第一会计等式。

从以上分析可以看出,企业通过负债和所有者权益两个渠道取得资产。资产用于生产经营并逐渐转化为费用,收入扣除费用为利润,利润属于所有者权益。

资产、负债、所有者权益、收入、费用和利润六项会计要素,无论如何转化,最终都要回到资产、负债和所有者权益之间的平衡关系上来。因此,"资产＝负债＋所有者权益"被称为会计恒等式。

二、经济业务对会计等式的影响

企业在经营过程中发生的各种经济活动在会计上称为经济业务,又称会计事项。企业的经济业务事项复杂多样,各项经济业务的发生,必然会引起企业的资产和权益发生增减变动,那么,经济业务的发生会不会影响"资产＝负债＋所有者权益"会计等式的恒等关系呢?

经济业务的发生引起的各项会计要素的增减变动,归纳起来有以下四大类型:①资产与权益同时增加;②资产与权益同时减少;③资产之间有增有减;④权益之间有增有减。

从对资产、负债和所有者权益影响的角度考察,上述四种业务类型具体可以分为九种情形,如表2-1所示。

表2-1 经济业务的九种情形

经济业务	资产	负债	所有者权益
①	增加	增加	—
②	增加	—	增加
③	减少	减少	—
④	减少	—	减少
⑤	一增一减	—	—
⑥	—	一增一减	—
⑦	—	—	一增一减
⑧	—	减少	增加
⑨	—	增加	减少

上述九类基本经济业务的发生均不影响财务状况等式的平衡关系,具体分为三种情形:经济业务①②使财务状况等式左右两边的金额等额增加;经济业务③④使财务状况等式左右两边的金额等额减少;经济业务⑤⑥⑦⑧⑨使财务状况等式左右两边的金额保持不变,如图2-2所示。但无论经济业务引起资产、负债和所有者权益发生怎样的增减变化,都不会破坏会计等式的平衡关系。

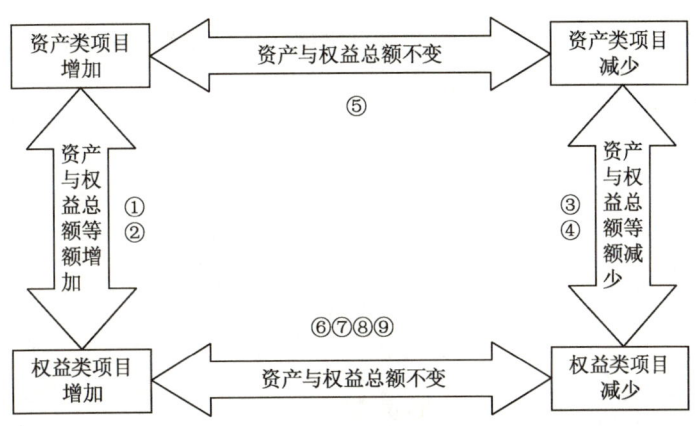

图2-2 经济业务对会计等式的影响

【例2-1】 新华有限责任公司(以下简称新华公司)2023年10月31日资产负债表上的资产为800 000元,负债为300 000元,所有者权益为500 000元。2023年11月发生如下经

济业务:

(1) 1日,从银行借入2年期借款400 000元,存入银行。

这笔业务的发生,使资产项目(银行存款)增加400 000元,同时使负债项目(长期借款)增加400 000元。

	资产	=	负债	+	所有者权益
经济业务发生前	800 000		300 000		500 000
经济业务引起的变动	+400 000		+400 000		
经济业务发生后	1 200 000		700 000		500 000

(2) 3日,收到某公司投入资金50 000元,存入银行。

这笔业务的发生,使资产项目(银行存款)增加50 000元,同时使所有者权益项目(实收资本)增加50 000元。

	资产	=	负债	+	所有者权益
经济业务发生前	1 200 000		700 000		500 000
经济业务引起的变动	+50 000				+50 000
经济业务发生后	1 250 000		700 000		550 000

(3) 5日,以存款偿还前欠A公司货款30 000元。

这笔业务的发生,使资产项目(银行存款)减少30 000元,同时使负债项目(应付账款)减少30 000元。

	资产	=	负债	+	所有者权益
经济业务发生前	1 250 000		700 000		550 000
经济业务引起的变动	−30 000		−30 000		
经济业务发生后	1 220 000		670 000		550 000

(4) 10日,因特殊原因,经批准,新华公司退还乙投资者的出资200 000元,以银行存款支付。

这笔业务的发生,使资产项目(银行存款)减少200 000元,同时使所有者权益项目(实收资本)减少200 000元。

	资产	=	负债	+	所有者权益
经济业务发生前	1 220 000		670 000		550 000
经济业务引起的变动	−200 000				−200 000
经济业务发生后	1 020 000		670 000		350 000

(5) 12日,购入设备一台,价值80 000元,款项通过银行转账支付。

这笔业务的发生,使资产项目(银行存款)减少80 000元,同时使资产项目(固定资产)增加80 000元。

	资产	=	负债	+	所有者权益
经济业务发生前	1 020 000		670 000		350 000
经济业务引起的变动	+80 000 −80 000				
经济业务发生后	1 020 000		670 000		350 000

(6) 15 日,签发商业汇票偿还前欠 B 公司货款 60 000 元。

这笔业务的发生,使负债项目(应付票据)增加 60 000 元,同时使负债项目(应付账款)减少 60 000 元。

	资产	=	负债	+	所有者权益
经济业务发生前	1 020 000		670 000		350 000
经济业务引起的变动			+60 000 −60 000		
经济业务发生后	1 020 000		670 000		350 000

(7) 18 日,经批准公司以资本公积转增资本金 80 000 元。

这笔业务的发生,使所有者权益项目(实收资本)增加 80 000 元,同时使所有者权益项目(资本公积)减少 80 000 元。

	资产	=	负债	+	所有者权益
经济业务发生前	1 020 000		670 000		350 000
经济业务引起的变动					+80 000 −80 000
经济业务发生后	1 020 000		670 000		350 000

(8) 20 日,前欠 D 公司货款 70 000 元,经双方协商转为 D 公司对本公司的投资。

这笔业务的发生,使所有者权益项目(实收资本)增加 70 000 元,同时使负债项目(应付账款)减少 70 000 元。

	资产	=	负债	+	所有者权益
经济业务发生前	1 020 000		670 000		350 000
经济业务引起的变动			−70 000		+70 000
经济业务发生后	1 020 000		600 000		420 000

(9) 30 日,公司决定向投资者分配利润 90 000 元。

这笔业务的发生,使所有者权益项目(未分配利润)减少 90 000 元,同时使负债项目(应付股利)增加 90 000 元。

	资产	=	负债	+	所有者权益
经济业务发生前	1 020 000		600 000		420 000
经济业务引起的变动			+90 000		−90 000
经济业务发生后	1 020 000		690 000		330 000

由此可见,无论经济业务怎样变化都不会破坏会计等式的平衡关系。企业在任何时点所拥有的资产总额总是等于负债和所有者权益总额。

本章习题

一、单项选择题

1. 下列项目中,符合资产定义的是(   )。
   A. 购入的某项专利权 B. 经营租入的设备
   C. 待处理的财产损失 D. 计划购买的某项设备
2. 下列各项中,属于反映企业财务状况的会计要素是(   )。
   A. 收入 B. 所有者权益 C. 费用 D. 利润
3. 关于收入,下列说法中错误的是(   )。
   A. 收入是指企业在日常活动中形成的、会导致所有者权益增加的、与所有者投入资本无关的经济利益的总流入
   B. 收入只有在经济利益很可能流入从而导致企业资产增加或者负债减少、且经济利益的流入额能够可靠计量时才能予以确认
   C. 符合收入定义和收入确认条件的项目,应当列入利润表
   D. 收入是指企业在日常活动中形成的、会导致所有者权益或负债增加的、与所有者投入资本无关的经济利益的总流入
4. 下列不属于会计要素的是(   )。
   A. 所有者权益 B. 成本 C. 资产 D. 负债
5. 下列各项经济业务中,会引起公司股东权益总额变动的是(   )。
   A. 用资本公积金转增股本 B. 向投资者分配股票股利
   C. 股东大会向投资者宣告分配现金股利 D. 用盈余公积弥补亏损
6. 下列业务中能够作为费用核算的是(   )。
   A. 以现金对外投资 B. 以现金分派股利
   C. 支付劳动保险费 D. 购买固定资产支付款
7. 下列项目中属于留存收益的是(   )。
   A. 实收资本 B. 盈余公积
   C. 应付股利 D. 资本公积
8. 下列经济业务中,会引起一项负债减少,而另一项负债增加的经济业务是(   )。
   A. 以银行借款偿还应付账款 B. 银行借款存入银行
   C. 用银行存款购买原材料 D. 以银行存款偿还银行借款
9. 下列项目中,属于非流动资产的是(   )。
   A. 长期股权投资 B. 应收账款 C. 存货 D. 库存现金
10. 下列各项经济业务中,引起资产和权益同时减少的是(   )。
    A. 以银行存款购入一辆车价值6万元
    B. 接受甲企业投入的货币资金10万元

C. 以应付票据抵应付账款 5 万元

D. 以银行存款偿还已到期的短期借款 8 万元

二、多项选择题

1. 资产具有的基本特征有(　　)。
   A. 资产是由于过去的交易或事项所形成的
   B. 资产必须是投资者投入或向债权人借入的
   C. 资产是企业拥有或控制的
   D. 资产预期能够给企业带来经济利益

2. 下列项目中,属于所有者权益项目的有(　　)。
   A. 所有者投入的资本　　　　　　B. 直接计入所有者权益的利得和损失
   C. 留存收益　　　　　　　　　　D. 应付职工薪酬

3. 下列选项中,(　　)能使企业负债总额增加。
   A. 购进货物款项未付　　　　　　B. 从银行取得短期借款
   C. 签发并承兑商业汇票抵付前欠货款　　D. 短期借款转长期借款

4. 留存收益是企业历年实现的净利润留存于企业的部分,主要包括(　　)。
   A. 本年利润　　　　　　　　　　B. 资本公积
   C. 盈余公积　　　　　　　　　　D. 未分配利润

5. 将一项资源确认为资产,需要符合资产的定义,还应同时满足(　　)。
   A. 与该项资源有关的经济利益很可能流入企业
   B. 与收入相关的经济利益应当很可能流入企业
   C. 未来流出的经济利益的金额能够可靠地计量
   D. 该资源的成本或者价值能够可靠地计量

6. 收入按日常活动在企业中所处的地位,可分为(　　)。
   A. 主营业务收入　　B. 其他业务收入　　C. 营业外收入　　D. 投资收益

7. 下列项目中,属于会计要素的有(　　)。
   A. 资产　　　　　B. 所有者权益　　　C. 利润　　　　D. 费用

8. 下列会计等式中,正确的有(　　)。
   A. 资产＝权益
   B. 资产－所有者权益＝负债
   C. 资产＝负债＋所有者权益
   D. 资产＝负债＋所有者权益＋收入＋费用

9. 企业发生费用的同时,可能会引起(　　)。
   A. 资产的增加　　　　　　　　　B. 资产的减少
   C. 负债的增加　　　　　　　　　D. 负债的减少

10. 根据会计等式可知,下列不会发生的经济业务包括(　　)。
    A. 资产增加,负债减少,所有者权益不变
    B. 资产不变,负债增加,所有者权益增加
    C. 资产有增有减,权益不变
    D. 债权人权益增加,所有者权益减少,资产不变

三、判断题

1. 费用与企业向所有者分配利润无关。　　　　　　　　　　　　　　（　）
2. 企业预期在未来发生的交易或事项不形成资产。　　　　　　　　　（　）
3. 所有者权益金额取决于资产、负债和利润的计量。　　　　　　　　（　）
4. 所有者权益的来源包括所有者投入的资本、直接计入所有者权益的利得和损失、留存收益等。　　　　　　　　　　　　　　　　　　　　　　　　　　　　　　　　　（　）
5. 企业的利得和损失应直接计入当期的损益。　　　　　　　　　　　（　）
6. 负债是指企业过去的交易或事项形成的、预期会导致经济利益流入企业的现实义务。
　　　　　　　　　　　　　　　　　　　　　　　　　　　　　　　（　）
7. 所有经济业务的发生，都会引起会计恒等式两边发生变化。　　　　（　）
8. 预收账款属于流动负债项目。　　　　　　　　　　　　　　　　　（　）
9. 从银行提取现金业务不会引起会计等式两边总额发生变动。　　　　（　）
10. 会计要素是指对会计对象进行的基本分类，是会计对象的具体化，也是会计核算内容的具体化。　　　　　　　　　　　　　　　　　　　　　　　　　　　　　　（　）

四、业务题

1. 某企业相关资料如表 2-2 所示。

表 2-2　　　　　　　　　　　　相 关 资 料

项目	资产	负债	所有者权益	收入	费用	利润
库存的现金						
存放在银行的款项						
本月尚未支付的工资						
向银行借入3个月期限的借款						
办公楼设备等						
完工入库的产品						
接受捐赠的机器设备						
国家向企业的投资						
存放在仓库的原材料						
尚未完工的产品						
企业创造的已申请专利的发明						
欠外单位的购料款						
欠银行的贷款利息						
上年度未分配完的利润						
本月发生的差旅费、报刊费等						
企业从利润中提取的公共积累						
企业购买的3年期债券						
欠税务机关一个季度的税费						
本月发生的招待费						
应付电视台的广告费						
销售商品的营业款						

要求：根据资料，判断每一项目分别属于哪一类会计要素，在表中相应的要素下面打√。
2. 大生公司5月份发生的经济业务如下：
(1) 以银行存款偿还应付账款10 000元。
(2) 向银行借入半年期借款60 000元，存入企业存款账户。
(3) 购入材料20 000元，以银行存款支付。
(4) 银行通知，客户归还所欠货款10 500元。
(5) 开出现金支票提取现金50 000元，备发工资。
(6) 按照规定，将盈余公积50 000元转增资本。
(7) 开出应付票据10 000元，归还所欠供应单位的货款。
(8) 从国家取得增拨的资本100 000元，已转入企业存款户。
(9) 经协议，返还投资单位前期投入的资金200 000元，以银行存款支付。
要求：根据上述资料，分析各项经济业务发生后对会计等式的影响。

第三章　账户与复式记账

学习目标

1. 掌握会计科目的概念、分类和设置要求
2. 掌握账户的概念、分类和结构
3. 掌握借贷记账法的基本内容
4. 掌握会计分录编制的步骤
5. 掌握试算平衡表的编制

重点与难点

1. 会计科目的分类
2. 会计分录的编制
3. 试算平衡表的编制

知识框架结构

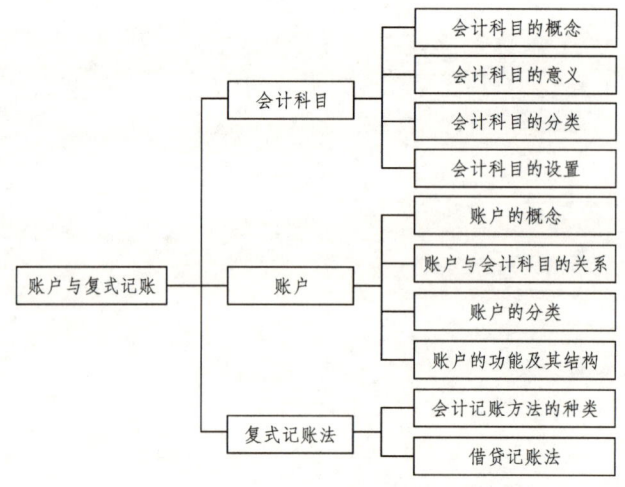

案例导入

一个会计科目撬动的上市公司

上市 23 年之久的新都酒店成为 2017 年退市第一股。由于大股东违规担保、财务报表中减值准备存在问题等，新都酒店 2013 年和 2014 年连续两个会计年度的财务会计报告，均被立信会计师事务所出具无法表示意见的审计报告。因此，自 2015 年 5 月 21 日起被暂停上市。

被暂停上市不可怕，毕竟还有恢复上市的机会；暂停上市后首个年度报告若满足相应的

财务指标(经审计)且经营状况良好,便可以向深交所提出恢复上市的申请。恢复上市的申请还需聘请股份转让服务机构担任其恢复上市的保荐人,并聘请律师对有关申请材料审慎审阅并出具法律意见书。于是,新都酒店联合业界龙头天健会计师事务所(以下简称天健所)、大信会计师事务所(以下简称大信所)、广发证券股份有限公司(以下简称广发证券)、北京市金杜律师事务所(以下简称金杜所)共同加入了这场"捞壳"运动。

起初,天健所、大信所均认为将高尔夫租金收入2 950万元作为2015年度主营业务收入符合企业会计准则规定。2016年5月30日,广发证券出具了保荐书,认为新都酒店已经具备恢复上市的法定实质条件,并于同日向深交所提出恢复上市申请。金杜所也认为新都酒店满足重新上市的条件。2016年5月9日,深交所受理新都酒店恢复上市的申请。在受理恢复上市申请的第二天,深交所向新都酒店发出了补充材料函,其中,要求回复的问题中就包括"高尔夫球场"的减值处理及租金的会计处理问题。

虽然各中介机构仍然在为新都酒店"打包票",认为其申请恢复上市的材料合理合法。但深交所没有就此罢休,而是书面说明将提请相关机构对新都酒店恢复上市的相关情况进行调查核实,这使得审核的期限被无限制地延长。

这场拉锯战以中介机构的"反水"终结。2017年4月25日,天健所出具《调整函》,将新都酒店2015年度营业收入中确认的2014年度租赁期的高尔夫物业租金收入(1 650万元),从经常性损益事项调整为非经常性损益。2017年4月28日,大信所"补刀",发出《通知函》,也认定将2014年高尔夫物业租金认定为经常性损益不当。紧接着,广发证券又"插一刀",认为基于上述两会计师事务所的认定,并排除税费影响后,新都酒店扣除非经常性损益后的净利润为负100余万元,不满足恢复上市的要求。

至此,三家中介机构对"高尔夫物业"2014年的租金收入项目进行了调整,直接导致新都酒店2015年财务指标不满足恢复上市要求。

2017年5月16日,深交所发文认可各中介机构的认定。由于财务指标不满足恢复上市的条件,深交所对新都酒店依法作出股票终止上市的决定。一场重组保壳大戏就此画上失败的句号。

业务技能思考:

新都酒店将2014年的租金收入纳入2015年的利润,是否符合规定?新都酒店高尔夫物业的租金收入到底应该计入主营业务收入还是营业外收入,处理方式的不同又将对新都酒店产生怎样不同的影响?

[摘自"一个会计科目撬动的上市公司——新都酒店强制退市案述评"(《金融法苑》,2019年第1期),作者王靓迪]

第一节 会 计 科 目

一、会计科目的概念

会计科目简称科目,是指对会计要素的具体内容分类核算的项目。

会计对象是社会再生产过程中的资金运动,资金运动具体表现为资产、负债、所有

微课:会计科目

者权益、收入、费用和利润六大会计要素,用这六项会计要素来反映纷繁复杂的经济业务显得过于粗略,难以满足有关各方对会计信息的需求,为此必须对会计要素进行细化,即对每一会计要素的具体内容作进一步科学的分类。这种对会计要素的具体内容进行分类核算的项目,称为会计科目。例如,资产的概念很广,企业所拥有的资产以各种不同的形式而存在,包括库存现金、银行存款、原材料、库存商品、固定资产等。为了反映各种资产的增减变动,就需要将资产细分成"库存现金""银行存款""原材料""库存商品""固定资产"等项目,即会计科目。

会计对象、会计要素、会计科目三者之间的关系极为密切。会计对象概括为企业的资金运动。资金运动是对会计核算和监督内容的最高概括,是第一层次,即会计对象;会计要素是会计核算对象的具体化,是对资金运动第二层次的划分;会计科目是对会计要素所作的进一步分类,是对资金运动第三层次的划分。三者之间的关系如图3-1所示。

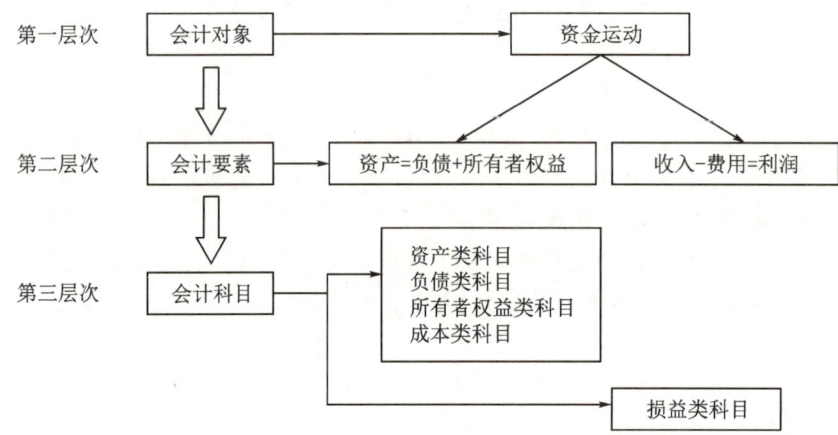

图 3-1　会计对象、会计要素与会计科目的关系

二、会计科目的意义

设置会计科目是会计核算方法体系中的一种重要方法,是进行会计记录和提供各项会计信息的基础,在会计核算中具有重要意义。

(1) 会计科目是复式记账的基础。复式记账要求对于每一笔经济业务,都必须以相等的金额在两个或两个以上相互联系的账户中进行登记,以反映经济业务内容和资金运动的来龙去脉,而会计科目就是账户的名称。

(2) 会计科目是编制记账凭证的基础。记账凭证是确定所发生的经济业务应记入何种科目以及分门别类登记账簿的凭据。

(3) 会计科目为成本计算与财产清查提供了前提条件。通过会计科目的设置,有助于成本核算,使各种成本计算成为可能;而通过账面记录与实际结存的核对,又为财产清查、保证账实相符提供了必备的条件。

(4) 会计科目为编制财务报表提供了方便。财务报表是提供会计信息的主要手段,为了保证会计信息的质量及其提供的及时性,财务报表中的许多项目与会计科目是一致的,并根据会计科目的本期发生额或余额填列。

三、会计科目的分类

为进一步认识每个会计科目的性质和作用,更好地使用会计科目,并进一步研究会计科目之间的相互关系,需要对会计科目进行分类,找出各种会计科目的规律性。会计科目可以按不同标准进行分类。

(一) 按反映的经济内容分类

会计科目按其所反映的经济内容的分类是最主要、最基本的分类。会计科目按其反映的经济内容不同,可分为资产类、负债类、共同类、所有者权益类、成本类和损益类六大类,每一大类会计科目可按一定的标准再分为若干小类。

1. 资产类科目

资产类科目是对资产要素的具体内容分类核算的项目。按资产的流动性不同,资产类科目可分为反映流动资产的科目和反映非流动资产的科目。反映流动资产的科目主要有"库存现金""银行存款""应收账款""原材料"等科目;反映非流动资产的科目主要有"长期应收款""固定资产""在建工程""无形资产"等科目。

2. 负债类科目

负债类科目是对负债要素的具体内容进行分类核算的科目。按负债的偿还期限不同,负债类科目可分为反映流动负债的科目和反映非流动负债的科目。反映流动负债的科目主要有"短期借款""应付账款""应付职工薪酬""应交税费"等科目;反映非流动负债的科目主要有"长期借款""应付债券"和"长期应付款"等科目。

3. 共同类科目

共同类科目是指既具有资产性质又具有负债性质的科目,其性质取决于该科目在某一时间的余额,如"套期工具"等科目。

4. 所有者权益类科目

所有者权益类科目是对所有者权益要素的具体内容进行分类核算的科目。按所有者权益的形成和性质不同,所有者权益类科目可分为反映资本的科目和反映留存收益的科目。反映资本的科目有"实收资本(或股本)""资本公积"等科目;反映留存收益的科目有"盈余公积""本年利润""利润分配"等科目。

5. 成本类科目

成本类科目是对可归属于产品生产成本、劳务成本的具体内容进行分类核算的项目。按成本的内容和性质的不同,成本类科目可分为反映制造成本的科目和反映劳务成本的科目。反映制造成本的科目有"生产成本""制造费用"等科目;反映劳务成本的科目有"劳务成本"等科目。

6. 损益类科目

损益类科目是对收入、费用等具体内容进行分类核算的科目。此类科目的特点是其项目均是形成利润的要素。其中,反映损益收入类的科目(以下简称收入类科目)主要有"主营业务收入""其他业务收入"等科目;反映损益费用类的科目(以下简称费用类科目)主要有"主营业务成本""管理费用"等科目。

(二) 按提供会计信息的详细程度及其统驭关系分类

会计科目按其所提供会计信息的详细程度及其统驭关系不同,可分为总分类科目和明细分类科目。

总分类科目又称总账科目或一级科目,它是对会计要素的具体内容进行总括分类,提供总括信息的会计科目,是进行总分类核算的依据,如"库存现金""应收账款""固定资产"等科目。为了满足国家宏观经济管理的需要,总分类科目原则上由国家统一规定。

明细分类科目也称明细科目,是对总分类科目作进一步分类,提供更为详细具体会计信息的科目。

在会计实务中,为了适应管理需要,明细分类科目可以分设多级,即在总分类科目下分别设置二级明细科目、三级明细科目乃至更多的级次。

二级明细科目又称子目,三级以及更细的明细科目称细目。如在"原材料"总分类科目下可以开设"原料及主要材料""辅助材料""燃料"等二级科目,在各二级科目下还可以按照原材料的名称、规格、型号等开设三级明细科目,如表3-1所示。

表3-1　　　　　　　　总分类科目与明细分类科目之间的关系

总分类科目 (一级科目)	明细分类科目	
	二级明细科目	三级明细科目
原材料	原料及主要材料	A材料
		B材料
	辅助材料	油漆
		螺丝钉
	燃料	原煤
		柴油

【提示】
并不是所有的总分类科目都设有明细分类科目,如"库存现金""本年利润"等科目就不需要设置明细分类科目。大多数明细分类科目由企业依据国家规定的会计科目和要求,根据经营管理的需要自行设置,但也有些明细分类科目是由国家统一规定的,如"应交税费"总分类科目下有关增值税的明细分类科目。

总分类科目和明细分类科目反映的经济内容相同,只是提供的核算信息详细程度不同。总分类科目提供的是总括、综合的核算信息,而其所属的明细分类科目提供的是详细、具体的核算信息。因此,总分类科目对明细分类科目具有统驭控制作用,明细分类科目对总分类科目起着补充说明作用。

四、会计科目的设置

(一) 会计科目的设置原则

会计科目作为反映会计要素的构成及其变化情况,为投资者、债权人、企业管理者等提供会计信息的重要手段,在设置过程中应努力做到科学、合理、适用。在设置会计科目时应遵循下列原则:

（1）合法性原则。为了保证会计信息的可比性，所设置的会计科目应当符合国家有关法律法规的规定。国家财政部门对企业所使用的会计科目都作出了较为具体的规定，企业应当按照企业会计准则规定的会计科目，设置本企业适用的会计科目。在不影响会计核算质量和对外提供统一的财务报告的前提下，企业也可根据自身特点增补或合并会计科目，做到统一性与灵活性相结合。

（2）相关性原则。会计科目的设置，应为提供有关各方所需要的会计信息服务，满足对外报告与对内管理的要求。

（3）实用性原则。由于企业的组织形式、所处行业、经营内容及业务种类不同，其会计科目的设置也应有所区别。在合法性的基础上，企业应根据企业自身特点，设置符合需要的会计科目。

(二) 常用会计科目

为了便于掌握和运用会计科目，使记账工作正常进行，对会计科目应从会计要素出发进行分类和编号，并编制会计科目表。企业常用的会计科目名称及编号如表3-2所示。

表3-2　　　　　　　　　　常用会计科目名称及编号

编号	会计科目名称	编号	会计科目名称
	一、资产类	1411	周转材料
1001	库存现金☆	1471	存货跌价准备
1002	银行存款☆	1481	持有待售资产
1012	其他货币资金☆	1505	债权投资
1101	交易性金融资产☆	1507	其他债权投资
1121	应收票据☆	1511	长期股权投资
1122	应收账款☆	1512	长期股权投资减值准备
1123	预付账款☆	1521	投资性房地产
1131	应收股利	1528	其他权益工具投资
1132	应收利息	1531	长期应收款
1221	其他应收款☆	1601	固定资产☆
1231	坏账准备	1602	累计折旧☆
1401	材料采购	1603	固定资产减值准备
1402	在途物资☆	1604	在建工程☆
1403	原材料☆	1605	工程物资
1404	材料成本差异	1606	固定资产清理
1405	库存商品☆	1701	无形资产☆
1406	发出商品	1702	累计摊销
1408	委托加工物资	1703	无形资产减值准备

(续表)

编号	会计科目名称	编号	会计科目名称
1711	商誉	4104	利润分配☆
1801	长期待摊费用	4201	库存股
1811	递延所得税资产	4401	其他权益工具
1901	待处理财产损溢☆		四、成本类
	二、负债类	5001	生产成本☆
2001	短期借款☆	5101	制造费用☆
2101	交易性金融负债	5201	劳务成本
2201	应付票据☆	5301	研发支出
2202	应付账款☆		五、损益类
2203	预收账款☆	6001	主营业务收入☆
2211	应付职工薪酬☆	6051	其他业务收入☆
2221	应交税费☆	6101	公允价值变动损益
2231	应付利息☆	6111	投资收益☆
2232	应付股利	6115	资产处置收益
2241	其他应付款☆	6117	其他收益
2245	持有代售负债	6301	营业外收入☆
2501	长期借款☆	6401	主营业务成本☆
2502	应付债券	6402	其他业务成本☆
2701	长期应付款	6403	税金及附加☆
2801	预计负债	6601	销售费用☆
2901	递延所得税负债	6602	管理费用☆
	三、所有者权益类	6603	财务费用☆
4001	实收资本☆	6701	资产减值损失
4002	资本公积☆	6702	信用减值损失
4003	其他综合收益	6711	营业外支出☆
4101	盈余公积☆	6801	所得税费用☆
4103	本年利润☆	6901	以前年度损益调整

注：带☆的属于本书中涉及的会计科目。

会计科目编号

会计科目编号是以数码确定会计科目所属类别及在类别中的位置。会计科目编号可使会计科目体系科学化,以便于对会计科目的识别和使用,为在会计工作中应用电子计算机创造条件。

一级会计科目的编号一般由财政部统一规定,编号一般采用四位数字表示(见表3-2)。从左至右的第一位数表示会计科目的大类,如资产类为"1",负债类为"2",共同类为"3",所有者权益类为"4",成本类为"5",损益类为"6";第二位数表示各大类下的小类,如资产类中的"货币资金"科目为"0","应收款项"科目为"1";第三、第四位数表示某类科目排列的顺序,如货币资金类中的"库存现金"科目的排列顺序为"01","银行存款"科目的排列顺序为"02",所以"库存现金"科目的编号为"1001","银行存款"科目的编号为"1002"。为便于会计科目的增减,一般情况下,编号时要考虑未来的扩展性,编号间留一定的间隔。

对于二级会计科目的编号,除财政部另有规定的外,一般由企业根据自身情况编号,一般采用六位数字编号,其中前四位属一级科目,后两位为二级科目,如"101201"表示"其他货币资金"科目下的二级科目"外埠存款","101202"表示"其他货币资金"科目下的二级科目"银行本票"。

第二节 账 户

一、账户的概念

为了对会计科目所反映的经济内容进行全面、连续、系统的记录和计算,为经济管理提供各种信息资料,企业还必须根据规定的会计科目在会计账簿中开设账户,对各项经济业务进行分类核算。

账户是根据会计科目设置的,具有一定格式和结构,用于分类反映会计要素增减变动情况及其结果的载体。设置账户是会计核算的重要方法之一。账户使原始数据转换为初始会计信息,通过账户可以对大量复杂的经济业务进行分类核算,从而提供不同性质和内容的会计信息。

微课:账户

"帐""账"的由来

"帐"字本身与会计核算无关。在商代,人们把帐簿叫做"册";从西周开始又把它更名为"籍"或"籍书";战国时代有了"簿书"这个称号;西汉时,人们把登记会计事项的帐册称为"簿"。据现有史料考察,"帐"字引申到会计方面起源于南北朝。

南北朝时,皇帝和高官显贵都习惯到外地巡游作乐。每次出游前,沿路派人登记帏帐,帐内备有各种生活必需品及装饰品,奢侈豪华,供其享用,此种帏帐称为"供帐"。供帐内所用之物价值均相当昂贵，薪费数额巨大，在核算过程中，逐渐把登记这部分财产及供应之费的簿书称为"簿帐"或"帐"，把登记供帐内的经济事项称为"记帐"。以后"簿帐"或"帐"之称又逐渐扩展到整个会计核算领域，后来的财计官员便把登记日用款的簿书通称作"簿帐"或"帐"，又写作"账簿"或"账"。从此，"帐""账"就取代了其他传统的称谓。现在又统一改作"账"。

[摘自"'帐''账'的由来"（《中国工会财会》，2006年第8期），作者佚名]

二、账户与会计科目的关系

账户与会计科目是两个既有联系又有区别的概念。

两者的联系在于账户是根据会计科目设置的，两者口径一致，性质相同。会计科目是账户的名称，也是设置账户的依据，账户是会计科目的具体运用。没有会计科目，账户便失去了设置的依据；没有账户，就无法发挥会计科目的作用。

两者的区别在于会计科目仅仅是一个名称，只表明某项经济内容，不存在结构；而账户则具有一定的格式和结构，可以记录某项经济内容的增减变动情况及其结果，是用来记录经济业务的载体。

在实际工作中，会计人员往往把会计科目与账户作为同义语不加严格区分。

三、账户的分类

账户可按照其核算的经济内容、提供信息的详细程度及其统驭关系进行分类。

（一）按反映的经济内容分类

账户最基本的分类是按其所反映的经济内容分类，按此标准可将账户分为六类：资产类账户、负债类账户、共同类账户、所有者权益类账户、成本类账户、损益类账户。

1. 资产类账户

资产类账户是用来核算企业资产的增减变动和结余情况的账户。按资产的流动性不同，资产类账户可分为两类：核算流动资产的账户和核算非流动资产的账户。

核算流动资产的账户主要有："库存现金""银行存款""交易性金融资产""应收账款""应收票据""预付账款""其他应收款""原材料""库存商品"等账户。

核算非流动资产的账户主要有："固定资产""累计折旧""无形资产""长期待摊费用"等账户。

2. 负债类账户

负债类账户是用来核算企业负债的增减变动和结余情况的账户。按负债的流动性不同，负债类账户可分为两类：核算流动负债的账户和核算非流动负债的账户。

核算流动负债的账户主要有："短期借款""应付账款""应付票据""预收账款""其他应付款""应付职工薪酬""应交税费""应付利息"等账户。

核算非流动负债的账户主要有："长期借款""应付债券""长期应付款"等账户。

3. 共同类账户

共同类账户是用来核算不能固定地划分为资产或负债，由其在某一时期的余额决定其性质的账户。共同类账户有"套期工具""被套期项目"等账户。

4. 所有者权益类账户

所有者权益类账户是用来核算企业所有者权益的增减变动和结余情况的账户。按照所有者权益的来源不同,所有者权益类账户可分为两类:核算所有者原始投资的账户和核算所有者经营积累的账户。

核算所有者原始投资的账户主要有:"实收资本(或股本)""资本公积"等账户。

核算所有者经营积累的账户主要有:"盈余公积""本年利润""利润分配"等账户。

5. 成本类账户

成本类账户是用来核算企业生产经营过程中发生的费用,并计算成本的账户。成本类账户主要有:"生产成本""制造费用""劳务成本""研发支出"等账户。

6. 损益类账户

损益类账户是用来核算与损益计算直接相关的账户,核算内容主要是企业的收入和费用。该账户又可分为两类:收入类账户和费用类账户。

收入类账户主要包括"主营业务收入""其他业务收入""投资收益""营业外收入"等账户。

费用类账户主要包括"主营业务成本""其他业务成本""税金及附加""销售费用""管理费用""财务费用""所得税费用"等账户。

【提示】
收入类账户和费用类账户中的收入和费用都是广义的概念,而会计要素中的收入和费用都是狭义的概念,两者涵盖的范围是不同的。

知识链接

备抵账户

有些资产类账户、负债类账户、所有者权益类账户存在备抵调整账户。备抵调整账户又称抵减账户、备抵账户,是指用来抵减被调整账户的余额,以确定被调整账户实有数额而设置的独立账户。其调整公式为:

被调整账户余额－备抵调整账户余额＝被调整账户的实际余额

被调整账户余额方向与备抵账户余额的方向必定相反。如果被调整账户的余额方向在借方(或贷方),则备抵账户的余额方向一定在贷方(或借方),如图3-2所示。备抵账户的分类取决于其被调整账户的性质,一般地,备抵账户包括资产类备抵账户和权益类备抵账户。常见的如"累计折旧""累计摊销""坏账准备"等账户属于资产类账户,"利润分配"账户属于所有者权益类账户。

以"累计折旧"账户为例,"固定资产"账户反映固定资产的原始价值,"累计折旧"账户反映固定资产因损耗而减少的价值,通过"累计折旧"账户对"固定资产"账户进行调整,就可以计算出固定资产的账面净值。因此"累计折旧"就是"固定资产"的备抵账户。又如,"坏账准备"是"应收账款"账户的备抵账户,"累计摊销"是"无形资产"账户的备抵账户,"利润分配"是"本年利润"的备抵账户。

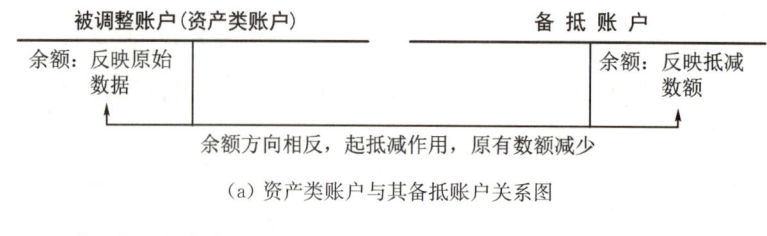

(a) 资产类账户与其备抵账户关系图

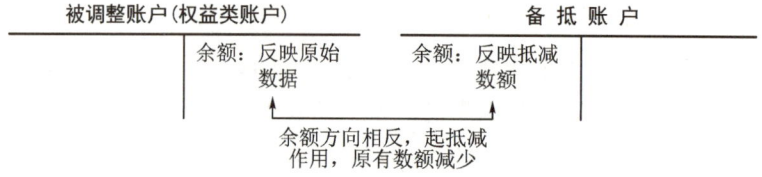

(b) 权益类账户与其备抵账户关系图

图 3-2　备抵账户与被调整账户之间的关系

账户按照其所反映的经济内容进行分类，可用图 3-3 表示。

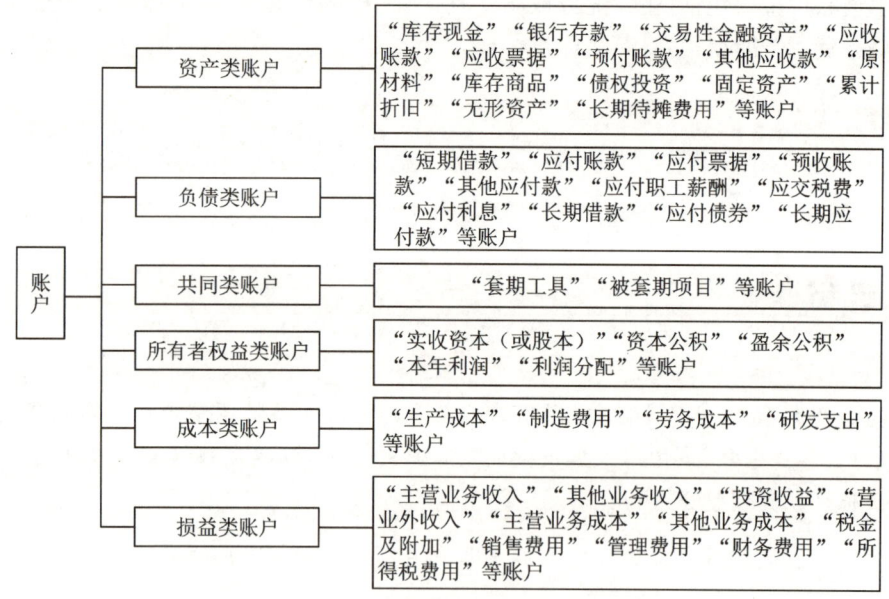

图 3-3　账户按其反映的经济内容分类图

（二）按提供信息的详细程度和统驭关系分类

账户按其提供信息的详细程度和统驭关系分类，可分为总分类账户和明细分类账户。

总分类账户又称总账账户或一级账户，是根据总分类科目设置的账户。在总分类账户中，只使用货币为计量单位。它可以提供总括的核算资料和指标，是对其所属的明细分类账户资料的综合，总分类账户以下的账户统称为明细分类账户。

明细分类账户又称明细账户，它是根据明细分类科目设置的账户。明细分类账户的核算，除了用货币计量以外，必要时还需要使用实物量度、劳动量度来计量。明细分类账户提供明细核算资料和指标，是对总分类账户的具体化和补充说明。

四、账户的功能及其结构

(一) 账户的功能

账户的功能在于连续、系统、完整地提供企业经济活动中各会计要素增减变动情况及其结果的具体信息。其中,会计要素在特定会计期间增加和减少的金额,分别称为账户的"本期增加发生额"和"本期减少发生额",两者统称为账户的"本期发生额";会计要素在会计期末的变动结果,称为账户的"余额",具体表现为期初余额和期末余额。账户上期的期末余额转入本期,即为本期的期初余额;账户本期的期末余额转入下期,即为下期的期初余额。账户的期初余额、期末余额、本期增加发生额、本期减少发生额统称为账户的四个金额要素,如图 3-4 所示。

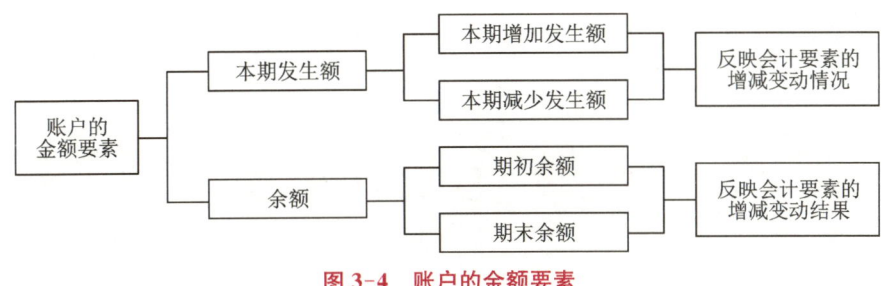

图 3-4 账户的金额要素

对于同一账户而言,这四个金额要素之间的基本关系为:

$$期末余额 = 期初余额 + 本期增加发生额 - 本期减少发生额$$

(二) 账户的结构

账户的结构是指账户的格式,即账户由哪几部分组成及如何在账户上记录会计要素的增加、减少及结余情况。通常意义上账户的结构有两种:基本结构和简化结构。

账户的基本结构通常包括:①账户名称(即会计科目);②日期(表明经济业务记录的日期);③凭证字号(表明账户记录所依据的凭证);④摘要(表明经济业务的内容);⑤金额(增加额、减少额和余额),如表 3-3 所示。

表 3-3　　　　　　　　　　账 户 名 称

年		凭证		摘要	增加	减少	余额
月	日	字	号				

教学中,我们常常采用账户的简化结构来代替实际的账户。账户的简化结构通常被称为"丁"字形账户或"T"字形账户,它把账户分为左、右两方,其中一方用来登记增加额,另一方用来登记减少额。如果账户的左方登记增加额,则账户的右方登记减少额,如图 3-5(a)所示;如果账户的右方登记增加额,则账户的左方登记减少额,如图 3-5(b)所示。账户是在左

方记增加还是在右方记增加,则取决于所采用的记账方法和账户所记录的经济内容。

左方	账户名称	右方		左方	账户名称	右方
期初余额 ×××					期初余额	×××
增加额 ×××	减少额	×××		减少额 ×××	增加额	×××
……	……			……	……	
本期增加发生额 ×××	本期减少发生额	×××		本期减少发生额 ×××	本期增加发生额	×××
期末余额					期末余额	
(a)				(b)		

图 3-5 "T"字形账户的结构

【提示】
　　账户的余额一般与记录的本期增加额在同一方向。

第三节　复式记账法

一、会计记账方法的种类

　　为了对会计要素进行核算与监督,在按一定原则设置了会计科目,并按会计科目开设了账户之后,需要采用一定的记账方法将会计要素的增减变动登记在账户中。记账方法就是在账户中记录经济业务的方法。记账方法经历了由单式记账法到复式记账法的演变过程。

(一)单式记账法的内涵

　　单式记账法是最早出现的一种记账方法,它是指对发生的经济业务只在一个账户中进行记录的记账方法。例如,用银行存款 10 000 元购买原材料,只在"银行存款"账户中记录银行存款减少 10 000 元,而对原材料增加了 10 000 元,却不在相关账户中进行记录。

　　单式记账法对会计对象反映不完整,它在选择单方面记账时,通常只将现金、银行存款的收付款业务和债权、债务等往来结算业务在账户中进行登记,而对实物的收付业务一般不作登记。因此,单式记账法不可避免地存在单方面记录的弊病,难以从会计记录中考察经济业务事项的全貌,无法形成连续、系统且严密的会计信息记录,所以单式记账法现在已很少使用。在实际工作中,单式记账法一般只用于备查账簿的登记。

知识链接

我国古代单式记账法

　　我国古代单式会计记录法大致经历了原始社会、夏商至春秋战国、秦汉至明清三个历史阶段的发展。

　　(1)原始计量记录法(原始社会)。如结绳计数、简单刻记等。

　　(2)文字叙述式(或叙事式)记账法(夏商至春秋战国)。这一阶段,人们对账目的记录尚无一定规则,通常用行文的方式把每笔账目的基本情节记录下来,用字较多,语句冗长,叙事力尽其详,而不顾及简练。

(3)定式简明会计记录法(秦汉至明清)。定式简明会计记录是比较标准的单式记账法,它是运用一种比较科学的登记方法作出的既有较为划一的格式又有简明扼要内容的一种会计记录。单式会计记录法在西汉已成定式,唐代是我国单式记账法发展的完善时期。

[摘自《中国会计发展史纲》(北京:中央广播电视大学出版社,1984年版),作者郭道扬]

(二)复式记账法的内涵

复式记账法是以资产与权益的平衡关系作为记账基础,对发生的每一笔经济业务,都要以相等的金额、在两个或两个以上相互联系的账户中进行记录的方法。因为每一笔经济业务,客观上都要引起至少两个方面的经济变化。例如,用银行存款10 000元购买原材料,除了需要在"银行存款"账户中记录银行存款减少10 000元,还需要在"原材料"账户中记录原材料增加了10 000元。这样记录的结果表明,企业银行存款的减少是由于购买了原材料。

思政:复式记账法的起源和形成

复式记账法与单式记账法相比较,具有以下特点:

(1)复式记账法能相互联系地记录每一项经济业务,从而能如实反映资金运动的来龙去脉。

(2)复式记账法使有关账户之间形成了清晰的对应关系,便于了解交易或事项的内容,检查交易或事项是否合理合法。

(3)在复式记账法下,账户形成了一个完整的体系,并可利用各账户发生额及余额之间相互联系、相互制约的关系进行试算平衡,检查账户记录是否正确,从而保证账户记录正确无误。

复式记账法按其记账符号的不同分为借贷记账法、增减记账法、收付记账法。其中,借贷记账法是世界各国普遍采用的一种记账方法,也是在我国应用最广泛的一种记账方法。我国的《企业会计准则——基本准则》规定,企业应当采用借贷记账法记账。因此,本节重点介绍借贷记账法。

知识链接

我国历史上曾使用过的复式记账法

(1)增减记账法。增减记账法是以"增"和"减"作为记账符号,以"资金占用=资金来源"为理论基础,直接反映经济业务所引起的会计要素增减变化的一种复式记账方法。它是我国会计实务中一种特有的记账方法。该法经过试行,于1964年开始在我国商业系统全面推行,工业企业和其他行业也有采用这种记账方法的。1993年7月1日,《企业会计准则》实施后,增减记账法改为借贷记账法。增减记账法以"增"和"减"为记账符号,凡经济业务引起资金来源或资金占用增加,就在账户中记"增";凡经济业务引起资金来源或资金占用减少,就在账户中记"减"。"增""减"符号同资金来源与资金占用的增加、减少意思一致,使符号的文字含义名副其实,直接表达会计事项涉及具体内容的增减变动;全部账户固定地分为资金来源和资金占用两大类,不设置双重性质账户;其记账规则为"两类账户,同增同减,金额相等;同类账户,有增有减,金额相等"。

(2)收付记账法。收付记账法是以"收"和"付"作为记账符号,反映经济业务所引起会计要素增减变动的一种记账方法。按其记账主体的不同,收付记账法分为资金收付记账法、资产收付记账法和现金收付记账法。资金收付记账法以预算资金的活动能力为记账主体,以"收"和"付"作为记账符号来记录经济业务的发生。我国从1966年开始在全国预算单位使用过这种记账方法。收付记账法以"收"和"付"作为记账符号,对所发生的各种经济业务都以资金的收付决定记账方向。账户分为资金来源、资金运用和资金结存三类:资金来源类账户反映资金的来源渠道;资金运用类账户反映资金的去向;资金结存类账户反映货币资金和财产物资的结存情况。记账规则为"同收、同付、有收有付"。

二、借贷记账法

(一) 借贷记账法的概念

微课:借贷记账法1

借贷记账法是指以"借"和"贷"作为记账符号,对每一笔经济业务,都要在两个或两个以上相互联系的账户中以借贷相等的金额进行登记的一种复式记账法。它是各种复式记账法中应用最为广泛的一种方法。

借贷记账法源于13~15世纪的意大利,主要产生并流行于当时的佛罗伦萨和威尼斯。在这个时期,西方资本主义国家的商品经济有了长足的发展,在商品交换中,为了适应商业资本和借贷资本经营者管理的需要,逐步形成了借贷记账法。"借"和"贷"最初是从借贷资本家的角度来解释的。借贷资本家以经营货币资金为主要业务,对于收进来的存款,记在贷主的名下,表示自身的债务,即"欠人"的增加;对于付出去的放款,记在借主的名下,表示自身的债权,即"人欠"的增加。"借"和"贷"也就是表示债权(应收款)和债务(应付款)的增减变动。

微课:借贷记账法2

随着社会经济的发展,经济活动的内容日益复杂,记录的经济业务已不局限于货币资金的收付业务,而逐渐扩展到财产物资、经营损益和经营资本等的增减变化。这时,为了求得账簿记录的统一,对于非货币资金的收付活动也利用"借""贷"两字的含义来记录其增减变动情况。这样,"借""贷"两字逐渐失去了其本来的含义,变成了纯粹的记账符号。与此同时,西方国家的会计学者提出了借贷记账法的理论依据,即"资产=负债+所有者权益"的平衡公式。根据这个理论确立了借贷记账法的记账规则,使借贷记账法成为一种科学的记账方法,并被世界上许多国家广泛采用,也使得会计成为一种国际商业语言。

(二) 借贷记账法的基本内容

借贷记账法的基本内容主要包括记账符号、账户结构、记账规则和试算平衡。

1. 记账符号

借贷记账法以"借"和"贷"作为记账符号,反映会计要素的数量变化。在借贷记账法下,"借""贷"两字只是抽象的符号,用来标明记账的方向。

2. 账户结构

借贷记账法下,我们将账户分为左右两方,左方称为借方,右方称为贷方(即左借右贷)。"借"和"贷"用来表示会计要素的增加或减少,即一方登记增加数;另一方登记减少数。至于是"借"表示增加还是"贷"表示增加,则取决于账户的性质。

不同性质的账户,其结构也有所不同。

1) 资产类账户的结构

资产类账户的借方登记资产的增加数,贷方登记资产的减少数。在一个会计期间(月、季、半年、年)内,借方记录的合计数额称作本期借方发生额,贷方记录的合计数称作本期贷方发生额,在每一个会计期间的期末将借方、贷方发生额进行比较,其差额称作期末余额。期末若有余额,一般为借方余额,表示资产的结存数。其账户结构如图 3-6 所示。

借方	资产类账户		贷方
期初余额 本期增加额 ……	××× ×××	本期减少额 ……	×××
本期借方发生额合计	×××	本期贷方发生额合计	×××
期末余额	×××		

图 3-6 资产类账户结构

资产类账户期末余额的计算公式如下:

资产类账户期末余额＝期初借方余额＋本期借方发生额－本期贷方发生额

2) 权益(负债和所有者权益)类账户的结构

根据会计平衡公式"资产＝负债＋所有者权益",负债类和所有者权益类账户的结构与资产类账户正好相反,其贷方登记负债和所有者权益的增加数,借方登记负债和所有者权益的减少数,期末若有余额,一般为贷方余额,表示负债和所有者权益的结存数。其账户结构如图 3-7 所示。

借方	权益类账户		贷方
		期初余额 本期增加额 ……	××× ×××
本期减少额 ……	×××		
本期借方发生额合计	×××	本期贷方发生额合计	×××
		期末余额	×××

图 3-7 权益类账户结构

权益类账户期末余额的计算公式如下:

权益类账户期末余额＝期初贷方余额＋本期贷方发生额－本期借方发生额

3) 成本类账户的结构

成本类账户的借方登记成本的增加数,贷方登记成本的减少数(即结转完工产品成本),期末若有余额,一般为借方余额,表示尚未完工产品的成本。其账户结构如图 3-8 所示。

借方	成本类账户		贷方
期初余额 本期增加额 ……	××× ×××	本期减少额 ……	×××
本期借方发生额合计	×××	本期贷方发生额合计	×××
期末余额	×××		

图 3-8 成本类账户结构

成本类账户期末余额的计算公式如下：

成本类账户期末余额＝期初借方余额＋本期借方发生额－本期贷方发生额

4）损益类账户的结构

损益类账户按反映的具体内容不同,可以分为反映各项收入的账户(以下简称收入类账户)和反映各项费用支出的账户(以下简称费用类账户)。

① 收入类账户的结构。由于收入的增加会导致所有者权益的增加,因此,收入类账户结构类似于所有者权益类账户,贷方登记收入的增加数,借方登记收入的减少数及期末结转到"本年利润"账户的数额,结转后该类账户无余额。其账户结构如图 3-9 所示。

借方		收入类账户		贷方
本期减少数或结转数 ……	×××	本期增加数 ……		×××
本期借方发生额合计	×××	本期贷方发生额合计		×××
		期末结转后一般无余额		

图 3-9　收入类账户结构

② 费用类账户的结构。由于费用的增加会导致所有者权益的减少,因此,费用类账户结构与所有者权益类账户刚好相反,借方登记费用的增加数,贷方登记费用的减少数及期末结转到"本年利润"账户的数额,结转后该类账户无余额。其账户结构如图 3-10 所示。

借方		费用类账户		贷方
本期增加数 ……	×××	本期减少和结转数 ……		×××
本期借方发生额合计	×××	本期贷方发生额合计		×××
期末结转后一般无余额				

图 3-10　费用类账户结构

对于各类账户的借方、贷方,究竟哪一方表示增加哪一方表示减少,是否有余额,以及如果有余额应在哪一方,都可以结合会计等式来进行理解。

资产＝负债＋所有者权益
资产＋费用＝负债＋所有者权益＋收入

对于以上两个会计等式,我们可以看出以下规律:在会计等式左方性质的账户,即资金占用类账户,如资产类、成本类、费用类账户,借方表示增加,贷方表示减少;而在会计等式右方性质的账户,即资金来源类账户,如负债类、所有者权益类、收入类账户,贷方表示增加,借方表示减少;如果期末有余额,余额一般在登记增加的方向。其规律如表 3-4 所示。

表 3-4　　　　　　　　　借贷记账法下各类账户的基本结构

账户类别	借方	贷方	余额方向
资产类账户	增加	减少	借方
负债类账户	减少	增加	贷方
所有者权益类账户	减少	增加	贷方
成本类账户	增加	减少	借方
收入类账户	减少或转销	增加	无余额
费用类账户	增加	减少或转销	无余额

3. 记账规则

记账规则是指运用记账方法记录经济业务时应当遵循的规律。借贷记账法的记账规则是"有借必有贷,借贷必相等"。"有借必有贷"是指对于发生的每一笔经济业务,在一个或几个账户中记借方,同时必须在另一个或几个账户中记贷方;"借贷必相等"是指记入借方的金额与记入贷方的金额必须相等。

经济业务四种基本类型的记账规则可用图 3-11 表示。

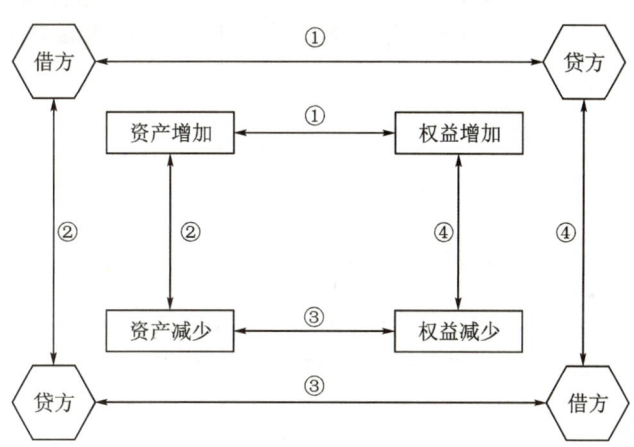

图 3-11　记账规则

下面以新华有限责任公司(以下简称新华公司)2023 年 6 月发生的经济业务为例来说明借贷记账法的记账规则。

【例 3-1】　6 月 2 日,新华公司将现金 50 000 元送存银行。

这笔经济业务的发生,涉及"库存现金"和"银行存款"两个账户。一方面,公司的"银行存款"账户增加了 50 000 元,资产类账户的增加应记入该账户的借方;另一方面,公司的"库存现金"账户减少了 50 000 元,资产类账户的减少应记入该账户的贷方。具体如图 3-12 所示。

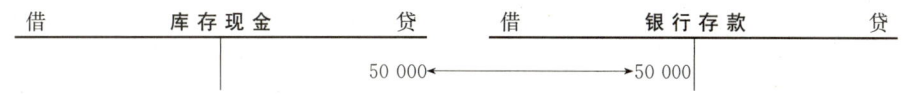

图 3-12　经济业务一

【例3-2】 6月5日,新华公司收到丁投资者投入的机器设备一台,价值200 000元(假定不考虑增值税)。

这笔经济业务的发生,涉及"固定资产"和"实收资本"两个账户。一方面,公司的"固定资产"账户增加了200 000元,资产类账户的增加应记入该账户的借方;另一方面,公司的"实收资本"账户增加了200 000元,所有者权益类账户的增加应记入该账户的贷方。具体如图3-13所示。

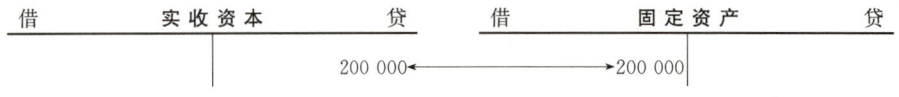

图3-13 经济业务二

【例3-3】 6月10日,新华公司从工商银行借入为期6个月的借款400 000元,用于偿还前欠华夏公司的货款。

这笔经济业务的发生,涉及"短期借款"和"应付账款"两个账户。一方面,公司的"应付账款"账户减少了400 000元,负债类账户的减少应记入该账户的借方;另一方面,公司的"短期借款"账户增加了400 000元,负债类账户的增加应记入该账户的贷方。具体如图3-14所示。

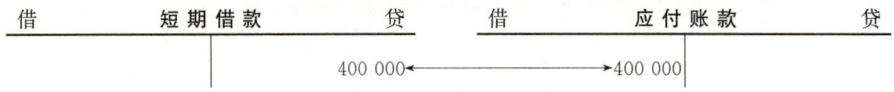

图3-14 经济业务三

【例3-4】 6月12日,新华公司开出转账支票偿还长期借款100 000元。

这笔经济业务的发生,涉及"长期借款"和"银行存款"两个账户。一方面,公司的"长期借款"账户减少了100 000元,负债类账户的减少应记入该账户的借方;另一方面,公司的"银行存款"账户减少了100 000元,资产类账户的减少应记入该账户的贷方。具体如图3-15所示。

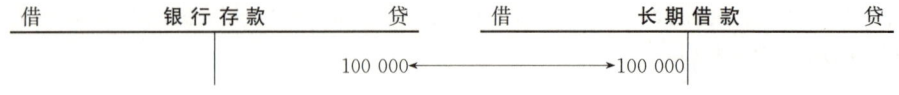

图3-15 经济业务四

【例3-5】 6月15日,新华公司发放上月职工工资160 000元,从职工工资中代扣个人所得税20 000元。

这笔经济业务的发生,涉及"应付职工薪酬""银行存款"和"应交税费"三个账户。一方面,公司的"应付职工薪酬"账户减少了180 000元,负债类账户的减少应记入该账户的借方;另一方面,公司的"银行存款"账户减少了160 000元,资产类账户的减少应记入该账户的贷方,"应交税费"账户增加了20 000元,负债类账户的增加应记入该账户的贷方。具体如图3-16所示。

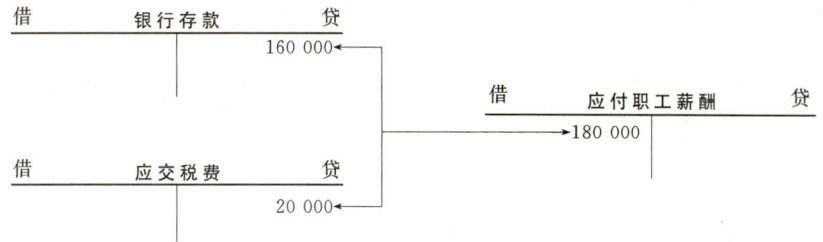

图 3-16 经济业务五

有了记账规则,就可以通过编制会计分录来对经济业务进行记录。

4. 账户的对应关系和会计分录

1) 账户的对应关系

运用借贷记账法对每一项经济业务进行账务处理时,都会在两个或两个以上账户中相互联系地进行登记,这样就会使两个或两个以上账户间形成相互依存的关系,账户之间的这种相互依存的关系就是账户的对应关系。存在对应关系的账户称为对应账户。

【提示】
　　账户的对应关系是相对于某笔具体经济业务而言的,并非指某个账户与某个账户是固定的对应账户。

如[例 3-4]中,开出转账支票偿还长期借款 100 000 元,这笔经济业务发生以后,在"长期借款"账户的借方和"银行存款"账户的贷方分别登记了 100 000 元,这就使"长期借款"账户和"银行存款"账户发生了对应关系,这两个账户也因这笔经济业务而成为对应账户。

账户的对应关系有两个重要作用:一是通过账户对应关系可以看清经济业务的来龙去脉。如[例 3-4]中就表明银行存款的减少是因为归还了长期借款。二是利用账户的对应关系可以检查经济业务的合理性和合法性。例如,看到"库存现金"账户的贷方登记了 100 000 元,其对应账户是"长期借款",就可以认为这项经济业务很可能是不合理、不合法或者编制分录时发生了错误。因为根据《现金管理暂行条例》的规定,现金结算范围是结算起点 1 000 元以下的零星开支,而归还长期借款 100 000 元仍然采用现金结算,已超出现金使用范围,是不合理、不正确的。

2) 会计分录

(1) 会计分录的含义。企业发生的各项经济业务事项,都必须记入账户之中。为了确保账户记录的正确性,这笔经济业务事项在记入账户之前,应首先对其进行会计确认与计量,确定应该记录的账户名称和金额。会计分录是指标明某项经济业务应借、应贷账户的名称、方向和金额的书面记录。会计分录包括三个要素,即账户的名称、记账方向和记账金额。

(2) 会计分录的分类。会计分录按照其所涉及总分类账户的多少,可以分为简单会计分录和复合会计分录。简单会计分录是指某项经济业务只涉及一个账户借方与另一个账户贷方的会计分录,即一借一贷的会计分录;复合会计分录是由两个以上(不含两个)对应账户组成的会计分录,即一借多贷、一贷多借、多借多贷的会计分录。具体如图 3-17 所示。

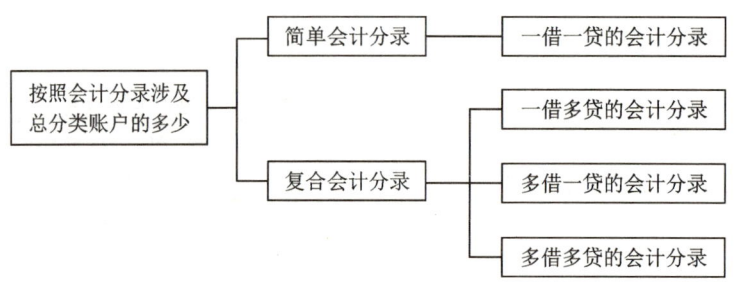

图 3-17　会计分录分类

由于会计分录中的借方账户和贷方账户存在着对应关系,所以,在编制复合会计分录时,账户的对应关系一定要明确,不能将不同性质的经济业务合并编制复合会计分录。

【提示】
　　一笔经济业务是编制简单会计分录还是复合会计分录,要视经济业务的繁简情况而定,不能人为地将多笔简单会计分录合并为一笔复合会计分录,也不能人为地将一笔复合会计分录分拆成多笔简单会计分录。

(3) 会计分录的编制。会计分录的编制步骤包括以下三步:

第一步,根据交易或事项的内容进行会计确认,判定交易或事项涉及哪些账户发生变化,其变化是增加还是减少,即"定账户"。

第二步,根据账户的结构,确定应该记入有关账户的借方还是贷方,即"定方向"。

第三步,根据借贷记账法的记账规则,确定应记入每个账户的金额,即"定金额"。

(4) 会计分录的格式。会计分录的书写有其规定的范式,通常应符合以下要求:

先借后贷,借、贷要分行写,贷方记录写在借方记录的下面一行,并且文字和金额都要错开一到两个字节;每行先写"借""贷",再写账户名称,最后写金额;金额后不要写计量单位;在多借或多贷的情况下,要求借方或贷方账户的文字和金额数字必须分别对齐;若有二、三级明细分类账户,应在总分类账户后依次划杠书明。

【例3-6】以[例3-1]至[例3-5]所述的经济业务为例,编制会计分录如下:

[例3-1] 借:银行存款　　　　　　　　　　　　　　50 000
　　　　　　贷:库存现金　　　　　　　　　　　　　　　50 000
[例3-2] 借:固定资产　　　　　　　　　　　　　　200 000
　　　　　　贷:实收资本　　　　　　　　　　　　　　　200 000
[例3-3] 借:应付账款　　　　　　　　　　　　　　400 000
　　　　　　贷:短期借款　　　　　　　　　　　　　　　400 000
[例3-4] 借:长期借款　　　　　　　　　　　　　　100 000
　　　　　　贷:银行存款　　　　　　　　　　　　　　　100 000
[例3-5] 借:应付职工薪酬　　　　　　　　　　　　180 000
　　　　　　贷:银行存款　　　　　　　　　　　　　　　160 000
　　　　　　　　应交税费　　　　　　　　　　　　　　　20 000

上述[例 3-1]至[例 3-4]的会计分录为简单会计分录,[例 3-5]的会计分录为复合会计分录。

会计分录在实际工作中,是通过填制记账凭证来实现的,它是保证会计记录正确可靠的重要环节。会计核算中,不论发生什么样的经济业务,都需要在登记账户以前,按照记账规则,确定经济业务的会计分录并据以填制记账凭证,以便正确地进行账户记录和事后检查。

5. 试算平衡

试算平衡是指根据资产与权益的恒等关系以及借贷记账法的记账规则,通过对所有账户的记录进行汇总和计算,来检查各类账户记录是否正确的过程。

试算平衡的方法包括发生额试算平衡和余额试算平衡,其分类及理论依据如图 3-18 所示。

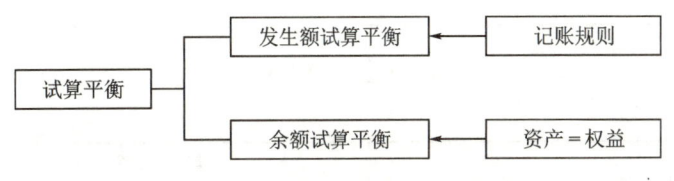

图 3-18　试算平衡的分类及理论依据图

1) 发生额试算平衡

发生额试算平衡是根据所有账户本期借方发生额合计与本期贷方发生额合计的恒等关系,检验本期发生额记录是否正确的方法。

发生额试算平衡的理论依据是借贷记账法的记账规则。由于发生的每一笔经济业务,都是根据"有借必有贷,借贷必相等"的记账规则来进行记录,因此,就会有：

全部账户本期借方发生额合计＝全部账户本期贷方发生额合计

2) 余额试算平衡

余额试算平衡是根据本期所有账户借方余额合计与贷方余额合计的恒等关系,检验本期账户记录是否正确的方法。

余额试算平衡的理论依据是资产与权益的恒等关系。因为资产类账户的余额在借方,而负债和所有者权益类账户的余额在贷方,根据"资产＝负债＋所有者权益",可以得出：

全部账户借方余额合计＝全部账户贷方余额合计

根据余额时间不同,余额试算平衡又可分为期初余额试算平衡和期末余额试算平衡,如图 3-19 所示。

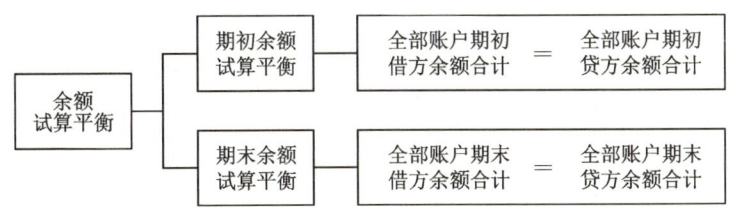

图 3-19　余额试算平衡的分类图

3) 试算平衡表

试算平衡是通过编制试算平衡表来进行的。试算平衡表可以分为两种：一种是将本期发生额和期末余额分别编制试算平衡表，如表3-5和表3-6所示；另一种是将本期发生额与期末余额合并在一张试算平衡表中，如表3-7所示。

表3-5　　　　　　　　　　本期发生额试算平衡表

年　月　　　　　　　　　　　　　　单位：元

会计科目名称	本期发生额	
	借方	贷方
合计		

表3-6　　　　　　　　　　期末余额试算平衡表

年　月　　　　　　　　　　　　　　单位：元

会计科目名称	期末余额	
	借方	贷方
合计		

表3-7　　　　　　　本期发生额与余额试算平衡表

年　月　　　　　　　　　　　　　　单位：元

会计科目	期初余额		本期发生额		期末余额	
	借方	贷方	借方	贷方	借方	贷方
合计						

【例3-7】 承[例3-1]至[例3-5]，新华公司2023年6月初各总分类账户的余额如表3-8所示。

表3-8　　　　　　　　　新华公司总分类账户余额

2023年6月1日　　　　　　　　　　　　单位：元

资产类账户	借方余额	负债及所有者权益账户	贷方余额
库存现金	100 000	应付账款	400 000
银行存款	250 000	应付职工薪酬	250 000
应收账款	100 000	长期借款	200 000
原材料	200 000	实收资本	600 000
库存商品	250 000		
固定资产	550 000		
合计	1 450 000	合计	1 450 000

将上述经济业务的会计分录登记到账簿中,此过程称为过账,如图 3-20 所示。

借	库 存 现 金	贷
期初余额 100 000		
	(1)	50 000
	本期发生额	50 000
期末余额 50 000		

借	银 行 存 款	贷
期初余额 250 000	(4)	100 000
(1) 50 000	(5)	160 000
本期发生额 50 000	本期发生额	260 000
期末余额 40 000		

借	应 收 账 款	贷
期初余额 100 000		
期末余额 100 000		

借	原 材 料	贷
期初余额 200 000		
期末余额 200 000		

借	库 存 商 品	贷
期初余额 250 000		
期末余额 250 000		

借	固 定 资 产	贷
期初余额 550 000		
(2) 200 000		
本期发生额 200 000		
期末余额 750 000		

借	短 期 借 款	贷
	(3)	400 000
	本期发生额	400 000
	期末余额	400 000

借	应 付 账 款	贷
	期初余额	400 000
(3) 400 000		
本期发生额 400 000		
	期末余额	0

借	应付职工薪酬	贷
	期初余额	250 000
(5) 180 000		
本期发生额 180 000		
	期末余额	70 000

借	长 期 借 款	贷
	期初余额	200 000
(4) 100 000		
本期发生额 100 000		
	期末余额	100 000

借	实 收 资 本	贷
	期初余额	600 000
	(2)	200 000
	本期发生额	200 000
	期末余额	800 000

借	应 交 税 费	贷
	(5)	20 000
	本期发生额	20 000
	期末余额	20 000

图 3-20 过账和结账图

注:括号里为本章例题序号,下文同。

根据上述总分类账户本期发生额和余额编制试算平衡表,如表 3-9 所示。

表 3-9　　　　　　　　本期发生额与余额试算平衡表

2023 年 6 月　　　　　　　　　　　　　　　　单位:元

账　户	期初余额		本期发生额		期末余额	
	借方	贷方	借方	贷方	借方	贷方
库存现金	100 000			50 000	50 000	

(续表)

账户	期初余额 借方	期初余额 贷方	本期发生额 借方	本期发生额 贷方	期末余额 借方	期末余额 贷方
银行存款	250 000		50 000	260 000	40 000	
应收账款	100 000				100 000	
原材料	200 000				200 000	
库存商品	250 000				250 000	
固定资产	550 000		200 000		750 000	
短期借款				400 000		400 000
应付账款		400 000	400 000			0
应付职工薪酬		250 000	180 000			70 000
长期借款		200 000	100 000			100 000
实收资本		600 000		200 000		800 000
应交税费				20 000		20 000
合计	1 450 000	1 450 000	930 000	930 000	1 390 000	1 390 000

从表 3-9 可以看出,各账户的期初借方、贷方余额合计均为 1 450 000 元;本期借方、贷方发生额合计均为 930 000 元;期末借方、贷方余额合计均为 1 390 000 元,说明账户记录基本正确。

必须指出,试算平衡只是通过借贷金额是否相等来检查记账工作是否基本正确。如果借方金额和贷方金额不相等,可以肯定账户记录或计算有错误,应该查明错误所在并予以纠正。但是,如果借方、贷方金额相等,并不能说明账户记录完全正确,因为有些错误并不会影响借贷双方的平衡关系,如漏记某项经济业务、重记某项经济业务、借贷方向颠倒、错记账户、错记相等的金额等,试算平衡表并不能予以揭示。因此,试算不平衡,表明记录一定有错误;但试算平衡,不能表明记录一定正确。虽然如此,由于试算平衡能够检查出记账过程中最容易出现的大部分错误,所以,到目前为止,试算平衡仍然是公认的检查记账错误的最好方法。

本章习题

一、单项选择题

1. "本年利润"科目按其反映的经济内容,属于(　　)类科目。
   A. 资产　　　　　　B. 所有者权益　　　　C. 成本　　　　　　D. 损益
2. 下列有关账户的表述中,不正确的是(　　)。
   A. 账户是根据会计科目设置的,它没有格式和结构
   B. 设置账户是会计核算的重要方法之一
   C. 账户哪一方登记增加,哪一方登记减少,取决于所采用的记账方法和所记录的经济

内容的性质

D. 账户中登记的本期增加金额及本期减少金额统称为本期发生额

3. 某账户的期初余额为500元,期末余额为3 000元,本期减少发生额为800元,则本期增加发生额为(　　)元。
   A. 4 300　　　　　　B. 2 200　　　　　　C. 1 700　　　　　　D. 3 300

4. 如果某一账户的左方登记增加,右方登记减少,期初余额在左方,而期末余额在右方,则表明(　　)。
   A. 本期增加发生额超过本期减少发生额的差额小于期初余额
   B. 本期增加发生额超过本期减少发生额的差额大于期初余额
   C. 本期增加发生额低于本期减少发生额的差额小于期初余额
   D. 本期增加发生额低于本期减少发生额的差额大于期初余额

5. 下列关于账户的说法中,不正确的是(　　)。
   A. 账户是根据会计要素设置的
   B. 账户的简化结构在实务中被形象地称为"丁"字形账户或者"T"字形账户
   C. 会计要素在特定会计期间增加和减少的金额统称为账户的"本期发生额"
   D. 会计要素在会计期末的增减变动结果,称为账户的"余额"

6. "资产减值损失"科目按其所属的会计要素,属于(　　)类科目。
   A. 资产　　　　　　B. 所有者权益　　　　　　C. 成本　　　　　　D. 损益

7. 某企业月末在编制的试算平衡表中,全部账户的本月贷方发生额合计为360万元,除银行存款外的账户本月借方发生额合计为340万元,则银行存款账户的(　　)。
   A. 本月借方发生额为20万元　　　　　　B. 本月贷方发生额为20万元
   C. 本月贷方余额为20万元　　　　　　　D. 本月借方余额为20万元

8. 以下会计处理中,能够通过试算平衡发现错误的是(　　)。
   A. 开出支票25 000元偿还所欠货款,会计分录为:
      借:应付账款　　　　　　　　　　　　　　　　　　　　25 000
         贷:应收账款　　　　　　　　　　　　　　　　　　　　25 000
   B. 以银行存款8 400元偿还某单位欠款,会计分录为:
      借:应付账款　　　　　　　　　　　　　　　　　　　　8 400
         贷:银行存款　　　　　　　　　　　　　　　　　　　　840
   C. 用现金960元购买材料,会计分录为:
      借:原材料　　　　　　　　　　　　　　　　　　　　　960
         贷:库存现金　　　　　　　　　　　　　　　　　　　　960
   D. 提取现金2 000元,会计分录为:
      借:银行存款　　　　　　　　　　　　　　　　　　　　2 000
         贷:库存现金　　　　　　　　　　　　　　　　　　　　2 000

9. 某企业"累计折旧"账户的年初余额为600万元,假设该企业"累计折旧"账户当年的借方发生额为200万元,贷方发生额为300万元,则该企业"累计折旧"账户的年末余额为(　　)万元。
   A. 借方500　　　　　B. 贷方500　　　　　C. 借方700　　　　　D. 贷方700

10. 下列账户中,其账户的期末余额可以用"借方期初余额＋本期借方发生额－本期贷方发生额"公式来计算的是（　　）账户。
    A. "生产成本"　　　　　　　　　　　　B. "应付账款"
    C. "坏账准备"　　　　　　　　　　　　D. "短期借款"
11. A公司月初短期借款余额为100万元,本月份向银行借入3个月的借款30万元,归还到期的短期借款40万元,则本月月末"短期借款"账户的余额为（　　）万元。
    A. 借方90　　　B. 贷方90　　　C. 借方130　　　D. 贷方130
12. 在借贷记账法下,复合会计分录所涉及的账户为（　　）。
    A. 1个　　　B. 2个　　　C. 2个或2个以上　　　D. 3个或3个以上
13. 借贷记账法的余额试算平衡的直接依据是（　　）。
    A. 平行登记　　　B. 会计基本前提　　　C. 会计基本等式　　　D. 记账规则
14. 下列事项中,会引起试算不平衡的错误是（　　）。
    A. 漏记一张记账凭证
    B. 某张记账凭证仅将借方登记入账,贷方漏登
    C. 某张从银行提取现金的记账凭证被重复登记
    D. 应将管理费用增加3 000元,误记为销售费用增加3 000元
15. 下列账户中,与"银行存款"账户记账方向相反的是（　　）账户。
    A. "销售费用"　　　B. "实收资本"　　　C. "应收账款"　　　D. "生产成本"
16. 下列会计分录中,属于复合会计分录的是（　　）。
    A. 借：管理费用——维修费　　　　　　　　　　　　70 000
         贷：原材料——甲材料　　　　　　　　　　　　　50 000
              ——乙材料　　　　　　　　　　　　　　　20 000
    B. 借：制造费用——办公费　　　　　　　　　　　　　500
              ——邮电费　　　　　　　　　　　　　　　300
         贷：库存现金　　　　　　　　　　　　　　　　　800
    C. 借：制造费用——折旧费　　　　　　　　　　　　3 000
         管理费用——折旧费　　　　　　　　　　　　　2 000
         贷：累计折旧　　　　　　　　　　　　　　　　5 000
    D. 借：银行存款　　　　　　　　　　　　　　　　　50 000
         贷：实收资本——A公司　　　　　　　　　　　　15 000
              ——B公司　　　　　　　　　　　　　　　35 000
17. 下列错误中,能够通过试算平衡查找的是（　　）。
    A. 重记经济业务　　　　　　　　　　B. 漏记经济业务
    C. 借贷方向相反　　　　　　　　　　D. 借贷金额不等
18. 账户期末余额的确定公式为（　　）。
    A. 本期期末余额＝期初余额＋本期增加发生额－本期减少发生额
    B. 本期期末余额－本期减少发生额＝期初余额＋本期增加发生额
    C. 本期期末余额＝本期增加发生额＋本期减少发生额
    D. 本期期末余额＝本期期初余额

19. 下列选项中属于所有者权益类账户的是（　　）。
   A. "交易性金融资产"　　　　　　　B. "应付股利"
   C. "投资收益"　　　　　　　　　　D. "盈余公积"
20. 每一项经济业务的发生，都会影响（　　）项目发生增减变化。
   A. 一个　　　B. 两个　　　C. 两个或两个以上　　D. 全部

二、多项选择题

1. 下列有关明细分类科目的表述中，正确的有（　　）。
   A. 明细分类科目也称一级会计科目
   B. 明细分类科目是对会计要素具体内容进行总括分类的科目
   C. 明细分类科目是对总分类科目作进一步分类的科目
   D. 明细分类科目是能提供更加详细更加具体会计信息的科目
2. 下列说法中，错误的有（　　）。
   A. 所有总分类科目都要设置明细分类科目
   B. 明细分类科目是对会计要素具体内容进行总括分类的科目
   C. 账户和会计科目性质相同
   D. 根据明细分类科目设置的账户称为明细账户
3. 下列账户中，属于备抵账户的有（　　）账户。
   A. "坏账准备"　　B. "累计折旧"　　C. "利润分配"　　D. "本年利润"
4. 账户一般可以提供的金额指标有（　　）。
   A. 期初余额　　B. 本期增加发生额　　C. 期末余额　　D. 本期减少发生额
5. 本期增加额在借方，本期减少额在贷方，期末结转后无余额的账户有（　　）账户。
   A. "管理费用"　　B. "所得税费用"　　C. "税金及附加"　　D. "长期待摊费用"
6. 下列各项中，属于借贷记账法特点的有（　　）。
   A. 以"借""贷"两字为记账符号
   B. 根据账户所反映经济内容来决定记账方向
   C. 以"有借必有贷，借贷必相等"为记账规则
   D. 可以进行发生额试算平衡和余额试算平衡
7. 损益类账户的结构特点有（　　）。
   A. 费用类账户的增加额记借方
   B. 收入类账户的减少额记借方
   C. 期末结转后无余额
   D. 期末要结转到"利润分配"账户
8. "期末余额＝期初余额＋本期借方发生额－本期贷方发生额"这一等式适用于（　　）账户。
   A. "应收账款"　　　　　　　　　　B. "长期借款"
   C. "生产成本"　　　　　　　　　　D. "主营业务收入"
9. 某项经济业务发生后引起银行存款减少10 000元，相应地可能会引起（　　）元。
   A. 固定资产增加10 000　　　　　　B. 短期借款增加10 000
   C. 实收资本减少10 000　　　　　　D. 应收账款减少10 000

10. 下列会计分录形式中,属于复合会计分录的有( )。
    A. 一借一贷　　　B. 一借多贷　　　C. 一贷多借　　　D. 多借多贷
11. 在用公式表示试算平衡关系中,正确的有( )。
    A. 全部账户本期借方发生额合计＝全部账户本期贷方发生额合计
    B. 全部账户借方期末余额合计＝全部账户贷方期末余额合计
    C. 负债类账户借方发生额合计＝负债类账户贷方发生额合计
    D. 资产类账户借方发生额合计＝资产类账户贷方发生额合计
12. 企业购入原材料10万元验收入库,其中以银行存款支付3万元,其余开出并承兑商业汇票一张。用借贷记账法记账应作的记录有( )(不考虑增值税)。
    A. "应付账款"账户贷记7万元
    B. "原材料"账户借记10万元
    C. "银行存款"账户贷记3万元
    D. "应付票据"账户贷记7万元
13. 下列账户中,属于损益类账户的有( )账户。
    A. "所得税费用"　　B. "销售费用"　　C. "其他业务收入"　　D. "税金及附加"
14. 每一笔会计分录都应当包括( )。
    A. 账户名称　　　B. 记账方向　　　C. 金额　　　D. 对应关系

三、判断题

1. 设置会计科目和账户是会计核算工作的起点,是会计核算的方法之一。　　　　　　( )
2. 账户是根据会计科目设置的,因此会计科目规定的核算内容,也就是账户记录反映的内容。　　　　　　( )
3. 账户的四个金额要素之间的关系可用等式"期末余额＝期初余额＋本期增加发生额－本期减少发生额"表示。　　　　　　( )
4. 在账户中,登记本期增加的金额称为本期借方发生额,登记本期减少的金额称为本期贷方发生额。　　　　　　( )
5. 企业只能使用国家统一的会计制度规定的会计科目,不得自行增减或合并。　　( )
6. "有借必有贷,借贷必相等"是复式记账法的记账规则。　　　　　　( )
7. 借贷记账法下,余额试算平衡法的直接依据是"有借必有贷,借贷必相等"的记账规则。　　　　　　( )
8. 全部账户的借方期末余额合计数与全部账户的贷方期末余额合计数应该是相等的。　　　　　　( )
9. 在借贷记账法下,损益类账户的借方登记增加数,贷方登记减少数,期末一般无余额。　　　　　　( )
10. 会计核算中,并不是所有的总分类账户都需要开设明细分类账户的。　　　　　　( )
11. "本年利润"账户11月末的贷方余额,表示自年初至11月末累计实现的利润。　　( )
12. 余额试算平衡是本期所有账户借方余额合计与贷方余额合计相等,这是由"利润＝收入－费用"的恒等关系决定的。　　　　　　( )
13. "生产成本"和"制造费用"账户均属成本类账户。　　　　　　( )
14. 通过试算平衡检查账簿记录后,如果左右平衡就可以肯定记账没有错误。　　　　( )

15. 借贷记账法下,不允许出现多借多贷的会计分录。   (   )

四、业务题

1. 根据借贷记账法下的账户结构填写表 3-10 中括号内的数字。

表 3-10　　　　　　　　　　　　　账 户 余 额 表　　　　　　　　　　　　单位:元

账户名称	期初余额		本期发生额		期末余额	
	借方	贷方	借方	贷方	借方	贷方
库存现金	( )		40 000	32 000	20 000	
应收账款	50 000		62 000	40 000	( )	
原材料	45 000		( )	47 000	33 000	
固定资产	670 000		220 000	( )	540 000	
短期借款		100 000	78 000	( )		110 000
应付账款		170 000	( )	40 000		120 000
实收资本		( )	150 000	200 000		450 000
资本公积		20 000	4 000	10 000		( )

2. 大生公司 2023 年 9 月 30 日的余额如下(单位:元):

　　　借方余额　　　　　　　　　　贷方余额
银行存款　　85 000　　　　应付账款　　40 000
原材料　　　15 000　　　　短期借款　　50 000
固定资产　　90 000　　　　实收资本　　150 000
库存现金　　20 000
应收账款　　30 000

该公司 2023 年 10 月发生下列经济业务(假定不考虑各种税费):
(1) 投资者追加投资 50 000 元,款项存入银行。
(2) 用银行存款支付前欠货款 18 000 元。
(3) 购买原材料 20 000 元,用银行存款支付,材料已入库。
(4) 购买设备 140 000 元,用银行存款支付 20 000 元,余款暂欠。
(5) 收到投资者投入的机器一台,价值 60 000 元。
(6) 从银行提取现金 10 000 元备用。
(7) 向银行借入 1 年期的借款 100 000 元。
(8) 收到甲公司前欠的货款 30 000 元,存入银行。

要求:
(1) 根据上述经济业务编制会计分录。
(2) 根据账户的期初余额和上述业务编制试算平衡表,如表 3-11 所示。

表 3-11　　　　　　　　　　　　　　　试算平衡表

2023 年 10 月　　　　　　　　　　　　　　　　　单位:元

账　户	期初余额		本期发生额		期末余额	
	借方	贷方	借方	贷方	借方	贷方
库存现金						
银行存款						
应收账款						
原材料						
固定资产						
短期借款						
应付账款						
实收资本						
合计						

第四章 制造业企业主要经济业务的核算

学习目标

1. 理解制造业企业的主要经济业务
2. 掌握资金筹集业务的核算
3. 掌握供应过程业务的核算
4. 掌握生产过程业务的核算
5. 掌握销售过程业务的核算
6. 掌握财务成果形成与分配业务的核算

重点与难点

1. 供应过程业务的核算
2. 生产过程业务的核算
3. 销售过程业务的核算
4. 利润的计算与核算
5. 利润分配业务的核算

知识框架结构

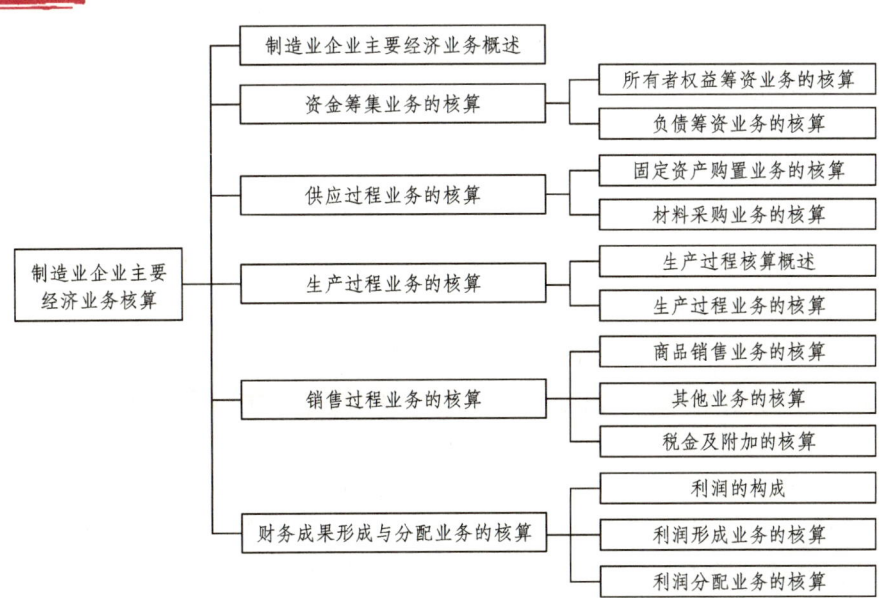

> **案例导入**

康美药业 300 亿元的会计"差错"

近 300 亿元货币资金,像魔术一般变成了会计差错中少记的存货、在建工程、应收款项。康美药业于 2019 年 4 月 29 日晚间披露的会计差错更正,震惊了整个 A 股市场。

要知道,整个 A 股 3 600 多家上市公司中,市值超过 300 亿元的仅有 304 家,占比不到 10%。也就是说,康美药业的会计"差错"所涉金额,已经超过 A 股超 9 成上市公司的市值了。

2017 年,康美药业的财务报表中,年末货币资金多计 299.44 亿元,营业收入多计 88.98 亿元,营业成本多计 76.62 亿元。同时,经营性现金流多计 102.99 亿元。而多记货币资金的同时,少记存货超过 195 亿元,少记在建工程、应收账款近 13 亿元。

2019 年 5 月 17 日,中国证监会发布的调查进展坐实康美药业财务造假。

经查,康美药业《2016 年年度报告》虚增货币资金 225.8 亿元,占公司披露总资产的 41.13% 和净资产的 76.74%;《2017 年年度报告》虚增货币资金 299.4 亿元,占公司披露总资产的 43.57% 和净资产的 93.18%;《2018 年半年度报告》虚增货币资金 361.9 亿元,占公司披露总资产的 45.96% 和净资产的 108.24%,累计虚增货币资金 887 亿元。

2019 年 8 月 16 日,证监会发布《证监会对康美药业等作出处罚及禁入告知》称,2016 年至 2018 年期间,康美药业涉嫌通过仿造、变造增值税发票等方式虚增营业收入,通过伪造、变造大额定期存单等方式虚增货币资金,将不满足会计确认和计量条件的工程项目纳入报表,虚增固定资产等。同时,康美药业涉嫌未在相关年度报告中披露控股股东及关联方非经营性占用资金情况。上述行为致使康美药业披露的相关年度报告存在虚假记载和重大遗漏。

证监会拟决定对康美药业责令改正,给予警告,并处以 60 万元的罚款;对马兴田(董事长兼总经理)、许冬瑾(副董事长)给予警告,并分别处以 90 万元的罚款;对邱锡伟(董事会秘书)、庄义清(财务总监)等多人给予警告并罚款。此外,对马兴田、许冬瑾、邱锡伟采取终身证券市场禁入措施;对庄义清、温少生(证券事务代表)、马焕洲(监事)采取 10 年证券市场禁入措施。

业务技能思考:

康美药业在账务处理过程中为什么不能客观真实地反映相关经济业务,而是采取瞒天过海的方式,最后落得被 ST 的下场?

[摘自"又暴雷!康美药业 300 亿会计'差错';超九成上市公司市值还不到这个数!"(搜狐网,2019-05-01),作者:第一财经资讯]

第一节 制造业企业主要经济业务概述

思政:华为是怎样成长为民族品牌的

制造业企业也称工业企业,是以产品的加工制造和销售为主要生产经营过程的盈利性经济组织。

制造业企业的资金运动主要包括资金投入、资金循环与周转和资金退出三个阶段,资金循环周转主要包括供应、生产、销售三个阶段，如图4-1所示。

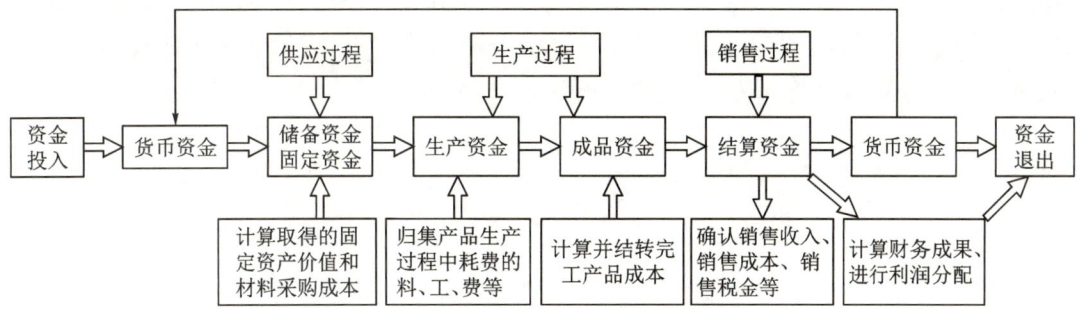

图4-1 制造业企业的主要经济业务流程图

一、资金筹集业务

企业要从事正常的生产经营活动，首先必须拥有一定数量的资金。资金筹集是企业生产经营资金运动的起点。企业筹集资金的渠道主要有投资者投入资本和向银行或其他金融机构借入款项。

二、供应过程业务

供应过程是企业产品生产的准备过程。在这个过程中，企业用货币资金购买机器设备等劳动资料形成固定资产，购买原材料等劳动对象形成储备资金，为生产产品做好物资准备，这时，货币资金就转化为固定资金和储备资金。因此，供应过程核算的主要内容是固定资产和原材料的购进业务，包括支付采购价款和税款、发生采购费用、计算采购成本、验收入库和结转成本等内容。

三、生产过程业务

生产过程是企业生产经营过程的中心环节。生产过程是企业将原材料等投入生产，工人借助机器设备、工具器具等劳动资料，对原材料等劳动对象进行加工，生产出合乎社会需要的产品的阶段。生产阶段既是产品的制造形成过程又是物化劳动和活劳动的消耗过程。会计核算的主要经济业务有领用各种原材料、发生或支付职工薪酬、折旧费用和其他有关费用等。而这些费用又按照其用途和产品成本形成的关系分别进行归集和分配，期末计算出完工产品的生产成本。

四、销售过程业务

销售过程是产品价值的实现过程。在销售过程中，企业把产品销售出去，实现销售收入，按照销售价格与购买单位办理各种款项的结算，计算已销产品的销售成本，按照国家规定的税率计算和缴纳各种税费。

五、财务成果形成与分配业务

企业在生产经营过程中获得的各项收入抵偿各项成本、费用之后的差额，形成企业的财务成果,即利润或者亏损。企业实现的利润,一部分以所得税费用的形式上交国家,形成国家的财政收入;另一部分形成税后净利润,需要按照规定的程序进行合理分配;反之,如果企业发生了亏损,也需要按照规定进行弥补。通过利润分配,一部分资金退出企业的资金循环,而另一部分资金则继续留在企业进行周转。

第二节 资金筹集业务的核算

一个企业的资金来源主要有两条渠道:一是投资者投入资金及其增值,形成所有者权益(股东权益);二是向债权人借入资金,形成债权人权益,即企业的负债。因此,所有者权益资金筹集业务和负债资金筹集业务的核算就构成了本节的主要内容。

一、所有者权益筹资业务的核算

企业所有者权益的来源主要包括所有者直接投入的资本(股份有限公司是通过发行股票的方式直接筹集所有者权益资金)、直接计入所有者权益的利得和损失、留存收益等。

微课:所有者权益筹资业务的核算

(一)所有者直接投入资本的核算

1. 所有者直接投入资本概述

投资者向企业投入的资本,即形成企业的资本金,它是所有者权益的主要组成部分。

我国《公司法》规定,投资者可以用货币出资,也可以用实物、知识产权、土地使用权等可以用货币估价并可以依法转让的非货币财产作价出资;但是,法律、行政法规规定不得作为出资的财产除外。

2. 所有者直接投入资本的内容

所有者直接投入资本按照性质不同又分为实收资本和资本公积。

1) 实收资本

一个企业需要维持正常的生产经营活动就需要"本钱",而实收资本就是企业运作的"本钱",是企业独立承担民事责任的资金保证。实收资本是指企业的投资者按照企业章程或合同、协议的约定,实际投入的资本金以及按照有关规定由资本公积、盈余公积等转为资本的资金。实收资本的构成比例或股东的股份比例,是确定所有者在企业所有者权益中份额的基础,也是进行利润或股利分配的依据。

实收资本按所有者的不同,可以分为国家资本、法人资本、个人资本和外商资本(图4-2);按投入资产的形态不同,可以分为货币资金投资、实物资产投资、无形资产投资等。

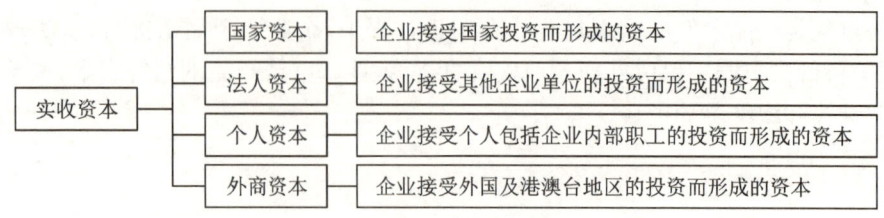

图 4-2 实收资本按所有者不同分类

2) 资本公积

资本公积是企业收到投资者投入的资本中超出其在注册资本或股本中所占份额的部分（资本溢价或股本溢价），以及其他资本公积等。由于我国实行注册资本金制度，所以投资者投入资本中超过注册资本的部分无法直接确认为实收资本，只能先计入资本公积。资本公积属于所有者共同享有的权益，其主要用途是转增资本。

3. 所有者直接投入资本的账务处理

1) 所有者直接投入资本核算需要设置的账户

(1)"库存现金"账户。"库存现金"账户属于资产类账户，用来核算企业持有的库存现金的增减变动情况。其账户结构如图4-3所示。

借方	库存现金	贷方
库存现金的增加数	库存现金的减少数	
期末库存现金的结余数		

图4-3 "库存现金"账户结构

(2)"银行存款"账户。"银行存款"账户属于资产类账户，用来核算企业存放在银行或其他金融机构的各种款项的增减变动情况。该账户通常按照开户银行、存款种类分别设置明细账，进行明细分类核算。其账户结构如图4-4所示。但是，银行汇票存款、银行本票存款、信用卡存款、信用证保证金存款、存出投资款、外埠存款等，不通过"银行存款"账户核算，而是通过"其他货币资金"账户核算。

借方	银行存款	贷方
银行存款的增加数	银行存款的减少数	
期末银行存款的结余数		

图4-4 "银行存款"账户结构

(3)"实收资本（或股本）"账户。"实收资本（或股本）"账户属于所有者权益类账户，用来核算企业接受投资者投入企业的资本。有限责任公司收到投资者投资，用"实收资本"账户进行核算；股份有限公司收到投资者投资，用"股本"账户进行核算。该账户通常按照投资者的不同分别设置明细账，进行明细分类核算。其账户结构如图4-5所示。

借方	实收资本（或股本）	贷方
投资人按规定收回的投资	所有者投入企业资本的增加额	
	企业期末实收资本（或股本）的结余数	

图4-5 "实收资本（或股本）"账户结构

(4)"资本公积"账户。"资本公积"账户属于所有者权益类账户，用来核算企业收到投资者的出资额超出其在注册资本或股本中所占份额的部分，以及其他资本公积等。该账户按资本公积的来源不同，分别设置"资本溢价（或股本溢价）""其他资本公积"明细账，进行明细分类核算。其账户结构如图4-6所示。

借方	资本公积	贷方
① 依法减少的资本公积 ② 其他资本公积的减少数	① 收到投资者投资产生的资本溢价或股本溢价 ② 其他资本公积的增加数	
	资本公积的结余数	

图 4-6　"资本公积"账户结构

2) 所有者直接投入资本的处理

一般来说，企业收到投资者投入的资本，应按照其实际投资额入账。接受货币资金投资的，应以企业实际收到的金额入账作为资本；接受材料、固定资产、无形资产等非货币性资产投资的，应当以投资各方确认的价值或评估价入账。

企业收到投资者投入的各项资产时，应按实际收到的银行存款金额或投资各方确认的非现金资产的价值，借记"银行存款""固定资产""无形资产"等账户；涉及增值税的，借记"应交税费——应交增值税(进项税额)"账户；按投入资本在注册资本或股本中所占的份额，贷记"实收资本"账户；按其差额，贷记"资本公积——资本溢价"账户。

【例 4-1】 2022 年 7 月 1 日，新华有限责任公司（以下简称新华公司）接受 A、B、C 三个投资者的出资组建公司，公司的注册资本为 1 500 000 元，三方的出资比例相等。A 投资者以银行存款 500 000 元出资，投资款收存银行。

该项经济业务的发生，使得公司的银行存款增加 500 000 元，应记入"银行存款"账户的借方；同时公司的实收资本增加 500 000 元，应记入"实收资本"账户的贷方。应编制的会计分录为：

　　借：银行存款　　　　　　　　　　　　　　　　　　　　　500 000
　　　　贷：实收资本——A 投资者　　　　　　　　　　　　　　　500 000

【例 4-2】 承[例 4-1]，B 投资者以一台全新的不需要安装的设备对新华公司进行投资，合同约定设备的价值为 442 478 元，增值税进项税额为 57 522 元。合同约定的固定资产价值与公允价值相符，不考虑其他因素。

该项经济业务的发生，使得公司的固定资产增加 442 478 元，应记入"固定资产"账户的借方；增值税进项税额支出增加 57 522 元，应记入"应交税费——应交增值税(进项税额)"账户的借方。同时公司的实收资本增加 500 000 元，应记入"实收资本"账户的贷方。应编制的会计分录为：

　　借：固定资产　　　　　　　　　　　　　　　　　　　　　442 478
　　　　应交税费——应交增值税(进项税额)　　　　　　　　　　57 522
　　　　贷：实收资本——B 投资者　　　　　　　　　　　　　　　500 000

【例 4-3】 承[例 4-1]，C 投资者以一项专利技术对新华公司进行投资，合同约定该专利技术的价值为 471 698 元，增值税进项税额为 28 302 元。合同约定的固定资产价值与公允价值相符，不考虑其他因素。

该项经济业务的发生，使得公司的无形资产增加 471 698 元，应记入"无形资产"账户的借方；增值税进项税额支出增加 28 302 元，应记入"应交税费——应交增值税(进项税额)"账户的借方。同时，使得公司的实收资本增加 500 000 元，应记入"实收资本"账户的贷方。应编制的会计分录为：

借：无形资产	471 698	
应交税费——应交增值税（进项税额）	28 302	
贷：实收资本——C 投资者		500 000

【例 4-4】 承[例 4-1]，经营 1 年后，新华公司留存收益为 300 000 元。此时，有另一名投资者 D 欲加入该公司。经协商，D 投资者以银行存款 600 000 元对新华公司进行投资，款项收存银行。此时，新华公司注册资本将增加到 2 000 000 元，D 投资者拥有公司注册资本的 25%。

该项经济业务的发生，一方面使公司的银行存款增加 600 000 元，应记入"银行存款"账户的借方；同时，使得公司实收资本增加 500 000 元（2 000 000×25%），应记入"实收资本"账户的贷方；超出注册资本份额的部分为 100 000 元（600 000－500 000）属于资本溢价，应记入"资本公积——资本溢价"账户的贷方。应编制的会计分录为：

借：银行存款	600 000	
贷：实收资本——D 投资者		500 000
资本公积——资本溢价		100 000

【例 4-5】 新华公司经股东大会批准，将公司的资本公积 200 000 元转增资本。

这是一项所有者权益内部转化的业务。该项经济业务的发生，使得公司的资本公积减少 200 000 元，应该记入"资本公积"账户的借方；同时，使公司的实收资本增加 200 000 元，应该记入"实收资本"账户的贷方。应编制的会计分录为：

借：资本公积	200 000	
贷：实收资本——A 投资者		50 000
——B 投资者		50 000
——C 投资者		50 000
——D 投资者		50 000

[例 4-1]至[例 4-5]中，所有者直接投入资本业务账户对应关系如图 4-7 所示。

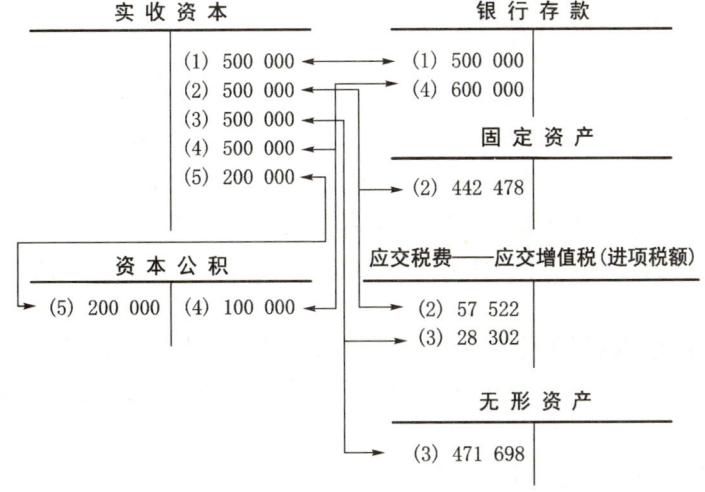

图 4-7　所有者直接投入资本业务账户对应关系

(二)发行股票筹集所有者权益资金的核算

股份有限公司发行股票筹集资本时,在收到银行存款等资产时,按实际收到的金额,借记"银行存款"等账户,按股票面值和核定的股份总数的乘积计算的金额,贷记"股本"账户,超出股票面值的溢价收入扣除发行净费用(手续费、佣金、印刷费用等发行费用减去发行期间冻结资金的利息收入)后的余额,贷记"资本公积——股本溢价"账户。

【例4-6】 华山股份有限公司首次公开发行普通股2 000 000股,每股面值1元,每股发行价为8元,发行手续费、咨询费等费用共计480 000元。假定发行收入已全部收到,发行费用已全部支付。

该项经济业务的发生,使得公司的银行存款增加15 520 000元(2 000 000×8－480 000),应记入"银行存款"账户的借方。同时,使得公司的股本增加了2 000 000元(2 000 000×1),应记入"股本"账户的贷方;超出股票面值的溢价收入扣除股票发行相关手续费、佣金等发行费用后的余额13 520 000元(15 520 000－2 000 000),应记入"资本公积——股本溢价"账户的贷方。应编制的会计分录为:

借:银行存款　　　　　　　　　　　　　　　　　　15 520 000
　　贷:股本　　　　　　　　　　　　　　　　　　　 2 000 000
　　　　资本公积——股本溢价　　　　　　　　　　　13 520 000

微课:负债筹资业务的核算

二、负债筹资业务的核算

企业在生产经营过程中经常需要向银行或其他非银行金融机构借款,或者通过发行公司债券等方式筹集负债资金,以补充经营资金的不足。这里我们主要介绍通过借款方式筹集负债资金的核算。

借款按照其偿还期限的长短,分为短期借款和长期借款。

(一)短期借款业务的核算

1. 短期借款的含义

短期借款是指企业为了满足其生产经营对资金的临时性需要而向银行或其他金融机构等借入的偿还期限在1年以内(含1年)的各种借款。

2. 短期借款利息的确认与计量

短期借款的利息支出属于企业经营活动过程中为筹集资金而发生的资金成本,应记入"财务费用"账户。

短期借款利息的支付方式和时间不同,会计处理方法也有所不同。

(1)如果短期借款的利息是按月支付,或者是在到期日和本金一并支付,但利息数额不大时,企业可以在收到银行的计息通知或在实际支付利息时,将发生的利息费用计入当期损益(财务费用)。

(2)如果短期借款的利息是按季度、半年度等较长时间支付,或者是在到期日和本金一并支付且利息数额较大时,企业通常采用预提的方法按月预提借款利息,计入预提期间的损益(财务费用)。

短期借款利息的计算公式如下:

短期借款利息＝借款本金×利率×期限

3. 短期借款核算需设置的账户

(1)"短期借款"账户。"短期借款"账户属于负债类账户,用来核算企业向银行或其他金融机构等借入的偿还期限在1年以下(含1年)的各种借款。短期借款按借款种类、贷款人和币种设置明细账,进行明细分类核算。其账户结构如图4-8所示。

借方	短期借款	贷方
偿还的短期借款本金		借入的短期借款本金
		尚未偿还的短期借款本金

图4-8 "短期借款"账户结构

(2)"财务费用"账户。"财务费用"账户属于损益类账户,用来核算企业为筹集生产经营所需资金等而发生的筹资费用,包括利息支出(减利息收入)、汇兑损益以及相关的手续费等。该账户应按照费用项目设置明细账户,进行明细分类核算。其账户结构如图4-9所示。

需要说明的是,为购建或生产满足资本化条件的资产发生的应予资本化的借款费用,通过"在建工程""制造费用"等账户核算。

借方	财务费用	贷方
① 发生的利息支出 ② 支付的相关手续费		① 收到的利息收入 ② 期末转入"本年利润"账户的金额
期末结转后无余额		

图4-9 "财务费用"账户结构

(3)"应付利息"账户。"应付利息"账户属于负债类账户,用来核算企业按合同约定应支付的利息,包括按月计提的短期借款利息、分期付息到期还本长期借款计提的利息等。该账户应按存款人或债权人设置明细账,进行明细分类核算。其账户结构如图4-10所示。

借方	应付利息	贷方
实际支付的利息数		按合同利率计算确定的应付未付利息数
		企业应付未付利息数

图4-10 "应付利息"账户结构

4. 短期借款的账务处理

(1)企业取得短期借款时,应按实际收到的金额,借记"银行存款"账户,贷记"短期借款"账户。

【例4-7】 新华公司因生产经营的临时性需要,于2023年11月30日向银行借入到期一次还本付息、为期3个月、年利率为6%的借款200 000元,企业收到借款存入银行。

该项经济业务的发生,使得公司的银行存款增加200 000元,应记入"银行存款"账户的借方;同时,使得公司的短期借款增加200 000元,应记入"短期借款"账户的贷方。编制的会计分录如下:

借：银行存款 200 000
　　贷：短期借款 200 000

（2）发生短期借款利息。如果短期借款的利息是按月支付的，企业应将每月支付的利息确认为本期损益。支付利息时，借记"财务费用"账户，贷记"银行存款"账户。如果短期借款的利息按超过1个月的期间支付（如按季、按年支付），或者利息是在借款到期归还本金时一并支付，且数额较大，应按月预提计入当期损益。计提利息时，借记"财务费用"账户，贷记"应付利息"账户；实际支付时，按已经计提的利息金额，借记"应付利息"账户，按实际支付的利息金额与已经计提的利息金额的差额（即尚未计提的部分），借记"财务费用"账户，按实际支付的利息金额，贷记"银行存款"账户。

【例 4-8】 承[例 4-7]，2023 年 12 月 31 日，新华公司计提本月应承担的短期借款利息 1 000 元。

该项经济业务的发生，使得公司的短期借款利息费用增加 1 000 元（200 000×6%÷12），应记入"财务费用"账户的借方；同时，使得公司的应付利息增加 1 000 元，应记入"应付利息"账户的贷方。编制的会计分录为：

借：财务费用 1 000
　　贷：应付利息 1 000

2024 年 1 月 31 日，计算应付未付利息时编制相同的会计分录。

（3）归还借款本金时，应按归还的数额，借记"短期借款"账户，贷记"银行存款"账户。

【例 4-9】 承[例 4-7][例 4-8]，2023 年 2 月 28 日，短期借款到期，还本付息。

该项经济业务的发生，一方面使公司的短期借款本金减少 200 000 元，应记入"短期借款"账户的借方；应付利息减少 2 000 元（12 月与 1 月的应付未付利息），应记入"应付利息"账户的借方；财务费用增加 1 000 元（2 月的利息费用），应记入"财务费用"账户的借方。同时，使得公司的银行存款减少 203 000 元，应记入"银行存款"账户的贷方。编制的会计分录为：

借：短期借款 200 000
　　应付利息 2 000
　　财务费用 1 000
　　贷：银行存款 203 000

[例 4-7]至[例 4-9]中短期借款业务账户对应关系如图 4-11 所示。

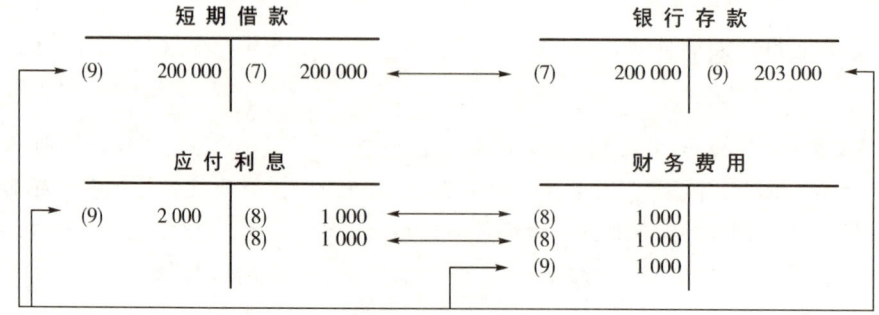

图 4-11　短期借款业务账户对应关系图

(二) 长期借款业务的核算

1. 长期借款的含义

长期借款是指企业向银行或其他金融机构等借入的偿还期限在 1 年以上(不含 1 年)的各种借款,一般用于固定资产的购建、改扩建工程、大修理工程、对外投资以及为了保持长期经营能力等方面。

2. 长期借款利息的确认与计量

长期借款的利息费用,应当按照以下原则计入有关成本费用:如果长期借款用于购建固定资产等符合资本化条件的资产,根据有关规定符合资本化条件的利息支出应当资本化,计入在建工程等相关资产成本;不符合资本化条件的利息支出,应当费用化,计入当期财务费用。

3. 长期借款核算需要设置的账户

为了核算长期借款本金及利息的取得和偿还情况,需要设置"长期借款"账户。该账户属于负债类账户,用来核算企业向银行或其他金融机构取得的长期借款的增减变动及结余情况。该账户按贷款单位和贷款种类,分别设置"本金""应计利息"等明细账。其账户结构如图 4-12 所示。

借 方	长 期 借 款	贷 方
① 偿还的长期借款本金 ② 偿还到期一次还本付息长期借款的利息		① 借入的长期借款本金 ② 计提到期一次还本付息长期借款的利息
		尚未偿还的长期借款本息

图 4-12 "长期借款"账户结构

4. 长期借款的账务处理

(1) 企业取得长期借款时,应按实际收到的金额,借记"银行存款"账户,贷记"长期借款——本金"账户。

【例 4-10】 2023 年 1 月 1 日,新华公司为购建一条新的生产线,向中国银行借入 2 年期的人民币借款 2 000 000 元,年利率 6%,每年计息一次,单利计息,到期一次还本付息。款项已存入银行。

该项经济业务的发生,使得公司的银行存款增加 2 000 000 元,应记入"银行存款"账户的借方;同时,使得公司的长期借款增加 2 000 000 元,应记入"长期借款"账户的贷方。编制的会计分录为:

借:银行存款　　　　　　　　　　　　　　　　　　　　　　　　2 000 000
　　贷:长期借款——本金　　　　　　　　　　　　　　　　　　　　　2 000 000

(2) 发生长期借款利息。企业计提长期借款利息时,借记"在建工程""制造费用""财务费用"账户,贷记"应付利息"(分期付息到期还本的长期借款利息)、"长期借款——应计利息"(到期还本付息长期借款利息)账户。

【例 4-11】 承[例 4-10],2023 年 1 月 31 日,新华公司计算确认当月的借款利息,假定工期 1 年。根据有关规定,本月的借款利息全部计入在建固定资产的成本。

该项经济业务的发生,使得公司的在建工程成本增加 10 000 元(2 000 000×6%÷12),

应记入"在建工程"账户的借方;同时,使得公司的应付利息增加 10 000 元,应该记入"长期借款——应计利息"账户的贷方。编制的会计分录为:

借:在建工程　　　　　　　　　　　　　　　　　　　　　　　10 000
　　贷:长期借款——应计利息　　　　　　　　　　　　　　　　　　10 000

2023 年其他各月计提利息的会计分录均与 2023 年 1 月 31 日的会计处理相同。

【例 4-12】 承[例 4-10][例 4-11],2024 年 1 月 31 日,新华公司计算确认当月长期借款利息。根据有关规定,本月的借款利息全部计入当期的财务费用。

该项经济业务的发生,使得公司的财务费用增加 10 000 元(2 000 000×6‰÷12),应记入"财务费用"账户的借方;同时,使得公司的应付利息增加 10 000 元,应记入"长期借款——应计利息"账户的贷方。编制的会计分录为:

借:财务费用　　　　　　　　　　　　　　　　　　　　　　　10 000
　　贷:长期借款——应计利息　　　　　　　　　　　　　　　　　　10 000

2024 年其他各月计提利息的会计分录均与 2024 年 1 月 31 日的会计处理相同。

(3) 归还长期借款。企业归还长期借款时,应按归还的借款本金,借记"长期借款——本金"账户,应按归还的借款利息,借记"长期借款——应计利息""应付利息"账户,按归还的长期借款本息,贷记"银行存款"账户。

【例 4-13】 承[例 4-10][例 4-11][例 4-12],2025 年 1 月 1 日,新华公司归还长期借款本金 2 000 000 元和利息 240 000 元。

该项经济业务的发生,使得公司的长期借款本金减少 2 000 000 元,应记入"长期借款——本金"账户的借方;应付长期借款利息减少 240 000 元,应记入"长期借款——应计利息"账户的借方;同时,使得公司的银行存款减少 2 240 000 元,应记入"银行存款"账户的贷方。编制的会计分录为:

借:长期借款——本金　　　　　　　　　　　　　　　　　　2 000 000
　　　　　　——应计利息　　　　　　　　　　　　　　　　　　240 000
　　贷:银行存款　　　　　　　　　　　　　　　　　　　　　2 240 000

[例 4-10]至[例 4-13]中长期借款业务账户对应关系如图 4-13 所示。

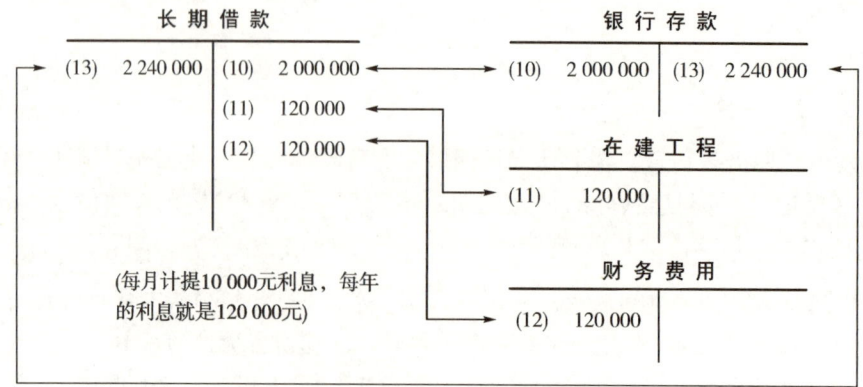

图 4-13　长期借款业务账户对应关系图

第三节　供应过程业务的核算

供应过程是制造业企业生产经营过程的准备阶段。在这一阶段,企业需要购建厂房、购置机器设备、采购各种材料物资,形成生产储备,用来满足生产的需要。因此,供应过程核算的主要内容包括固定资产购置业务和材料采购业务两方面。

一、固定资产购置业务的核算

(一) 固定资产的概念及特征

固定资产是指同时具有下列特征的有形资产:①为生产商品、提供劳务、出租或经营管理而持有;②使用寿命超过一个会计年度。

微课:固定资产购置业务的核算

从这一定义可以看出,作为企业的固定资产应具备以下两个特征:

第一,企业持有固定资产是为了生产商品、提供劳务、出租或经营管理的需要,而不是为了对外出售。这一特征是固定资产区别于存货等流动资产的重要标志。

第二,企业使用固定资产的期限较长,使用寿命一般超过一个会计年度。这一特征表明企业的固定资产属于非流动资产,其给企业带来的收益期超过 1 年,能在 1 年以上的时间里为企业创造经济利益。

(二) 固定资产的分类

固定资产按照经济用途不同,可以分为生产经营用固定资产和非生产经营用固定资产。

生产经营用固定资产是指直接服务于企业生产、经营过程的各种固定资产,如生产经营用的房屋、建筑物、机器设备、器具、工具等。

非生产经营用固定资产是指不直接服务于企业生产、经营过程的各种固定资产,如职工宿舍、食堂、医务室等使用的房屋、设备和其他固定资产等。

(三) 固定资产入账价值的确定

企业可以通过外购、自行建造、投资者投入、非货币性资产交换、债务重组、企业合并、融资租赁、接受捐赠等方式取得固定资产。固定资产的取得方式不同,其成本的构成及确定方法也不同。这里主要介绍企业通过外购方式取得的固定资产。

外购固定资产包括需要安装和不需要安装两种情况。如果购入的是不需要安装的固定资产,其成本包括购买价款、相关税费、使固定资产达到预定可使用状态前所发生的可归属于该项资产的运输费、装卸费、包装费、保险费和专业人员服务费等。如果购入的是需要安装的固定资产,其成本除了上述成本外,还应加上安装调试成本。

(四) 固定资产购置业务核算应设置的账户

(1)"固定资产"账户。"固定资产"账户属于资产类账户,用来核算企业固定资产原始价值的增减变动及其结余情况。该账户按固定资产的类别、使用部门和项目设置明细账,进行明细分类核算。其账户结构如图 4-14 所示。

借方	固定资产	贷方
固定资产原始价值的增加额	固定资产原始价值的减少额	
期末结存固定资产的原始价值		

图 4-14 "固定资产"账户结构

(2)"在建工程"账户。"在建工程"账户属于资产类账户,用来核算企业进行基建工程、安装工程、技术改造工程、大修理工程等发生的实际支出,包括需要安装的设备的价值。该账户按工程内容,如建筑工程、安装工程、技术改造工程、大修理工程等设置明细账,进行明细分类核算。其账户结构如图 4-15 所示。

借方	在建工程	贷方
实际发生的在建工程支出	工程达到预定可使用状态时结转工程成本	
尚未完工的在建工程成本		

图 4-15 "在建工程"账户结构

(五) 固定资产购置业务的账务处理

1. 购入不需要安装的固定资产

企业购入不需要安装的固定资产时,应按实际支付的购买价款、相关税费以及使固定资产达到预定可使用状态前发生的可归属于该项固定资产的运输费、装卸费、保险费、包装费和专业人员服务费等作为固定资产的成本,借记"固定资产"账户,按照支付的增值税进项税额,借记"应交税费——应交增值税(进项税额)"账户,按照支付的总价款,贷记"银行存款"等账户。

【例 4-14】 2023 年 12 月 5 日,新华公司购入一台不需要安装即可投入使用的设备,取得的增值税专用发票上注明设备的价款为 50 000 元,增值税额为 6 500 元。另支付运费并取得增值税专用发票,注明运费为 2 000 元,增值税额为 180 元,款项均以银行存款支付。

该项经济业务的发生,使得公司固定资产增加 52 000 元(50 000+2 000),应记入"固定资产"账户的借方;公司支付的增值税进项税额增加 6 680 元(6 500+180),应记入"应交税费——应交增值税(进项税额)"账户的借方。同时,使得公司的银行存款减少 58 680 元(50 000+2 000+6 500+180),应记入"银行存款"账户的贷方。编制的会计分录为:

  借:固定资产   52 000
    应交税费——应交增值税(进项税额)   6 680
    贷:银行存款   58 680

2. 购入需要安装的固定资产

企业购入需要安装的固定资产时,应在购入的固定资产取得成本的基础上加上安装调试成本等,作为入账成本。按照购入需要安装的固定资产的取得成本,借记"在建工程"账户,按购入固定资产时支付的增值税进项税额,借记"应交税费——应交增值税(进项税额)"账户;按实付或应付的金额,贷记"银行存款""应付账款"等账户。按照发生的安装调试成本,借记"在建工程"账户,按取得的增值税专用发票上注明的增值税进项税额,借记"应交税费——应交增值税(进项税额)"账户,贷记"银行存款"等账户。安装完毕达到预定可使用状态时,由"在建工程"账户转入"固定资产"账户,借记"固定资产"账户,贷记"在建工程"账户。

【例 4-15】 2023 年 12 月 8 日,新华公司购入一台需要安装的机器设备,增值税专用发票上注明的设备买价为 800 000 元,增值税额为 104 000 元,款项以银行存款支付。

该项经济业务的发生,使得公司在建工程支出增加 800 000 元,应记入"在建工程"账户的借方;公司支付的增值税进项税额增加 104 000 元,应记入"应交税费——应交增值税(进项税额)"账户的借方;同时,使得公司的银行存款减少 904 000 元,应记入"银行存款"账户的贷方。编制的会计分录为:

借:在建工程　　　　　　　　　　　　　　　　　　　　　800 000
　　应交税费——应交增值税(进项税额)　　　　　　　　　104 000
　　贷:银行存款　　　　　　　　　　　　　　　　　　　　　904 000

【例 4-16】 承[例 4-15],2023 年 12 月 8 日,开出转账支票一张,支付上述设备的安装费 63 600 元。取得的增值税专用发票上注明安装费为 60 000 元,增值税额为 3 600 元。

该项经济业务的发生,使得公司在建工程支出增加 60 000 元,应记入"在建工程"账户的借方;公司支付的增值税进项税额增加 3 600 元,应记入"应交税费——应交增值税(进项税额)"账户的借方;同时,使得公司的银行存款减少 63 600 元,记入"银行存款"账户的贷方。编制的会计分录为:

借:在建工程　　　　　　　　　　　　　　　　　　　　　 60 000
　　应交税费——应交增值税(进项税额)　　　　　　　　　　3 600
　　贷:银行存款　　　　　　　　　　　　　　　　　　　　　63 600

【例 4-17】 承[例 4-15][例 4-16],2023 年 12 月 15 日,上述设备安装完毕,达到预定可使用状态,结转其成本。

这项经济业务的发生,使得公司固定资产增加 860 000 元(800 000+60 000),应记入"固定资产"账户的借方;同时,使得公司的在建工程减少 860 000 元,应记入"在建工程"账户的贷方。编制的会计分录为:

借:固定资产　　　　　　　　　　　　　　　　　　　　　860 000
　　贷:在建工程　　　　　　　　　　　　　　　　　　　　　860 000

[例 4-15]至[例 4-17]中固定资产购置业务账户对应关系如图 4-16 所示。

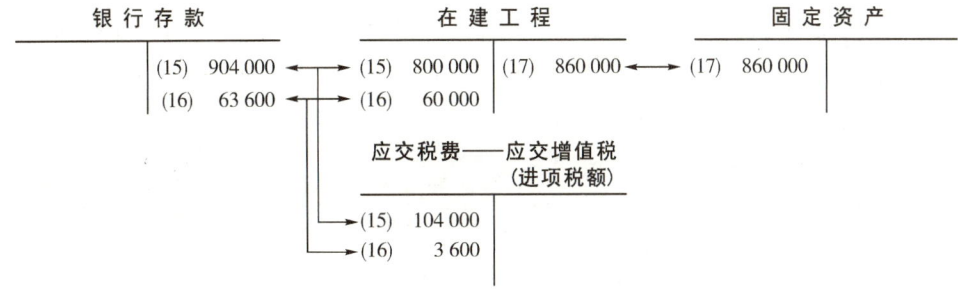

图 4-16　固定资产购置业务账户对应关系图

二、材料采购业务的核算

(一)原材料的含义

微课:材料采购业务的核算

原材料是在生产过程中经过加工改变其形态或性质并构成产品主要实体的各种原料及主要材料、辅助材料、外购半成品、修理用备件、包装材料、燃料等。原材料是企业产品生产不可缺少的物质要素,在生产过程中,劳动者借助于劳动资料,对原材料进行加工并改变其原有的物质形态,生产出企业需要的产品。

(二)材料采购成本的确定

原材料的采购成本是指原材料从采购到入库前所发生的全部支出,一般包括购买价款、相关税费、运输费、装卸费以及其他可归属于原材料采购成本的费用。

购买价款是指购货发票上注明的价款,但不包括按照规定可以抵扣的增值税进项税额;相关税费是指进口关税、消费税、资源税和不能从增值税销项税额中抵扣的进项税额等;其他可直接归属于原材料采购成本的费用是指原材料采购过程中发生的除上述各项费用以外的仓储费、包装费、运输途中的合理损耗、入库前的挑选整理费用等直接归属于采购成本的费用等。

(三)材料采购业务核算应设置的账户

(1)"在途物资"账户。"在途物资"账户属于资产类账户,用来核算企业采用实际成本法进行材料日常核算时外购材料的买价和各种材料的采购费用,据以计算、确定购入材料的实际采购成本。该账户按购入材料的品种设置明细账,进行明细分类核算。其账户结构如图4-17所示。

借方	在 途 物 资	贷方
购入材料的实际成本		结转验收入库材料的实际成本
期末在途材料的实际采购成本		

图4-17 "在途物资"账户结构

对于"在途物资"账户,具体使用时,应注意:在购入材料过程中发生的采购费用,如果能够分清某种材料直接负担的,可直接计入该材料的采购成本,否则就应进行分配。分配时,通常选择的分配标准有材料的重量、体积、买价等,其计算过程为:

材料采购费用分配率=待分配的采购费用÷分配标准(买价、重量、体积等)合计数
某材料应负担的采购费用=该材料的分配标准×材料采购费用分配率

(2)"原材料"账户。"原材料"账户属于资产类账户,用来核算企业库存原材料的增减变动及其结存情况。该账户按材料的保管地点、材料的种类和类别分别设置明细账户,进行明细分类核算。其账户结构如图4-18所示。

借方	原 材 料	贷方
验收入库材料的实际成本		发出材料的实际成本
库存材料的实际成本		

图4-18 "原材料"账户结构

(3)"应付账款"账户。"应付账款"账户属于负债类账户,用来核算企业因购买原材料、商品和接受劳务供应等经营活动应支付而未支付的款项。该账户按债权人分别设置明细账,进行明细分类核算。其账户结构如图4-19所示。

借方	应 付 账 款	贷方
① 应付账款的偿还数 ② 冲回上月暂估入账的应付账款		① 应付未付款项的发生额 ② 月末暂估入账的应付账款
企业预付的款项		期末尚未偿还及暂估的款项

图 4-19 "应付账款"账户结构

(4)"应付票据"账户。"应付票据"账户属于负债类账户,用来核算企业采用商业汇票结算方式购买材料物资等而开出、承兑的商业汇票的增减变动及其结余情况。商业汇票是由收款人或付款人签发,由承兑人承兑,并于到期日向收款人或持票人无条件支付款项的票据。商业汇票结算方式适用于企业先发货后收款或者双方约定延期付款的具有真实交易关系和债权债务关系等款项的结算,同城结算和异地结算均可使用。商业汇票付款期限由交易双方共同商定,但其最长期限不得超过6个月。持票人如果急需资金,可以持未到期的商业汇票到银行办理贴现。该账户按债权人的不同设置明细账,进行明细分类核算。其账户结构如图4-20所示。

借方	应 付 票 据	贷方
应付票据的减少数		企业开出、承兑的应付票据的金额
		期末尚未到期的应付票据金额

图 4-20 "应付票据"账户结构

(5)"预付账款"账户。"预付账款"账户属于资产类账户,用来核算企业按照合同规定预付给供应单位的款项。预付账款不多的企业,也可以不设"预付账款"账户,而是将预付账款记入"应付账款"账户的借方。该账户应按供应单位名称设置明细账户,进行明细分类核算。其账户结构如图4-21所示。

借方	预 付 账 款	贷方
① 实际预付的货款 ② 补付的货款		① 收到所购物品时按发票金额冲减的预付账款 ② 收到退回的多付款项
尚未结算的预付款项		尚未补付的货款

图 4-21 "预付账款"账户结构

(6)"应交税费"账户。"应交税费"账户属于负债类账户,用来核算企业按照税法规定计算应交纳的各种税费,如增值税、消费税、城市维护建设税、教育费附加、房产税、车船税、土地使用税、所得税等。该账户按税费种类设置明细账户,进行明细分类核算。其账户结构如图4-22所示。

借方	应 交 税 费	贷方
实际交纳的各种税费	计算应交的各种税费	
多交或尚未抵扣的税费	期末尚未交纳的税费	

图 4-22 "应交税费"账户结构

在材料采购业务中主要涉及的税种是增值税。

增 值 税

1. 概念

增值税是对在我国境内销售货物或者加工、修理修配劳务(以下简称劳务)，销售服务、无形资产及不动产以及进口货物的单位和个人，就其销售货物、劳务、服务、无形资产、不动产(以下统称应税销售行为)的增值额和货物进口金额为计税依据而征收的一种流转税。

2. 计税原理

增值税以商品(含劳务、服务等)在流转过程中产生的增值额作为计税依据。有增值才征税，没有增值不征税。实行价外计税，最终由消费者负担。

3. 纳税人

按纳税人的经营规模及会计核算的健全程度不同，增值税纳税人可分为一般纳税人和小规模纳税人。应税行为的年应税销售额超过财政部和国家税务总局规定标准(500万元)的企业和企业性单位为一般纳税人，未达到规定标准的纳税人为小规模纳税人。

4. 税率(征收率)

一般纳税人的税率分别为：13%、9%、6%和零税率(出口货物)；小规模纳税人的征收率为3%，国家另有规定除外。

5. 计税方法

一般纳税人发生应税销售行为适用一般计税方法计税，小规模纳税人发生应税销售行为适用简易计税方法计税。对于一般纳税人实行税款抵扣制度，对以前环节已纳增值税税款予以扣除，即当期应纳增值税额＝当期销项税额－当期进项税额。小规模纳税人发生应税销售行为，实行按照销售额和征收率计算应纳税额的简易办法，并不得抵扣进项税额，即当期应纳增值税额＝销售额×征收率。

6. 销项税额

纳税人发生应税销售行为，按照销售额和适用税率计算并向购买方收取的增值税额，为销项税额。其计算公式为：销项税额＝销售额×税率。增值税的进项税额和销项税额是相对的，销售方的销项税额就是购买方的进项税额。

7. 进项税额

纳税人购进货物、劳务、服务、无形资产、不动产，支付或负担的增值税额，为进项税额。下列进项税额准予从销项税额中抵扣：

(1) 从销售方取得的增值税专用发票上注明的增值税额。

(2) 从海关取得的海关进口增值税专用缴款书上注明的增值税额。

（3）购进农产品，除取得增值税专用发票或者海关进口增值税专用缴款书外，按照农产品收购发票或者销售发票上注明的农产品买价和规定的扣除率计算进项税额。其计算公式为：进项税额＝买价×扣除率。买价是指纳税人购进农产品在农产品收购发票或者销售发票上注明的价款和按照规定交纳的烟叶税。

（4）自境外单位或者个人购进劳务、服务、无形资产或者境内的不动产，从税务机关或者扣缴义务人取得的代扣代缴税款的完税凭证上注明的增值税额。

纳税人购进货物、劳务、服务、无形资产、不动产，取得的增值税扣税凭证不符合法律、行政法规或者国务院税务主管部门有关规定的，其进项税额不得从销项税额中抵扣。

8. 主要设置的明细账户

一般纳税人在"应交税费"账户下设置"应交增值税""未交增值税"等明细账户，并在"应交增值税"明细账户下设"进项税额""销项税额""已交税金""出口退税""进项税额转出""转出未交增值税""转出多交增值税"等专栏。该账户借方登记企业因购进货物或者接受应税劳务支付的进项税额、实际交纳的增值税、转出未交增值税等，贷方登记企业销售货物或提供应税劳务应交纳的销项税额、进项税额转出、转出多交增值税等。为了分别反映增值税一般纳税人欠交增值税款和待抵扣增值税的情况，确保企业及时足额上交增值税，避免出现用以前月份欠交增值税抵扣以后月份未抵扣增值税的情况，企业应在"应交税费"账户下设置"未交增值税"明细账户，核算企业月份终了从"应交税费——应交增值税"账户转入的当月未交或多交的增值税。经过结转后，月份终了，"应交税费——未交增值税"账户的余额如果在贷方，代表企业当期应交未交的增值税；如果余额在借方，代表企业本月多交的增值税。经过结转后，"应交税费——应交增值税"账户期末一般无贷方余额，如有借方余额，则反映企业本期尚未抵扣完的增值税进项税额，留待下期继续抵扣。

小规模纳税人企业在"应交税费"账户下设置"应交增值税"明细账，不需要设置专栏。

"应交税费——应交增值税"账户结构如图4-23所示。

借方	应交税费——应交增值税	贷方
① 发生应税行为支付的增值税进项税额 ② 交纳本月增值税 ……		① 发生应税行为收到的增值税销项税额 ② 发生的进项税额转出 ……
期末尚未抵扣的增值税进项税额		

图4-23 "应交税费——应交增值税"账户结构

【提示】

由于《基础会计》中涉及的增值税业务比较简单，故不再将"应交税费——应交增值税"账户的各个专栏一一列出，后续内容将在《中级财务会计》和《税务会计》中继续学习。

（四）材料采购业务的账务处理

材料采购业务的账务处理主要分为两个环节：一是购买材料与供应单位的货款结算以及支付采购费用；二是仓库收料，计算并结转材料实际采购成本。前者主要根据供应单位、运输部门的结算凭证办理，后者则根据仓库转来的收料凭证进行账务处理。

微课：材料采购业务的账务处理

【例 4-18】 2023 年 12 月 5 日,新华公司向宏达公司购入原材料一批,增值税专用发票上注明甲材料的价款为 100 000 元,增值税额为 13 000 元;乙材料的价款为 20 000 元,增值税额为 2 600 元。原材料尚在运输途中,货款尚未支付。

该项经济业务的发生,使得公司原材料的采购成本增加 120 000 元(100 000＋20 000),应记入"在途物资"账户的借方;公司支付的增值税进项税额增加 15 600 元(13 000＋2 600),应记入"应交税费——应交增值税(进项税额)"账户的借方;同时,使得公司的应付账款增加 135 600 元(120 000＋15 600),应记入"应付账款"账户的贷方。编制的会计分录为:

```
借:在途物资——甲材料                               100 000
         ——乙材料                                20 000
   应交税费——应交增值税(进项税额)                 15 600
   贷:应付账款——宏达工厂                          135 600
```

【例 4-19】 承[例 4-18],2023 年 12 月 8 日,新华公司开出转账支票支付上述材料的运费,取得的增值税专用发票上注明的运费为 6 000 元、增值税额为 540 元,按照材料的买价分配运费。

运费的分配率＝6 000÷(100 000＋20 000)＝0.05
甲材料应负担的运费＝100 000×0.05＝5 000(元)
乙材料应负担的运费＝20 000×0.05＝1 000(元)

该项经济业务的发生,使得公司原材料的采购成本增加 6 000 元,应记入"在途物资"账户的借方;公司支付的增值税进项税额增加 540 元,应记入"应交税费——应交增值税(进项税额)"账户的借方;同时,使得公司的银行存款减少 6 540 元,应记入"银行存款"账户的贷方。编制的会计分录为:

```
借:在途物资——甲材料                                5 000
         ——乙材料                                 1 000
   应交税费——应交增值税(进项税额)                    540
   贷:银行存款                                     6 540
```

【例 4-20】 承[例 4-18][例 4-19],2023 年 12 月 10 日,新华公司向宏达工厂购入的材料运到并验收入库。

该项经济业务的发生,使得公司入库的甲材料增加 105 000 元(100 000＋5 000)、乙材料增加 21 000 元(20 000＋1 000),应记入"原材料"账户的借方;同时,使得公司的在途甲材料减少 105 000 元,乙材料减少 21 000 元,应记入"在途物资"账户的贷方。编制的会计分录为:

```
借:原材料——甲材料                                105 000
        ——乙材料                                 21 000
   贷:在途物资——甲材料                            105 000
            ——乙材料                             21 000
```

【例 4-21】 2023 年 12 月 10 日,新华公司按照合同约定,开出转账支票预付东方公司购买乙材料款 100 000 元。

该项经济业务的发生,使得公司的预付账款增加100 000元,应记入"预付账款"账户的借方;同时,使得公司的银行存款减少100 000元,应记入"银行存款"账户的贷方。编制的会计分录为:

借:预付账款——东方公司　　　　　　　　　　　　　　　100 000
　　贷:银行存款　　　　　　　　　　　　　　　　　　　　100 000

【例4-22】承[例4-21],2023年12月14日,新华公司收到东方公司发来的乙材料,随货附来的增值税专用发票注明该批乙材料买价为60 000元,增值税额为7 800元,材料已入库。

该项经济业务的发生,使得公司的原材料增加60 000元,应记入"原材料"账户的借方;支付的增值税进项税额增加7 800元,应记入"应交税费——应交增值税(进项税额)"账户的贷方;同时,使得公司的预付账款减少67 800元,应记入"预付账款"账户的贷方。编制的会计分录为:

借:原材料——乙材料　　　　　　　　　　　　　　　　　60 000
　　应交税费——应交增值税(进项税额)　　　　　　　　　7 800
　　贷:预付账款——东方公司　　　　　　　　　　　　　　67 800

【例4-23】承[例4-21][例4-22],2023年12月14日,新华公司收到东方公司退回的余款32 200元。

该项经济业务的发生,使得公司的银行存款增加32 200元,应记入"银行存款"账户的借方;同时,使得公司的预付账款减少32 200元,应记入"预付账款"账户的贷方。编制的会计分录为:

借:银行存款　　　　　　　　　　　　　　　　　　　　　32 200
　　贷:预付账款——东方公司　　　　　　　　　　　　　　32 200

【例4-24】2023年12月10日,新华公司从海达公司购入甲材料一批,增值税专用发票上注明价款50 000元,增值税6 500元。公司开出一张面值为56 500元的商业承兑汇票支付上述材料款,材料尚在运输途中。

该项经济业务的发生,使得公司的在途物资增加50 000元,应记入"在途物资"账户的借方;支付的增值税进项税额增加6 500元,应记入"应交税费——应交增值税(进项税额)"账户的借方;同时,使得公司的应付票据增加56 500元,应记入"应付票据"账户的贷方。编制的会计分录为:

借:在途物资——甲材料　　　　　　　　　　　　　　　　50 000
　　应交税费——应交增值税(进项税额)　　　　　　　　　6 500
　　贷:应付票据——海达公司　　　　　　　　　　　　　　56 500

【例4-25】承[例4-24],2023年12月17日,新华公司收到从海达公司购入的甲材料,已验收入库。

该项经济业务的发生,使得公司的原材料增加50 000元,应记入"原材料"账户的借方;同时,使得公司的在途物资减少50 000元,应记入"在途物资"账户的贷方。编制的会计分录为:

借:原材料——甲材料　　　　　　　　　　　　　　　　　　　50 000
　　贷:在途物资——甲材料　　　　　　　　　　　　　　　　　　50 000

【例 4-26】 2023 年 12 月 28 日,新华公司收到宏达工厂发来的甲材料 50 吨,并已验收入库。但直至 12 月 31 日有关发票账单仍未到达,暂估价格为 250 000 元。

该项经济业务的发生,使得公司的原材料增加 250 000 元,应记入"原材料"账户的借方;同时,使得公司的应付账款增加 250 000 元,应记入"应付账款"账户的贷方。编制的会计分录为:

借:原材料——甲材料　　　　　　　　　　　　　　　　　　　250 000
　　贷:应付账款——暂估应付款　　　　　　　　　　　　　　　　250 000

【例 4-27】 承[例 4-26],2024 年 1 月 1 日对上月估价入账的甲材料作相反分录冲回。

该项经济业务的发生,使得公司的应付账款减少 250 000 元,应记入"应付账款"账户的借方;同时,使得公司的原材料减少 250 000 元,应记入"原材料"账户的贷方。编制的会计分录为:

借:应付账款——暂估应付款　　　　　　　　　　　　　　　　　250 000
　　贷:原材料——甲材料　　　　　　　　　　　　　　　　　　　250 000

[例 4-18]至[例 4-27]中材料采购业务账户对应关系如图 4-24 所示。

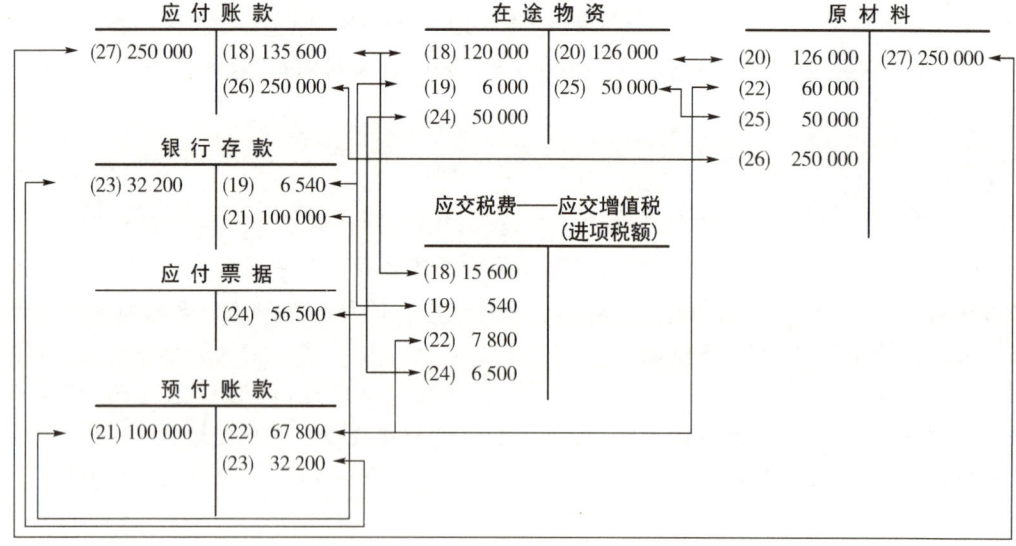

图 4-24　材料采购业务账户对应关系图

第四节　生产过程业务的核算

制造业企业的主要经济活动是生产符合社会需要的产品。产品的生产阶段:一方面是制造产品、满足社会需要的过程;另一方面是生产费用的发生和产品成本的形成过程。因此,归集和分配各项生产费用,计算完工产品成本,是生产过程业务核算的主要内容。

一、生产过程核算概述

制造业企业在生产过程中发生的、用货币表现的生产耗费叫作生产费用。这些费用最终都要归集、分配到一定种类的产品上去,最终形成各种产品的成本。换言之,企业为生产一定种类、一定数量产品所发生的各种生产费用的总和就形成了这些产品的成本。

计入产品成本的生产费用按其用途不同可划分为若干成本项目,这些项目作为产品成本的构成内容,会计上称为成本项目。成本项目一般可分为直接材料、直接人工和制造费用等。

微课:生产过程业务的核算

直接材料是指企业在生产产品和提供劳务的过程中所消耗的、直接用于产品生产的原料及主要材料、辅助材料、外购半成品、燃料、动力、包装物、低值易耗品等。

直接人工是指企业在生产产品和提供劳务的过程中,直接从事产品生产的工人薪酬。

制造费用是指企业为生产产品和提供劳务而发生的各项间接费用,包括生产车间管理人员的薪酬,生产车间的固定资产折旧费、办公费、水电费、机物料消耗、劳动保护费,季节性停工损失和修理期间的停工损失等。

生产过程的核算主要包括:生产耗用材料的核算、生产过程人工费的核算、制造费用的归集与分配、完工产品成本的计算与结转等。

二、生产过程业务的核算

(一)材料费用的核算

1. 材料费用核算应设置的账户

(1)"生产成本"账户。"生产成本"账户属于成本类账户,用来核算企业产品生产过程中发生的各项生产费用。由于企业产品成本核算要具体到每一种产品,因此,该账户的明细核算按所生产的产品种类进行。其账户结构如图 4-25 所示。

借方	生产成本	贷方
应计入产品生产成本的各项费用	结转完工入库产品的生产成本	
月末尚未完工的在产品成本		

图 4-25 "生产成本"账户结构

(2)"制造费用"账户。"制造费用"账户属于成本类账户,用来核算企业生产车间(部门)为生产产品和提供劳务而发生的各项间接费用。该账户按不同车间设置明细账户,并按费用项目设置专栏,进行明细分类核算。其账户结构如图 4-26 所示。

借方	制造费用	贷方
生产过程中发生的各种间接费用	期末分配结转到"生产成本"账户的制造费用	
期末结转后一般无余额		

图 4-26 "制造费用"账户结构

(3)"管理费用"账户。"管理费用"账户属于损益类账户,用来核算企业行政管理部门为组织和管理生产经营活动所发生的管理费用,包括企业在筹建期间内发生的开办费、董事会和行政管理部门在企业的经营管理中发生的或者应由企业统一负担的公司经费(包括行政管理部门职工薪酬、物料消耗、低值易耗品摊销、办公费和差旅费等),行政管理部门负担的工会经费、董事会费(包括董事会成员津贴、会议费和差旅费等)、聘请中介机构费、咨询费(含顾问费)、诉讼费、业务招待费、技术转让费、研究费用,以及企业行政管理部门发生的固定资产修理费用。该账户按费用项目设置明细账,进行明细分类核算。其账户结构如图4-27所示。

借方	管理费用	贷方
企业实际发生的各种管理费用	期末结转到"本年利润"账户的金额	
期末结转后一般无余额		

图4-27 "管理费用"账户结构

(4)"销售费用"账户。"销售费用"账户属于损益类账户,用来核算企业销售商品和材料、提供劳务的过程中发生的各种费用,包括保险费、包装费、展览费和广告费、商品维修费、预计产品质量保证损失、运输费、装卸费等,为销售本企业商品而专设的销售机构(含销售网点、售后服务网点等)的职工薪酬、业务费、折旧费等经营费用以及企业发生的与专设销售机构相关的固定资产修理费用等后续支出。该账户按照费用种类设置明细账,进行明细分类核算。其账户结构如图4-28所示。

借方	销售费用	贷方
实际发生的各种销售费用	期末结转到"本年利润"账户的金额	
期末结转后一般无余额		

图4-28 "销售费用"账户结构

2. 材料费用的账务处理

生产过程中消耗的原材料,应当根据具体用途,分别记入有关成本费用账户的借方,同时记入"原材料"账户的贷方。其中,生产产品消耗的原材料,直接记入有关产品的"生产成本"账户;车间一般性消耗的原材料,记入"制造费用"账户;行政管理部门一般性消耗的原材料,记入"管理费用"账户;专设销售机构消耗的原材料,记入"销售费用"账户。

【例4-28】2023年12月31日,新华公司根据本月领料凭证,编制发出材料汇总表,如表4-1所示。

表4-1　　　　　　　　　　　发出材料汇总表　　　　　　　　　金额单位:元

用途	甲材料		乙材料		金额合计
	数量(吨)	金额	数量(吨)	金额	
制造产品领用:					
A产品耗用	40.0	200 000	25.0	50 000	250 000
B产品耗用	10.0	50 000	13.0	26 000	76 000
车间一般耗用	0.2	1 000	0.8	1 600	2 600
行政管理部门耗用	0.4	2 000	0.2	400	2 400
专设销售机构耗用	0.1	500			500
合计	50.7	253 500	39.0	78 000	331 500

该项经济业务的发生,使得公司的原材料减少 331 500 元,应记入"原材料"账户的贷方。同时,由于耗用原材料,使成本费用增加了 331 500 元,其中,A 产品和 B 产品耗用的材料费用,应记入"生产成本"账户的借方;车间一般耗用的材料费用,应记入"制造费用"账户的借方;行政管理部门耗用的材料费用,应记入"管理费用"账户的借方;专设销售机构耗用的材料费用,应记入"销售费用"账户的借方。编制的会计分录为:

借:生产成本——A 产品　　　　　　　　　　　　　　250 000
　　　　　　——B 产品　　　　　　　　　　　　　　 76 000
　　制造费用　　　　　　　　　　　　　　　　　　　 2 600
　　管理费用　　　　　　　　　　　　　　　　　　　 2 400
　　销售费用　　　　　　　　　　　　　　　　　　　 500
　贷:原材料——甲材料　　　　　　　　　　　　　　 253 500
　　　　　　——乙材料　　　　　　　　　　　　　　 78 000

(二) 职工薪酬的归集与分配

1. 职工薪酬的概念

职工薪酬是指企业为获得职工提供的服务或解除劳动关系而给予各种形式的报酬或补偿,具体包括短期薪酬、离职后福利、辞退福利和其他长期职工福利等。企业提供给职工配偶、子女、受赡养人、已故员工遗属及其他受益人等的福利,也属于职工薪酬。本教材中仅讲述短期职工薪酬,主要包括职工工资、奖金、津贴和补贴,职工福利费等。

2. 职工薪酬业务核算应设置的主要账户

"应付职工薪酬"账户属于负债类账户,用来核算企业根据有关规定应付给职工的各种薪酬,包括企业按照有关规定向职工支付的工资、奖金、津贴和补贴,职工福利费,以及为职工交纳的各种社会保险费和住房公积金等。该账户应当按照"工资、奖金、津贴和补贴""职工福利费""设定提存计划""设定受益计划""社会保险费""住房公积金""工会经费""职工教育经费""非货币性福利"等设置明细账,进行明细分类核算。其账户结构如图 4-29 所示。

用人单位未为职工办理社保登记的违法行为

借方	应付职工薪酬	贷方
实际支付的职工薪酬及代扣款项	计算分配的职工薪酬	
	应付未付的职工薪酬	

图 4-29 "应付职工薪酬"账户结构

3. 职工薪酬业务的账务处理

1) 工资费用的账务处理

对于短期职工薪酬,企业应当在职工为其提供服务的会计期间,按实际发生额确认为负债;同时,根据职工提供服务的受益对象,将应确认的职工薪酬全部计入相关资产成本或当期费用。其中,生产工人的短期职工薪酬,应记入"生产成本"账户;生产车间管理人员和技术人员的短期职工薪酬,应记入"制造费用"账户;应由在建工程、无形资产负担的短期职工薪酬,记入"在建工程""研发支出"账户;行政管理人员短期职工薪酬,应记入"管理费用"账户;专设销售机构人员的短期职工薪酬,应记入"销售费用"账户。

【例4-29】 2023年12月31日,新华公司根据当月的考勤记录和产量记录,计算确定本月职工的工资500 000元。其中,A产品生产工人工资280 000元,B产品生产工人工资140 000元,车间管理人员工资20 000元,行政管理人员工资45 000元,专设销售机构人员工资15 000元。

该项经济业务的发生,使得公司的应付职工薪酬增加500 000元,应记入"应付职工薪酬"账户的贷方;同时,使得公司的生产费用和期间费用增加500 000元。其中,A产品和B产品的生产工人工资应记入"生产成本"账户的借方;车间管理人员工资,应记入"制造费用"账户的借方;行政管理部门人员工资,应记入"管理费用"账户的借方;专设销售机构人员工资,应记入"销售费用"账户的借方。编制的会计分录为:

借:生产成本——A产品　　　　　　　　　　　280 000
　　　　　　——B产品　　　　　　　　　　　140 000
　　制造费用　　　　　　　　　　　　　　　　 20 000
　　管理费用　　　　　　　　　　　　　　　　 45 000
　　销售费用　　　　　　　　　　　　　　　　 15 000
　　贷:应付职工薪酬——工资　　　　　　　　500 000

实务中,企业直接通过银行发放工资后,应根据银行转来的有关单据,作支付工资的账务处理。一方面,根据全部职工薪酬的应发数,借记"应付职工薪酬"账户;另一方面,根据全部职工薪酬的实发数,减少企业的银行存款,贷记"银行存款"账户,根据从职工薪酬中扣还的各种款项,贷记"其他应收款""其他应付款""应交税费——应交个人所得税"等账户。

【例4-30】 2023年12月10日,新华公司以银行存款支付上月职工工资500 000元。
该项经济业务的发生,使得公司的应付职工薪酬减少500 000元,应记入"应付职工薪酬"账户的借方;同时,使得公司的银行存款减少500 000元,应记入"银行存款"账户的贷方。编制的会计分录为:

借:应付职工薪酬——工资　　　　　　　　　500 000
　　贷:银行存款　　　　　　　　　　　　　　500 000

2) 职工福利费的账务处理

除了支付每月的职工工资外,企业发生的职工福利费支出也属于职工薪酬的一部分。职工福利费,主要是企业内设医务室、理发室、托儿所等集体福利机构人员的工资,医务经费,职工因公负伤赴外地就医路费,职工的生活困难补助,以及按照国家规定开支的其他职工福利支出。福利费分配内容与工资费用基本一致,即生产工人的福利费记入有关产品的"生产成本"账户的借方;生产车间管理人员和技术人员的福利费,记入"制造费用"账户的借方;行政管理部门人员的福利费,记入"管理费用"账户的借方;专设销售机构人员的福利费,记入"销售费用"账户的借方;同时,贷记"应付职工薪酬——职工福利费"账户。使用职工福利费时,借记"应付职工薪酬——职工福利费"账户,贷记"银行存款""库存现金"等账户。

【例 4-31】 2023 年 12 月 20 日,新华公司以银行存款支付医务经费 50 000 元。

该项经济业务的发生,使得公司的应付职工薪酬减少 50 000 元,应记入"应付职工薪酬"账户的借方;同时,使得公司的银行存款减少 50 000 元,应记入"银行存款"账户的贷方。编制的会计分录为:

借:应付职工薪酬——职工福利费　　　　　　　　　　　　50 000
　　贷:银行存款　　　　　　　　　　　　　　　　　　　　　　50 000

【例 4-32】 2023 年 12 月 31 日,新华公司计提本月职工福利费 50 000 元。其中,A 产品生产工人福利费 28 000 元,B 产品生产工人福利费 14 000 元,车间管理人员福利费 2 000 元,行政管理人员福利费 4 500 元,专设销售机构人员福利费 1 500 元。

该项经济业务的发生,使得公司的应付职工薪酬增加 50 000 元,应记入"应付职工薪酬"账户的贷方;同时,使得公司的生产费用和期间费用也增加 50 000 元。其中,A 产品和 B 产品的生产工人福利费应记入"生产成本"账户的借方;车间管理人员福利费,应记入"制造费用"账户的借方;行政管理部门人员福利费,应记入"管理费用"账户的借方;专设销售机构人员福利费,应记入"销售费用"账户的借方。编制的会计分录为:

借:生产成本——A 产品　　　　　　　　　　　　　　　　28 000
　　　　　　　——B 产品　　　　　　　　　　　　　　　　14 000
　　制造费用　　　　　　　　　　　　　　　　　　　　　　　2 000
　　管理费用　　　　　　　　　　　　　　　　　　　　　　　4 500
　　销售费用　　　　　　　　　　　　　　　　　　　　　　　1 500
　　贷:应付职工薪酬——职工福利费　　　　　　　　　　　50 000

(三) 制造费用的归集与分配

制造费用是指企业为生产产品和提供劳务而发生的各项间接费用,包括生产车间管理人员的薪酬,生产车间的固定资产折旧费,生产车间的办公费、水电费、机物料消耗、劳动保护费,季节性和修理期间的停工损失等。

1. 制造费用的归集

制造费用的归集就是把前述发生的制造费用记入"制造费用"账户的借方。有关"制造费用"的部分业务本章前已述及,这里不再赘述。除此之外,企业还需核算相关的间接费用,如折旧费等。

1) 折旧费用

固定资产在长期使用过程中保持实物形态不变,但其价值随着固定资产的损耗而逐渐减少,这部分由于损耗而减少的价值就是固定资产折旧。

为了反映现有固定资产损耗的价值,企业应设置"累计折旧"总分类账户对其进行核算。"累计折旧"账户是固定资产的备抵账户,用固定资产原值减去累计计提的折旧额就是固定资产的账面净值。其账户结构如图 4-30 所示。

微课:制造费用与完工产品成本的核算

思政:固定资产加速折旧优惠至全部制造企业

借方	累 计 折 旧	贷方
因固定资产减少而转出的折旧额	按规定计提的折旧额	
	现有固定资产累计计提的折旧额	

图 4-30 "累计折旧"账户结构

在实际工作中,企业对固定资产按月计提折旧,并根据固定资产的用途,分别计入间接费用或期间费用。其中,生产车间固定资产折旧费记入"制造费用"账户的借方;厂部行政管理部门和专设销售机构固定资产折旧费分别记入"管理费用"账户和"销售费用"账户。

【例 4-33】 2023 年 12 月 31 日,新华公司计提当月固定资产折旧 110 000 元。其中,生产车间固定资产折旧 80 000 元,厂部管理部门固定资产折旧额 30 000 元。

该项经济业务的发生,使得公司的累计折旧增加 110 000 元,应记入"累计折旧"账户的贷方;同时,使得公司的生产费用和期间费用增加 110 000 元。其中,生产车间折旧费的增加,应记入"制造费用"账户的借方;行政管理部门折旧费的增加,应记入"管理费用"账户的借方。编制的会计分录为:

```
借:制造费用                                80 000
    管理费用                                30 000
    贷:累计折旧                                    110 000
```

2) 其他制造费用的归集

在产品生产过程中,除发生前述的材料费、人工费、固定资产折旧费外,还会发生诸如水电费、车间办公费、保险费、劳动保护费等间接费用。这些费用发生后,应先归集到"制造费用"账户的借方。

【例 4-34】 2023 年 12 月 3 日,新华公司生产车间技术员王明预借差旅费 3 000 元,以现金付讫。

该项经济业务的发生,使得公司的其他应收款增加 3 000 元,应记入"其他应收款"账户的借方;同时,使得公司的库存现金减少 3 000 元,应记入"库存现金"账户的贷方。编制的会计分录为:

```
借:其他应收款——王明                         3 000
    贷:库存现金                                     3 000
```

【例 4-35】 承[例 4-34],2023 年 12 月 8 日,生产车间技术员王明出差归来,报销差旅费 2 500 元,退回余款 500 元。

该项经济业务的发生,使得公司的其他应收款减少 3 000 元,应记入"其他应收款"账户的贷方;同时,使得公司的制造费用增加 2 500 元、库存现金增加 500 元,应分别记入"制造费用"和"库存现金"账户的借方。编制的会计分录为:

```
借:制造费用                                 2 500
    库存现金                                   500
    贷:其他应收款——王明                             3 000
```

[例 4-28]至[例 4-35]中"制造费用"账户发生额的合计如图 4-31 所示。

借方	制造费用	贷方
(28) 材料费	2 600	
(29) 工资费	20 000	
(32) 福利费	2 000	
(33) 折旧费	80 000	
(35) 差旅费	2 500	
发生额合计	107 100	

图 4-31 "制造费用"账户发生额合计

2. 制造费用的分配

平时发生各项间接费用时，企业已将其归集到"制造费用"账户的借方；月末时，应将本期发生的制造费用在各受益对象之间采用适当的分配标准进行分配，计入各种产品的成本。通常可供选择的分配标准有：生产工人工资、生产工时、机器工时等。其计算公式如下：

制造费用分配率＝制造费用总额÷各种产品的分配标准总和

某产品应分配的制造费用＝该产品的分配标准×制造费用分配率

【例 4-36】 2023 年 12 月 31 日，新华公司按 A、B 两种产品的生产工时比例分配本月发生的制造费用 107 100 元，其中，A 产品生产工时为 1 800 小时，B 产品的生产工时为 1 200 小时。

$$制造费用分配率 = \frac{107\ 100}{1\ 800 + 1\ 200} = 35.7(元/小时)$$

A 产品应负担的制造费用＝1 800×35.7＝64 260(元)

B 产品应负担的制造费用＝1 200×35.7＝42 840(元)

将制造费用分配结果计入产品成本时，一方面使得产品生产成本增加 107 100 元，应记入"生产成本"账户的借方；另一方面使得公司的制造费用减少 107 100 元，应记入"制造费用"账户的贷方。编制的会计分录为：

借：生产成本——A 产品　　　　　　　　　　　　　　　　　64 260
　　　　　　——B 产品　　　　　　　　　　　　　　　　　42 840
　　贷：制造费用　　　　　　　　　　　　　　　　　　　　107 100

(四) 完工产品成本的计算与结转

1. 完工产品成本计算概述

完工产品是指已完成全部生产过程并验收入库的，符合标准规格和技术条件、可以对外销售的产品。

产品完工后，应计算完工产品的成本。每月月末，当月生产成本明细账中按照成本项目归集了本月的生产成本，但这并不是本月完工产品的成本。企业需要将月初在产品成本加上本月发生的生产成本，在本月完工产品和月末在产品之间进行分配，以计算出本月验收入库的完工产品的成本。完工产品成本和在产品成本之间的关系如下式所示：

完工产品生产成本＝月初在产品成本＋本月发生的生产费用－月末在产品成本

2. 完工产品成本核算应设置的账户

为了核算完工产品成本结转及其库存商品成本情况,需要设置"库存商品"账户。该账户是资产类账户,用来核算企业库存的各种商品的成本,包括库存产成品、外购商品、存放在门市部准备出售的商品、发出展览的商品以及寄存在外的商品等。该账户按库存商品的种类、品种和规格等设置明细账,进行明细分类核算。其账户结构如图 4-32 所示。

借方	库 存 商 品	贷方
验收入库的库存商品成本		发出的库存商品成本
期末结存的库存商品成本		

图 4-32 "库存商品"账户结构

3. 完工产品成本的结转

完工产品成本的结转是指产品完工以后,应及时验收入库,并将本月完工产品的生产成本从"生产成本"账户的贷方转入"库存商品"账户的借方。

【例 4-37】 承[例 4-28][例 4-29][例 4-32][例 4-36],2023 年 12 月 31 日,计算并结转完工入库产品的实际生产成本。其中,本月生产的 A 产品 1 000 件,全部完工并验收入库;B 产品全部未完工。

表 4-2　　　　　　　　　　　　**生产成本明细账**

产品名称:A 产品　　　　　　　　　　　　　　　　　　　　　　　　　　*单位:元*

2023 年		摘要	借方				贷方	借或贷	余额
月	日		直接材料	直接人工	制造费用	合计			
(略)	(略)	期初在产品成本	48 000	20 000	8 800	76 800		借	76 800
		材料费用	250 000			250 000		借	326 800
		生产工人工资		280 000		280 000		借	606 800
		生产工人福利费		28 000		28 000		借	634 800
		分配制造费用			64 260	64 260		借	699 060
		结转完工产品成本					699 060	平	0
		本期发生额及余额	250 000	308 000	64 260	622 260	699 060	平	0

表 4-3　　　　　　　　　　　　**生产成本明细账**

产品名称:B 产品　　　　　　　　　　　　　　　　　　　　　　　　　　*单位:元*

2023 年		摘要	借方				贷方	借或贷	余额
月	日		直接材料	直接人工	制造费用	合计			
(略)	(略)	期初在产品成本	18 000	6 000	4 400	28 400		借	28 400
		材料费用	76 000			76 000		借	104 400
		生产工人工资		140 000		140 000		借	244 400
		生产工人福利费		14 000		14 000		借	258 400

(续表)

2023年		摘要	借方				贷方	借或贷	余额
月	日		直接材料	直接人工	制造费用	合计			
(略)	(略)	分配制造费用			42 840	42 840		借	301 240
		本期发生额及余额	76 000	154 000	42 840	272 840		借	301 240

A产品完工入库,使得公司的库存商品增加699 060元,应记入"库存商品"账户的借方;同时,结转A产品的实际生产成本699 060元,应记入"生产成本"账户的贷方。编制的会计分录为:

借:库存商品——A产品　　　　　　　　　　　　　　　　　699 060
　　贷:生产成本——A产品　　　　　　　　　　　　　　　　　699 060

[例4-28]至[例4-37]中生产过程业务账户对应关系如图4-33所示。

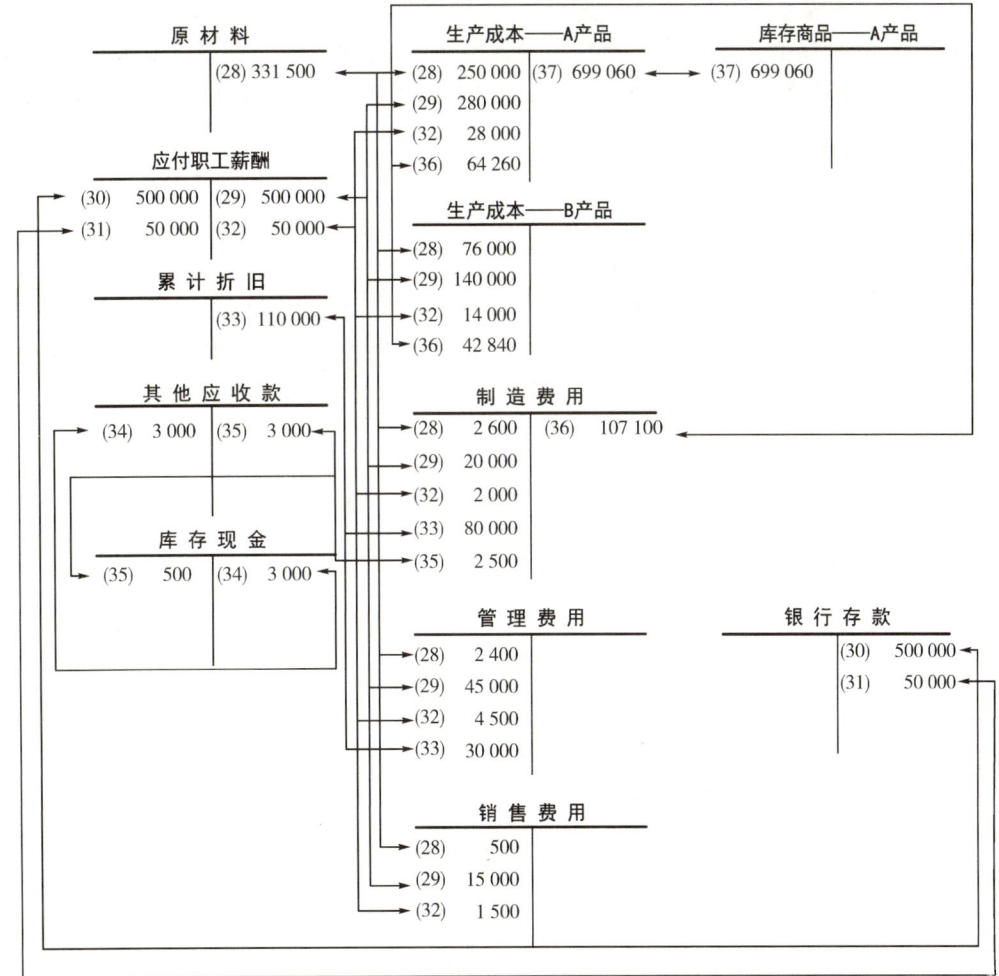

图4-33　生产过程业务账户对应关系图

第五节　销售过程业务的核算

销售过程是制造业企业经营过程的第三阶段,是产品价值实现增值的过程。在销售过程中,企业将完工产品销售给购货单位,同时取得销售收入。此外,还可能发生一些其他业务,如销售材料、出租包装物、出租固定资产、出租无形资产等。

这一节主要介绍企业的商品销售业务的核算、其他业务的核算以及税金及附加的核算。

一、商品销售业务的核算

微课:商品销售业务的核算

制造业企业的主营业务范围包括销售商品、自制半成品、代制品、代修品以及提供工业性劳务等。这里主要介绍主营业务中商品销售业务的核算,包括商品销售收入的核算、商品销售成本的核算等内容。

(一) 商品销售收入的核算

1. 商品销售收入的确认与计量

商品销售收入是指销售商品活动中所形成的经济利益的流入。收入的确认和计量大致分为五步:第一步,识别与客户订立的合同;第二步,识别合同中的单项履约义务;第三步,确定交易价格;第四步,将交易价格分摊至各单项履约义务;第五步,履行各单项履约义务时确认收入。其中,第一步、第二步和第五步主要与收入的确认有关,第三步和第四步主要与收入的计量有关。

2. 销售商品业务核算应设置的账户

(1)"主营业务收入"账户。"主营业务收入"账户属于损益类账户,用来核算企业确认的销售商品、提供劳务而实现的营业收入。该账户应按照主营业务的种类设置明细账,进行明细分类核算。其账户的结构如图 4-34 所示。

借方	主营业务收入	贷方
① 因销售退回和销售折让而冲减的销售收入 ② 期末结转到"本年利润"账户的金额	本期实现的主营业务收入	
	期末结转后无余额	

图 4-34　"主营业务收入"账户结构

(2)"应收账款"账户。"应收账款"账户属于资产类账户,用来核算企业因销售商品、提供劳务等应向购货单位或接受劳务单位收取的款项。该账户按欠款单位设置明细账,进行明细分类核算。其账户结构如图 4-35 所示。

借方	应收账款	贷方
应向购货单位或接受劳务单位收取的款项	企业实际收到的应收账款	
尚未收回的应收账款	预收的款项	

图 4-35　"应收账款"账户结构

（3）"应收票据"账户。"应收票据"账户属于资产类账户，用来核算企业因销售商品、提供劳务等而收到的商业汇票。该账户按欠款单位设置明细账，进行明细分类核算。其账户结构如图 4-36 所示。

借方	应 收 票 据	贷方
企业收到的商业汇票票面金额	① 到期收回的商业汇票金额 ② 向银行贴现的商业汇票金额	
尚未到期的商业汇票金额		

图 4-36 "应收票据"账户结构

3. 商品销售收入的账务处理

企业确认商品销售收入时，根据从购货方已收取或应收取的合同或协议价款和增值税销项税额的合计，借记"银行存款""应收账款"等账户；根据增值税专用发票上注明的合同或协议价款，贷记"主营业务收入"账户；根据增值税专用发票上注明的增值税额，贷记"应交税费——应交增值税（销项税额）"账户。

【例 4-38】 2023 年 12 月 5 日，新华公司向大丰公司销售 A 产品 600 件，开出的增值税专用发票注明该批 A 产品的价款为 600 000 元，增值税额为 78 000 元，全部款项已收存银行。

该项经济业务的发生，使得公司的银行存款增加 678 000 元，应记入"银行存款"账户的借方；同时，使得公司的主营业务收入增加 600 000 元，应记入"主营业务收入"账户的贷方，应交增值税增加 78 000 元，应记入"应交税费——应交增值税（销项税额）"账户的贷方。编制的会计分录为：

借：银行存款　　　　　　　　　　　　　　　　　　　　　　　678 000
　　贷：主营业务收入　　　　　　　　　　　　　　　　　　　　600 000
　　　　应交税费——应交增值税（销项税额）　　　　　　　　　78 000

【例 4-39】 2023 年 12 月 11 日，新华公司向光明公司销售 A 产品 700 件，开出的增值税专用发票上注明该批 A 产品的价款为 700 000 元，增值税额为 91 000 元，款项尚未收到。

该项经济业务的发生，使得公司的应收账款增加 791 000 元，应记入"应收账款"账户的借方；同时，使得公司的主营业务收入增加 700 000 元，应记入"主营业务收入"账户的贷方，应交增值税增加 91 000 元，应记入"应交税费——应交增值税（销项税额）"账户的贷方。编制的会计分录为：

借：应收账款——光明公司　　　　　　　　　　　　　　　　　791 000
　　贷：主营业务收入　　　　　　　　　　　　　　　　　　　　700 000
　　　　应交税费——应交增值税（销项税额）　　　　　　　　　91 000

【例 4-40】 2023 年 12 月 23 日，新华公司向宏光公司销售 A 产品 800 件，开出的增值税专用发票上注明该批 A 产品的价款为 800 000 元，增值税额为 104 000 元，收到宏光公司开出的一张面值为 904 000 元商业承兑汇票。

该项经济业务的发生，使得公司的应收票据增加 904 000 元，应记入"应收票据"账户的借方；同时，使得公司的主营业务收入增加 800 000 元，应记入"主营业务收入"账户的贷方，

应交增值税增加 104 000 元,应记入"应交税费——应交增值税(销项税额)"账户的贷方。编制的会计分录为:

  借:应收票据——宏光公司   904 000
    贷:主营业务收入   800 000
      应交税费——应交增值税(销项税额)   104 000

(二)商品销售成本的核算

1. 商品销售成本的确认与计量

企业销售商品后,库存商品减少,这表明企业发生了一定的费用,这种费用被称为商品销售成本。当销售商品获得商品销售收入时,企业应按照配比原则,在同一会计期间将销售发出同等数量的商品成本转化为主营业务成本。其计算公式如下:

  本期应结转的主营业务成本=本期销售商品的数量×单位商品的生产成本

2. 商品销售成本核算应设置的账户

企业在结转已销商品成本时,应通过"主营业务成本"账户进行核算。"主营业务成本"账户属于损益类账户,用来核算企业确认销售商品、提供劳务等主营业务收入时应结转的成本。该账户按照主营业务的种类设置明细账,进行明细分类核算。其账户结构如图 4-37 所示。

借方	主营业务成本	贷方
结转本期已销产品的生产成本	① 因发生销售退回而冲减的产品销售成本 ② 期末结转到"本年利润"账户的金额	
期末结转后无余额		

图 4-37 "主营业务成本"账户结构

3. 结转商品销售成本的账务处理

结转已销售商品的成本时,按照计算出的应结转商品的成本,借记"主营业务成本"账户,贷记"库存商品"账户。

【例 4-41】 2023 年 12 月 31 日,新华公司计算并结转已销售的 A 产品成本为 1 540 000 元。

该项经济业务的发生,使得公司的主营业务成本增加 1 540 000 元,应记入"主营业务成本"账户的借方;同时,使得公司的库存商品减少 1 540 000 元,应记入"库存商品"账户的贷方。编制的会计分录为:

  借:主营业务成本   1 540 000
    贷:库存商品——A 产品   1 540 000

[例 4-38]至[例 4-41]中商品销售业务账户对应关系如图 4-38 所示。

二、其他业务收支的核算

(一)其他业务的界定

企业在经营过程中,除发生主营业务之外,还会发生一些非经常性的、具有兼营性质的其他业务。其他业务也称附营业务,是指企业在经营过程中发生的除主营业务以外的

微课:其他销售业务和销售税金的核算

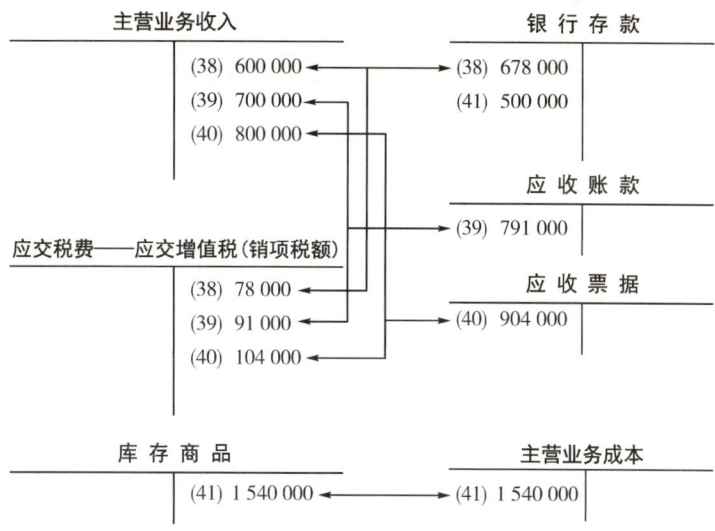

图 4-38　商品销售业务账户对应关系图

其他销售业务,包括销售多余材料,对外出租固定资产、无形资产、包装物等。主营业务和其他业务的划分并不是绝对的,一个企业的主营业务可能是另一个企业的其他业务,即便在同一个企业里,不同期间的主营业务和其他业务的内容也不是固定不变的。

(二) 其他业务收支核算应设置的账户

1. "预收账款"账户

"预收账款"账户属于负债类账户,用来核算企业按照合同规定向购货单位预收的款项。该账户按购货单位设置明细账,进行明细分类核算。其账户结构如图 4-39 所示。

借方	预 收 账 款	贷方
① 向购货单位发货时冲销的预收款 ② 向购货单位退回多收的预收款		① 预收的货款 ② 收到购货单位补付的货款
尚未转销的预收款项		预收购货单位的款项

图 4-39　"预收账款"账户结构

应该注意的是,对于预收账款业务不多的企业,可以不单独设置"预收账款"账户,而是将预收的款项直接记入"应收账款"账户的贷方,此时,"应收账款"账户就成为双重性质的账户。

2. "其他业务收入"账户

"其他业务收入"账户属于损益类账户,用来核算企业主营业务以外的其他经营活动实现的收入,如销售多余材料的收入,对外出租固定资产、无形资产、包装物等取得的租金收入等。该账户应按照其他业务的种类设置明细账,进行明细分类核算。其账户结构如图 4-40 所示。

借方	其他业务收入	贷方
期末结转到"本年利润"账户的金额	实现的其他业务收入	
	期末结转后无余额	

图 4-40 "其他业务收入"账户结构

3. "其他业务成本"账户

"其他业务成本"账户属于损益类账户,用来核算企业主营业务以外的其他经营活动所发生的支出,如销售多余材料的成本、出租固定资产的折旧额、出租无形资产的摊销额、出租包装物的成本或摊销额等。该账户应按照其他业务的种类设置明细账,进行明细分类核算。其账户结构如图 4-41 所示。

借方	其他业务成本	贷方
发生的其他业务成本	期末结转到"本年利润"账户的金额	
期末结转后无余额		

图 4-41 "其他业务成本"账户结构

(三)其他业务收支的账务处理

企业取得的其他业务收入,应记入"其他业务收入"账户;同时,按照配比原则,这些业务的成本应记入同一会计期间的"其他业务成本"账户。

【例 4-42】 2023 年 12 月 1 日,新华公司与银河公司签订经营租赁(非主营业务)数控车床的合同。合同约定,新华公司向银河公司出租数控车床 5 台,期限 3 个月,每月的租金为 135 600 元(含税)。当日,新华公司收到银河公司预付的第一个月租金并存入银行,开出的增值税专用发票上注明租金为 120 000 元,增值税额为 15 600 元。

该项经济业务的发生,使得公司的银行存款增加 135 600 元,应记入"银行存款"账户的借方;同时,使得公司的预收账款增加 120 000 元,应记入"预收账款"账户的贷方;应交增值税增加 15 600 元,应记入"应交税费——应交增值税(销项税额)"账户的贷方。编制的会计分录为:

借:银行存款　　　　　　　　　　　　　　　　　　　　　　　135 600
　　贷:预收账款——银河公司　　　　　　　　　　　　　　　　120 000
　　　　应交税费——应交增值税(销项税额)　　　　　　　　　　15 600

【例 4-43】 承[例 4-42],2023 年 12 月 31 日,新华公司确认当月的租金收入为 120 000 元。

该项经济业务的发生,使得公司的预收账款减少 120 000 元,应记入"预收账款"账户的借方;同时,使得公司的租金收入增加 120 000 元,应记入"其他业务收入"账户的贷方。编制的会计分录为:

借:预收账款——银河公司　　　　　　　　　　　　　　　　　120 000
　　贷:其他业务收入　　　　　　　　　　　　　　　　　　　　120 000

【例4-44】承[例4-42][例4-43],2023年12月31日,新华公司计提本月出租数控车床的折旧费为20 000元。

该项经济业务的发生,使得公司负担的出租固定资产折旧费增加20 000元,应记入"其他业务成本"账户的借方;同时,使得公司的累计折旧增加200 000元,应记入"累计折旧"账户的贷方。编制的会计分录为:

借:其他业务成本　　　　　　　　　　　　　　　　　　20 000
　　贷:累计折旧　　　　　　　　　　　　　　　　　　　　20 000

【例4-45】2023年12月26日,新华公司出售甲材料一批,开出的增值税专用发票上注明的价款为3 000元,增值税额为390元,款项已收存银行。

该项经济业务的发生,使得公司的银行存款增加3 390元,应记入"银行存款"账户的借方;同时,使得公司的其他业务收入增加3 000元,应记入"其他业务收入"账户的贷方,应交增值税增加390元,应记入"应交税费——应交增值税(销项税额)"账户的贷方。编制的会计分录为:

借:银行存款　　　　　　　　　　　　　　　　　　　　3 390
　　贷:其他业务收入　　　　　　　　　　　　　　　　　　3 000
　　　　应交税费——应交增值税(销项税额)　　　　　　　　390

【例4-46】2023年12月31日,新华公司结转本月出售的甲材料的成本2 500元。

该项经济业务的发生,使得公司的其他业务成本增加2 500元,应记入"其他业务成本"账户的借方;同时,使得公司的原材料减少2 500元,应记入"原材料"账户的贷方。编制的会计分录为:

借:其他业务成本　　　　　　　　　　　　　　　　　　2 500
　　贷:原材料　　　　　　　　　　　　　　　　　　　　　2 500

三、税金及附加的核算

(一)税金及附加的含义

企业在经营活动中按规定应向国家税务机关交纳一定比例的税金及附加,包括消费税、城市维护建设税、资源税、教育费附加、房产税、车船税、印花税、土地使用税等相关税费。

思政:环境保护税法的政策解读

消费税是对生产、委托加工及进口应税消费品征收的一种税。消费税的计税方法主要有从价计征、从量计征及从价从量复合计征三种。从价计征是根据应税消费品的销售额和规定的税率计算应交消费税;从量计征是根据应税消费品的销售数量和规定的单位税额计算应交消费税;复合计征是从量计征与从价计征的结合。消费税的计算公式如下:

应交消费税＝应税消费品的销售额(销售量)×消费税税率(单位税额)
应交消费税＝应税消费品的销售额×消费税税率＋应税消费品的销售量×单位税额

城市维护建设税是对从事生产经营活动的单位和个人,以其实际交纳的增值税、消费税税额为依据,按照纳税人所在地适用的不同税率计算征收的一种税。税率因纳税人所在地不同从1‰～7‰不等。其计算公式如下:

应交城市维护建设税＝(实际缴纳的增值税额＋实际缴纳的消费税额)×适用税率

教育费附加是指为了加快发展地方教育事业、扩大地方教育经费资金来源而向企业征收的附加费用。教育费附加以各单位实际缴纳的增值税和消费税的税额为计征依据,按其一定比例计算征收。其计算公式如下:

应交教育费附加＝(实际缴纳的增值税额＋实际缴纳的消费税额)×教育费附加率

(二) 核算税金及附加时应设置的主要账户

核算企业税金及附加需要设置"税金及附加"账户。该账户属于损益类账户,用来核算企业因经营活动应负担的税金及附加,包括消费税、城市维护建设税、资源税、教育费附加、房产税、车船税、土地使用税、印花税等相关税费。该账户按照税种设置明细账,进行明细分类核算。其账户结构如图4-42所示。

借方	税金及附加	贷方
本期应负担的各项税金及附加		期末转入"本年利润"账户的税金及附加
期末结转后无余额		

图4-42 "税金及附加"账户结构

(三) 税金及附加的账务处理

企业按规定计算出应交的各项税费,一方面使企业的税费支出增加,应记入"税金及附加"账户的借方;另一方面由于该部分税费尚未上缴,使企业的应交税费增加,应记入"应交税费"账户的贷方。

【例4-47】 2023年12月31日,新华公司计算本月应交的城市维护建设税为3 491.6元,应交的教育费附加为1 496.4元。

该项经济业务的发生,使得公司承担的税金及附加增加4 988元,应记入"税金及附加"账户的借方;同时,使得公司的应交税费增加4 988元,应记入"应交税费"账户的贷方。编制的会计分录为:

```
借:税金及附加                                    4 988
    贷:应交税费——应交城市维护建设税              3 491.6
            ——应交教育费附加                    1 496.4
```

第六节 财务成果形成与分配业务的核算

财务成果是指企业在一定会计期间所实现的最终经营成果,即企业当期所实现的利润或发生的亏损。它是综合反映企业经济效益和工作质量的一个重要指标。在实际工作中,企业通常在期末(月末、季末、半年末、年末)按照配比原则的要求,将本期内实现的收入与费用进行配比后产生的结果确认为本期的利润或亏损。企业实现的利润,在扣除所得税费用后,应当按照国家的有关规定进行分配。

一、利润的构成

利润是指企业在一定会计期间的经营成果,包括收入减去费用后的净额、直接计入当期利润的利得和损失等。利润由营业利润、利润总额和净利润三个层次构成。

微课:利润的构成与利润形成业务的核算

(一) 营业利润

营业利润是企业利润的主要来源,其计算公式如下:

营业利润＝营业收入－营业成本－税金及附加－销售费用－管理费用－研发费用
　　　　－财务费用＋其他收益＋投资收益(－投资损失)
　　　　＋公允价值变动收益(－公允价值变动损失)－信用减值损失
　　　　－资产减值损失＋资产处置收益(－资产处置损失)①

其中:

营业收入是指企业经营业务所实现的收入总额,包括主营业务收入和其他业务收入。

营业成本是指企业经营业务所发生的实际成本总额,包括主营业务成本和其他业务成本。

研发费用是指企业进行研究与开发过程中发生的费用化支出,以及计入管理费用的自行开发无形资产的摊销。(本教材暂不涉及)

其他收益主要是指企业应计入其他收益的政府补助等。(本教材暂不涉及)

投资收益(或投资损失)是指企业以各种方式对外投资所取得的收益(或损失)。

公允价值变动收益(或公允价值变动损失)是指企业应当计入当期损益的金融资产等公允价值变动收益(或损失)。(本教材暂不涉及)

信用减值损失是指企业计提各项金融工具信用减值准备所确认的信用损失。(本教材暂不涉及)

资产减值损失是指企业计提有关资产减值准备所形成的损失。(本教材暂不涉及)

资产处置收益(或资产减值损失)反映企业出售划分为持有待售的非流动资产(金融工具、长期股权投资和投资性房地产除外)或处置组(子公司和业务除外)时确认的处置利得或损失,以及处置未划分为持有待售的固定资产、在建工程、生产性生物资产及无形资产而产生的处置利得(或损失)。(本教材暂不涉及)

(二) 利润总额

利润总额是企业在该会计期间取得的总经营成果。其计算公式如下:

利润总额＝营业利润＋营业外收入－营业外支出

(三) 净利润

按照我国税法规定,企业获取利润后,应按一定比例缴纳企业所得税,而企业缴纳的企业所得税应作为一项费用计入当期损益。

净利润是指利润总额扣除企业的所得税费用后的余额。其计算公式如下:

净利润＝利润总额－所得税费用

---

① 如为金融企业,该计算公式还应增加一项"＋净敞口套期收益(－净敞口套期损失)",后同。

其中:

所得税费用＝应纳税所得额×企业所得税税率

【提示】
　　按照税法规定,应将企业实现的利润总额调整为应纳税所得额。为简化计算,本教材所讲的利润总额无需进行调整,即为应纳税所得额。

二、利润形成业务的核算

本章第四节我们已经介绍了营业收入、营业成本、税金及附加的核算,这里主要介绍其他利润构成要素的核算,资产减值损失和公允价值变动收益等内容本教材暂不涉及。

(一)期间费用的核算

1. 期间费用的含义

期间费用是指企业日常活动中发生的不能直接归属于某个特定的产品成本,而应直接计入当期损益的各种费用。期间费用包括为管理企业的生产经营活动而发生的管理费用、为筹集资金而发生的财务费用以及为销售商品而发生的销售费用。

管理费用是指企业行政管理部门为组织管理企业的生产经营活动而发生的各种费用,包括企业在筹建期间内发生的开办费、董事会和行政管理部门在企业的经营管理中发生的或者应由企业统一负担的公司经费(包括行政管理部门职工薪酬、物料消耗、低值易耗品摊销、办公费和差旅费等)、行政管理部门负担的工会经费、董事会费(包括董事会成员津贴、会议费和差旅费等)、聘请中介机构费、咨询费(含顾问费)、诉讼费、业务招待费、技术转让费、研究费用以及行政管理部门发生的固定资产修理费用等。

财务费用是指企业为筹集生产经营所需资金而发生的筹资费用,包括利息支出(减利息收入)、汇兑损益以及相关的手续费等。

销售费用是指企业在销售商品和材料、提供服务的过程中发生的各种费用,包括企业在销售过程中发生的运输费、装卸费、保险费、包装费、展览费、广告费、商品维修费等以及为销售本企业商品而专设的销售机构(含销售网点、售后服务网点)的职工薪酬、业务费、折旧费、固定资产维修费用等。

2. 核算期间费用应设置的主要账户

期间费用核算所涉及的账户,主要有"管理费用""财务费用""销售费用"账户。这些账户的结构已在本章第二节和第四节中进行了介绍,这里不再赘述。

3. 期间费用的账务处理

企业发生期间费用时,应根据实际发生额,借记"管理费用""财务费用""销售费用"账户,贷记"银行存款"等账户;期末,企业应将期间费用的余额转入本年利润,借记"本年利润"账户,贷记"管理费用""财务费用""销售费用"等账户。

【例4-48】 2023年12月31日,新华公司开出转账支票支付本月广告费6 000元,增值税进项税额360元。

该项经济业务的发生,使得公司销售费用增加6 000元,应记入"销售费用"账户的借方,支付的增值税进项税额增加360元,应记入"应交税费——应交增值税(进项税额)"账户

的借方;同时,使得公司的银行存款减少 6 000 元,应记入"银行存款"账户的贷方。编制的会计分录为:

借:销售费用 6 000
　　应交税费——应交增值税(进项税额) 360
　贷:银行存款 6 360

(二) 投资收益的核算

企业除了进行正常的生产经营活动,还可以货币资金、实物资产等形式投资于债券、股票、基金或其他资产等,以获取投资收益。因对外投资而产生的收益或损失都将影响企业当期的营业利润。为了核算投资收益的发生情况,需要设置"投资收益"账户。该账户属于损益类账户,用来核算企业对外投资取得的收益或发生的损失。该账户按投资项目设置明细账,进行明细分类核算。其账户结构如图 4-43 所示。

借方	投 资 收 益	贷方
① 发生的投资损失 ② 期末结转到"本年利润"账户的投资净收益	① 取得的投资收益 ② 期末结转到"本年利润"账户的投资净损失	
	期末结转后无余额	

图 4-43 "投资收益"账户结构

【例 4-49】 2023 年 12 月 10 日,新华公司计算应收取的债券利息为 251 151 元。

该项经济业务的发生,使得公司的应收利息增加 251 151 元,应记入"应收利息"账户的借方;同时,公司的投资收益增加 251 151 元,应记入"投资收益"账户的贷方。编制的会计分录为:

借:应收利息 251 151
　贷:投资收益 251 151

(三) 营业外收支的核算

1. 营业外收入

1) 营业外收入的含义

营业外收入是指企业确认的与其日常活动无直接关系的各项利得。营业外收入并不是企业经营资金耗费所产生的,实际上是经济利益的净流入,不需要与有关的费用进行配比。营业外收入主要包括非流动资产毁损报废收益、与企业日常活动无关的政府补助、盘盈利得、捐赠利得等。

非流动资产毁损报废收益是指因自然灾害等发生毁损、已丧失使用功能而报废非流动资产所产生的清理收益。

与企业日常活动无关的政府补助是指企业从政府无偿取得货币性资产或非货币性资产,且与企业日常活动无关的利得。

盘盈利得是指企业对现金等资产清查盘点时发生盘盈,报经批准后计入营业外收入的

微课:营业外收支与所得税的核算

金额。

捐赠利得是指企业接受捐赠产生的利得。

2) 核算营业外收入应设置的主要账户

企业应设置"营业外收入"账户,对非日常活动中取得的利得进行核算。"营业外收入"账户属于损益类账户,用来核算营业外收入的取得及结转情况。该账户按营业外收入项目设置明细账,进行明细分类核算。其账户结构如图4-44所示。

借方	营业外收入	贷方
期末转入"本年利润"账户的营业外收入	取得的各项营业外收入	
	期末结转后无余额	

图4-44 "营业外收入"账户结构

3) 营业外收入的账务处理

企业取得营业外收入时,根据实际发生额,借记"银行存款""固定资产清理"等账户,贷记"营业外收入"账户;期末,企业应将营业外收入的贷方余额结转到本年利润,借记"营业外收入"账户,贷记"本年利润"账户。

【例4-50】 2023年12月11日,新华公司收到大宇公司支付的违约金40 000元,款项存入银行。

该项经济业务的发生,使得公司的银行存款增加40 000元,应记入"银行存款"账户的借方;同时,使得公司的营业外收入增加40 000元,应记入"营业外收入"账户的贷方。编制的会计分录为:

借:银行存款　　　　　　　　　　　　　　　　　　　40 000
　　贷:营业外收入　　　　　　　　　　　　　　　　　　40 000

2. 营业外支出

1) 营业外支出的含义

营业外支出是指企业发生的与其日常活动无直接关系的各项损失,主要包括非流动资产毁损报废损失、捐赠支出、盘亏损失、非常损失、罚款支出等。

非流动资产毁损报废损失是指因自然灾害等发生毁损、已丧失使用功能而报废非流动资产所产生的清理损失。

捐赠支出是指企业对外捐赠发生的支出。

盘亏损失是指对于财产清查盘点中盘亏的资产,查明原因并报经批准计入营业外支出的损失。

非常损失是指企业对于因客观因素(如自然灾害等)造成的损失,扣除保险公司赔偿后应计入营业外支出的净损失。

罚款支出是指企业支付的行政罚款、税务罚款,以及其他因违反法律法规、合同协议等而支付的罚款、违约金、赔偿金等支出。

2) 核算营业外支出应设置的主要账户

企业一般设置"营业外支出"账户对非日常活动中发生的损失进行核算。"营业外支出"账户属于损益类账户,用来核算企业发生的营业利润以外的支出。该账户应按营业外支出项目设置明细账,进行明细分类核算。其账户结构如图 4-45 所示。

借方	营业外支出	贷方
发生的各项营业外支出		期末转入"本年利润"账户的营业外支出
期末结转后无余额		

图 4-45　"营业外支出"账户结构

3) 营业外支出的账务处理

企业发生营业外支出时,应根据发生额,借记"营业外支出"账户,贷记"银行存款""固定资产清理"等账户;期末,企业应将营业外支出的借方余额结转到本年利润,借记"本年利润"账户,贷记"营业外支出"账户。

【例 4-51】 2023 年 12 月 15 日,新华公司开出转账支票 30 000 元向希望小学进行捐赠。

捐赠支出属于营业外支出。该项经济业务的发生,使得公司的营业外支出增加 30 000 元,应记入"营业外支出"账户的借方;同时,使得公司的银行存款减少 30 000 元,应记入"银行存款"账户的贷方。编制的会计分录为:

借:营业外支出　　　　　　　　　　　　　　　　　　30 000
　　贷:银行存款　　　　　　　　　　　　　　　　　　　30 000

需要注意的是,营业外收支与企业正常生产经营活动没有直接关系,两者之间不存在配比关系,不得以营业外支出直接冲减营业外收入,也不得以营业外收入冲减营业外支出。在会计核算过程中,一般按照营业外收支具体项目发生的时间,按其实际数额在当期作为利润的加项或减项分别予以确认和计量。

(四) 所得税费用的核算

1. 应交所得税

应交所得税是指按照税法规定计算确定的针对当期发生的交易或事项,应交给税务部门的所得税金额,即当期应交所得税。其计算公式如下:

应交所得税＝应纳税所得额×所得税税率

应纳税所得额＝利润总额＋纳税调整增加额－纳税调整减少额

【提示】
　　计算应交所得税的基础是应纳税所得额,而不是会计利润。会计利润是企业根据企业会计准则、会计制度等确认的收入与费用进行配比计算得出的税前会计利润,而应纳税所得额是根据税收法律、法规规定的收入和准予扣除的费用计算得出的企业应税所得。

2. 所得税费用

所得税费用是指企业按规定从本期损益中扣除的所得税费用。计算本期所得税费用的基础往往是企业根据会计准则、会计制度等确认的收入与费用进行配比计算得出的税前会计利润。

由于会计的目标是向会计信息使用者提供对其决策有用的信息，而税法的目的是确保税收收入的实现，两者目标的不同导致了收益确定上的差异，这一差异就是纳税调整项目。由于纳税调整事项的核算比较复杂，为了简化核算，本教材中通常假设无纳税调整事项。

3. 核算所得税费用应设置的主要账户

为了核算所得税费用，会计上通常设置"所得税费用"账户。该账户属于损益类账户，用来核算企业根据相关规定计算确认的应从当期利润总额中扣除的所得税费用。该账户无需设置明细账，进行明细分类核算。其账户结构如图4-46所示。

借方	所得税费用	贷方
月末计算当期应承担的所得税费用		期末转入"本年利润"账户的所得税费用
期末结转后无余额		

图4-46 "所得税费用"账户结构

4. 所得税费用的账务处理

企业计算出本期的所得税费用后，应借记"所得税费用"账户，贷记"应交税费——应交所得税"账户；期末，将所得税费用账户的借方余额结转到本年利润，借记"本年利润"账户，贷记"所得税费用"账户。

（五）利润的计算与结转

1. 利润的计算

按照我国会计制度的要求，企业一般应当按月核算利润，按月核算有困难的，经批准也可以按季或按年核算利润。

【例4-52】 2023年12月31日，根据［例4-1］至［例4-51］中发生的经济业务，新华公司计算其12月份的营业利润、利润总额和净利润。假定公司的企业所得税税率为25%，无纳税调整事项。

根据［例4-1］至［例4-51］中列举的经济业务，汇总新华公司2023年12月的损益类账户的发生额，如图4-47所示。

借方	主营业务收入		贷方
	(38)	600 000	
	(39)	700 000	
	(40)	800 000	
	发生额合计 2 100 000		

借方	投资收益		贷方
	(49)	251 151	
	发生额合计 251 151		

借方	其他业务收入		贷方
	(43)	120 000	
	(45)	3 000	
	发生额合计 123 000		

借方	营业外收入		贷方
	(50)	40 000	
	发生额合计 40 000		

借方	主营业务成本		贷方
(41)	1 540 000		
发生额合计 1 540 000			

贷方	其他业务成本		借方
(44)	20 000		
(46)	2 500		
发生额合计 22 500			

借方	管理费用	贷方
(28)	2 400	
(29)	45 000	
(32)	4 500	
(33)	30 000	
发生额合计	81 900	

借方	销售费用	贷方
(28)	500	
(29)	15 000	
(32)	1 500	
(48)	6 000	
发生额合计	23 000	

借方	财务费用	贷方
(8)	1 000	
发生额合计	1 000	

借方	税金及附加	贷方
(47)	4 988	
发生额合计	4 988	

借方	营业外支出	贷方
(51)	30 000	
发生额合计	30 000	

图 4-47　本月损益类账户发生额合计

根据损益类账户本月发生额合计，新华公司2023年12月利润的计算如下：

(1) 营业利润＝营业收入－营业成本－税金及附加－销售费用－管理费用－财务费用＋投资收益＝(2 100 000＋123 000)－(1 540 000＋22 500)－4 988－23 000－81 900－1 000＋251 151＝800 763(元)

(2) 利润总额＝营业利润＋营业外收入－营业外支出＝800 763＋40 000－30 000＝810 763(元)

(3) 所得税费用＝应纳税所得额×所得税税率＝810 763×25％＝202 690.75(元)

　　净利润＝810 763－202 690.75＝608 072.25(元)

2. 利润的结转

1) 结转本年利润的方法

会计期末结转本年利润的方法有表结法和账结法两种。

(1) 表结法。表结法下，各损益类账户每月月末只需结计本月发生额和月末累计金额，不结转到"本年利润"账户，只有在年末时才将各损益类账户的全年累计余额结转到"本年利润"账户。但每月月末要将损益类账户的本月发生额合计数填入利润表的本月数栏，同时将本月月末累计余额填入利润表的本年累计数栏，通过利润表计算反映各期的利润(或亏损)。表结法下，年中损益类账户无需结转到"本年利润"账户，从而减少了转账环节和工作量，同时并不影响利润表的编制及有关损益指标的利用。

(2) 账结法。账结法下，每月月末均需编制转账凭证，将在账上结计出的各损益类账户的余额转入"本年利润"账户。结转后"本年利润"账户的月末余额反映从年初到本月月末累计实现的利润或发生的亏损。账结法在各月均可通过"本年利润"账户提供当月及本年累计的利润(或亏损)额，但增加了转账环节和工作量。

2) 核算结转本年利润时应设置的主要账户

企业应设置"本年利润"账户，核算本年度实现的净利润(或发生的净亏损)。"本年利润"账户属于所有者权益类账户，贷方登记期末从各收入类账户转入的各项收入和利得，借

基础会计

方登记期末从各项费用损失账户转入的各项费用和损失。借贷方相抵后,若为贷方余额,表示年初至本月月末止累计实现的净利润;若为借方余额,表示年初至本月月末止累计发生的净亏损。年度终了,将全年实现的净利润(或亏损)转入"利润分配"账户。年末结转后,该账户无余额。其账户结构如图4-48所示。

借方	本 年 利 润	贷方
期末转入的各项费用	期末转入的各项收入	
余额:累计发生的净亏损	余额:累计实现的净利润	
	年末结转后一般无余额	

图 4-48 "本年利润"账户结构

3)结转本年利润的账务处理

会计期末,企业应将"主营业务收入""其他业务收入""营业外收入""投资收益"等收入类账户转入"本年利润"账户的贷方,将"主营业务成本""其他业务成本""税金及附加""销售费用""管理费用""财务费用"等费用类账户转入"本年利润"账户的借方。结转后,"本年利润"账户如为贷方余额,表示当年实现的净利润;如为借方余额,表示当年发生的净亏损。

年度终了,企业还应将"本年利润"账户的本年累计余额转入"利润分配——未分配利润"账户。如结转前"本年利润"账户为贷方余额,借记"本年利润"账户,贷记"利润分配——未分配利润"账户;如为借方余额,作相反的会计分录。结转后,"本年利润"账户应无余额。

【例4-53】 承[例4-52],2023年12月31日,新华公司将本期实现的各项收入和发生的各项费用结转到"本年利润"账户。

结转收入和利得到"本年利润"账户,使得公司收益类账户的余额减少,应记入收益类账户的借方;同时,使得公司的利润增加,应记入"本年利润"账户的贷方。编制的会计分录为:

```
借:主营业务收入                    2 100 000
    其他业务收入                      123 000
    投资收益                          251 151
    营业外收入                         40 000
    贷:本年利润                                2 514 151
```

结转费用和损失到"本年利润"账户,使得公司费用类账户所记录的各项支出予以转销,应记入各费用类账户的贷方;同时,使得公司的利润减少,应记入"本年利润"账户的借方。编制的会计分录为:

```
借:本年利润                        1 703 388
    贷:主营业务成本                          1 540 000
        其他业务成本                             22 500
        税金及附加                                4 988
        销售费用                                23 000
        财务费用                                 1 000
        管理费用                                81 900
        营业外支出                              30 000
```

【例 4-54】 2023 年 12 月 31 日，新华公司计算本月的所得税费用为 202 690.75 元。

该项经济业务的发生，使得公司的所得税费用增加 202 690.75 元，应记入"所得税费用"账户的借方；同时，使得公司的应交税费增加 202 690.75 元，应记入"应交税费"账户的贷方。编制的会计分录为：

  借：所得税费用   202 690.75
    贷：应交税费——应交所得税   202 690.75

【例 4-55】 2023 年 12 月 31 日，新华公司期末结转所得税费用 202 690.75 元。

该项经济业务的发生，使得公司的所得税费用减少 202 690.75 元，应记入"所得税费用"账户的贷方；同时使公司的利润减少 202 690.75 元，应记入"本年利润"账户的借方。编制的会计分录为：

  借：本年利润   202 690.75
    贷：所得税费用   202 690.75

[例 4-53]至[例 4-55]中本年利润形成业务的账户对应关系如图 4-49 所示。

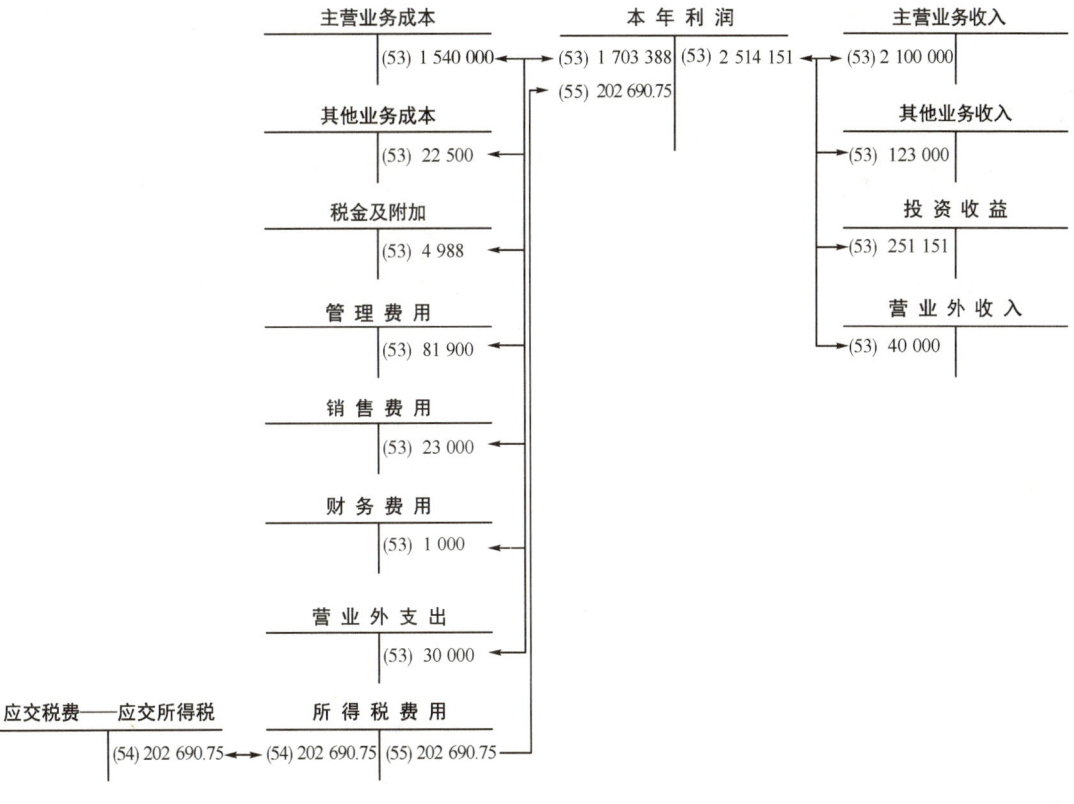

图 4-49 本年利润形成业务的账户对应关系

三、利润分配业务的核算

微课:利润分配业务的核算

利润分配是指企业根据国家有关规定和企业章程、投资者协议等,对企业当年可供分配利润指定其特定用途和分配给投资者的行为。利润分配的过程和结果不仅关系到每个股东的合法权益是否得到保障,还关系到企业的未来发展。因此,企业必须做好利润分配工作。

(一)利润分配的顺序

按照我国《公司法》等有关法规的规定,企业当年实现的净利润,一般应当按照下列顺序进行。

1. 弥补以前年度亏损

企业发生的亏损,可以用以后年度实现的税前利润进行弥补,但连续弥补期不得超过5年。超过5年的亏损用税后净利润弥补。企业当期实现的净利润,加上年初未分配利润(或减去年初未弥补亏损)和其他转入后的余额即为可供分配的利润。只有可供分配利润大于零时,企业才能进行后续分配。

2. 提取法定盈余公积

按照《公司法》的有关规定,公司应当按照当年净利润(抵减年初累计亏损后)的10%提取法定盈余公积,提取的法定盈余公积累计额超过注册资本50%以上的,可以不再提取。

3. 提取任意盈余公积

公司提取法定盈余公积后,经股东会或股东大会决议,还可以从净利润中提取任意盈余公积。

4. 向投资者分配利润(或股利)

企业可供分配的利润扣除提取的盈余公积后,形成可供投资者分配的利润,即:

$$可供投资者分配的利润 = 可供分配的利润 - 提取的盈余公积$$

企业可以采用现金股利、股票股利和财产股利等形式向投资者分配利润(或股利)。

(二)利润分配业务核算应设置的账户

(1)"利润分配"账户。"利润分配"账户属于所有者权益类账户,用来核算企业利润的分配(或亏损的弥补)和历年分配(或弥补亏损)后余额的账户。该账户应当设置"提取法定盈余公积""提取任意盈余公积""应付现金股利""转作股本的普通股""盈余公积补亏""未分配利润"等明细分类账,进行明细分类核算。其账户结构如图4-50所示。

借方	利润分配	贷方
① 年末从"本年利润"账户转入的全年净亏损额 ② 实际分配的利润额		① 年末从"本年利润"账户转入的全年净利润额 ② 用盈余公积补亏的数额及其他转入数
历年累计未弥补的亏损		历年累计未分配的利润

图 4-50 "利润分配"账户结构

(2)"盈余公积"账户。"盈余公积"账户属于所有者权益类账户,用来核算企业从净利润中提取的盈余公积。该账户应当设置"法定盈余公积""任意盈余公积"等明细分类账,进行明细分类核算。其账户结构如图4-51所示。

借方	盈余公积	贷方
实际使用的盈余公积	提取的盈余公积	
	结余的盈余公积	

图 4-51 "盈余公积"账户结构

（3）"应付股利"账户。"应付股利"账户属于负债类账户,用来核算企业分配的现金股利或利润。该账户按投资者设置明细账,进行明细分类核算。其账户结构如图 4-52 所示。

借方	应付股利	贷方
实际支付给投资者的股利或利润	应付给投资者的股利或利润	
	企业应付而未付的股利或利润数	

图 4-52 "应付股利"账户结构

（三）利润分配业务的账务处理

1. 净利润转入利润分配

会计期末,企业应将当年实现的净利润转入"利润分配——未分配利润"账户,借记"本年利润"账户,贷记"利润分配——未分配利润"账户;如为净亏损,则作相反分录。

结转前,如果"利润分配——未分配利润"明细账户的余额在借方,上述结转当年所实现净利润的分录同时反映了当年实现的净利润自动弥补以前年度亏损的情况。因此,在用当年实现的净利润弥补以前年度亏损时,不需另行编制会计分录。

"利润分配——未分配利润"明细账户余额表示历年累积的未分配利润或未弥补的亏损。在资产负债表日后,企业应根据批准的利润分配方案进行分配或弥补亏损。

【例 4-56】 2023 年 12 月 31 日,新华公司将本月实现的净利润 1 800 000 元结转到"利润分配"账户(假定新华公司 2023 年 1~11 月份累计实现净利润 1 191 927.75 元)。

该项经济业务的发生,使得公司本年利润减少 1 800 000 元,应记入"本年利润"账户的借方;同时,使得公司可供分配的利润增加 1 800 000 元,应记入"利润分配——未分配利润"账户的贷方。编制的会计分录为：

借：本年利润 1 800 000
　　贷：利润分配——未分配利润 1 800 000

2. 提取盈余公积

企业提取法定盈余公积时,借记"利润分配——提取法定盈余公积"账户,贷记"盈余公积——法定盈余公积"账户;企业提取任意盈余公积时,借记"利润分配——提取任意盈余公积"账户,贷记"盈余公积——任意盈余公积"账户。

【例 4-57】 2023 年 12 月 31 日,新华公司按当年实现的净利润 1 800 000 元的 10% 提取法定盈余公积。

该项经济业务的发生,使得公司实际分配的利润增加 180 000 元(1 800 000×10%),应记入"利润分配——提取法定盈余公积"账户的借方;同时,使得公司盈余公积增加 180 000 元,应记入"盈余公积"账户的贷方。编制的会计分录为：

借：利润分配——提取法定盈余公积　　　　　　　　　　　　　　180 000
　　贷：盈余公积——法定盈余公积　　　　　　　　　　　　　　　　180 000

【例 4-58】 2023 年 12 月 31 日，新华公司按当年实现的净利润 1 800 000 元的 5％ 提取任意盈余公积。

该项经济业务的发生，使得公司实际分配的利润增加 90 000 元（1 800 000×5％），应记入"利润分配——提取任意盈余公积"账户的借方；同时使公司盈余公积增加 90 000 元，应记入"盈余公积"账户的贷方。编制的会计分录为：

借：利润分配——提取任意盈余公积　　　　　　　　　　　　　　90 000
　　贷：盈余公积——任意盈余公积　　　　　　　　　　　　　　　　90 000

3. 向投资者分配利润或股利

企业根据股东大会或类似机构审议批准的利润分配方案，按应支付的现金股利或利润，借记"利润分配——应付现金股利"账户，贷记"应付股利"等账户。

【例 4-59】 2023 年 12 月 31 日，新华公司宣告分派现金股利 200 000 元。

该项经济业务的发生，使得公司实际分配的利润额增加 200 000 元，应记入"利润分配——应付现金股利"账户的借方；同时，使得公司应付股利增加 200 000 元，应记入"应付股利"账户的贷方。编制的会计分录为：

借：利润分配——应付现金股利　　　　　　　　　　　　　　　　200 000
　　贷：应付股利　　　　　　　　　　　　　　　　　　　　　　　　200 000

4. 盈余公积补亏

企业发生的亏损，除用当年实现的净利润弥补外，还可以使用累积的盈余公积弥补。以盈余公积弥补亏损时，借记"盈余公积"账户，贷记"利润分配——盈余公积补亏"账户。

【例 4-60】 2023 年 7 月 31 日，新华公司决定用盈余公积弥补以前年度的亏损 500 000 元。

该项经济业务的发生，使得公司盈余公积减少 500 000 元，应记入"盈余公积——法定盈余公积"账户的借方；同时，使得公司可供分配的利润增加 500 000 元，应记入"利润分配——盈余公积补亏"账户的贷方。编制的会计分录为：

借：盈余公积　　　　　　　　　　　　　　　　　　　　　　　　500 000
　　贷：利润分配——盈余公积补亏　　　　　　　　　　　　　　　　500 000

此外，还需在年末时将"利润分配——盈余公积补亏"账户的余额转入"利润分配——未分配利润"账户。编制的会计分录为：

借：利润分配——盈余公积补亏　　　　　　　　　　　　　　　　500 000
　　贷：利润分配——未分配利润　　　　　　　　　　　　　　　　　500 000

5. 企业未分配利润的形成

年度终了，企业应将"利润分配"账户所属其他明细账户的余额转入该账户所属"未分配利润"明细账户，即借记"利润分配——未分配利润""利润分配——盈余公积补亏"等账户，贷记"利润分配——提取法定盈余公积""利润分配——提取任意盈余公积""利润分配——

应付现金股利"等账户。

【例 4-61】 2023 年 12 月 31 日,新华公司将利润分配账户所属其他明细账户的余额结清,转入"利润分配——未分配利润"账户。

该项经济业务的发生,使得公司未分配利润减少 470 000 元(180 000＋90 000＋200 000),应记入"利润分配——未分配利润"账户的借方;同时,结转利润分配的各明细账户 470 000 元,应记入利润分配各对应明细账户的贷方。编制的会计分录为:

借:利润分配——未分配利润　　　　　　　　　　　　　　470 000
　　贷:利润分配——提取法定盈余公积　　　　　　　　　　180 000
　　　　　——提取任意盈余公积　　　　　　　　　　　　　 90 000
　　　　　——应付现金股利　　　　　　　　　　　　　　　200 000

[例 4-56]至[例 4-61]中利润分配业务的账户对应关系如图 4-53 所示。

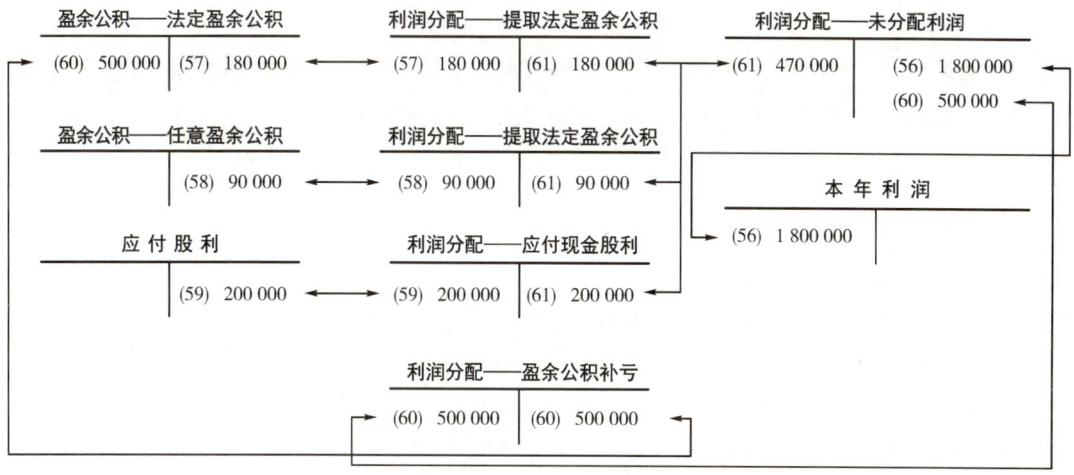

图 4-53　利润分配业务的账户对应关系

本章习题

一、单项选择题

1. 下列成本费用中,不应计入材料采购成本的是(　　)。
   A. 运杂费　　　　　　　　　　　　　B. 运输途中的合理损耗
   C. 入库前的挑选整理费用　　　　　　D. 采购人员工资

2. 一般纳税人企业的"在途物资"账户借方记录采购过程中发生的(　　)。
   A. 采购材料的实际成本　　　　　　　B. 采购人员的工资
   C. 采购材料的进项税额　　　　　　　D. 采购人员的差旅费

3. 月末对"制造费用"进行分配并转账,应转入(　　)账户。
   A. "生产成本"　　　　　　　　　　 B. "管理费用"

C. "主营业务成本"　　　　　　　　　D. "财务费用"
4. 企业在产品销售过程中所发生的费用是(　　)。
   A. 管理费用　　　　　　　　　　　B. 制造费用
   C. 销售费用　　　　　　　　　　　D. 财务费用
5. 企业结转全年利润时,借记"本年利润"账户,贷记(　　)账户。
   A. "利润分配——未分配利润"　　　B. "管理费用"
   C. "主营业务收入"　　　　　　　　D. "投资收益"
6. 某企业甲车间月初在产品成本为1 000元,本月耗用材料20 000元,生产工人工资及福利费4 000元,甲车间管理人员工资及福利费2 000元,甲车间水电费等费用2 000元,月末在产品成本为2 200元,厂部预付下半年报刊费600元(含本月)。甲车间本月完工产品生产成本总额为(　　)元。
   A. 28 100　　　B. 29 100　　　C. 26 800　　　D. 26 900
7. "主营业务成本"账户的借方登记从(　　)账户中结转的本期已售商品的生产成本。
   A. "生产成本"　　B. "库存商品"　　C. "管理费用"　　D. "原材料"
8. 已知某企业商品销售利润480万元,管理费用120万元,财务费用8万元,销售费用42万元,营业外收入12万元,则营业利润是(　　)万元。
   A. 310　　　　B. 350　　　　C. 322　　　　D. 298
9. 年度终了,"利润分配——未分配利润"的贷方余额表示(　　)。
   A. 已分配的利润额　　　　　　　　B. 历年累积未分配的利润
   C. 历年累积未弥补的亏损　　　　　D. 已实现的利润
10. 6月30日,"本年利润"账户有借方余额13万元,表示(　　)。
    A. 1～6月累计实现的利润为13万元　B. 1～6月累计发生的亏损为13万元
    C. 6月份实现的利润为13万元　　　D. 6月份发生的亏损为13万元
11. 车间管理部门使用的固定资产提取折旧费时,应借记(　　)账户,贷记"累计折旧"账户。
    A. "制造费用"　　B. "管理费用"　　C. "期间费用"　　D. "折旧费用"
12. 某企业本期主营业务收入5万元,其他业务收入2万元,主营业务成本3万元,其他业务成本1万元,销售费用、管理费用、营业外支出分别为0.3万元、0.2万元和0.1万元,该企业本期的营业利润为(　　)万元。
    A. 2.4　　　　B. 2.5　　　　C. 3　　　　D. 3.5
13. 某一般纳税人购入原材料一批,增值税专用发票注明买价为100 000元,增值税额为13 000元,另以银行存款支付运杂费20 000元,增值税额为1 800元,该批材料的入账价值为(　　)元。
    A. 120 000　　　B. 113 000　　　C. 144 800　　　D. 100 000
14. 下列收入中,不应作为其他业务收入核算的是(　　)。
    A. 产品销售收入　　　　　　　　　B. 材料销售收入
    C. 出租无形资产收入　　　　　　　D. 出租固定资产收入
15. 某企业8月份一车间生产A、B两种产品,本月一车间发生制造费用为24 000元,要求按照生产工人的工资比例分配制造费用。本月A产品生产工人工资为80 000元,B产品生产工人工资为 40 000 元。则 B 产品应负担的制造费用为（　　）元。
　　A. 16 000　　　　B. 8 000　　　　C. 12 000　　　　D. 24 000
16. 下列工资中，应计入产品生产成本的是（　　）。
　　A. 车间管理人员工资　　　　　　B. 厂部管理人员工资
　　C. 专设销售机构人员工资　　　　D. 专项工程人员工资
17. 与"制造费用"账户不可能发生对应关系的账户是（　　）账户。
　　A. "银行存款"　B. "原材料"　C. "应付职工薪酬"　D. "库存商品"
18. "固定资产"账户反映的是固定资产的（　　）。
　　A. 磨损价值　　B. 账面价值　　C. 原始价值　　D. 账面净值
19. 下列项目中，不应计入营业利润的是（　　）。
　　A. 管理费用　　　　　　　　　　B. 财务费用
　　C. 销售费用　　　　　　　　　　D. 营业外收支净额
20. "管理费用"账户期末（　　）。
　　A. 结转后无余额　　　　　　　　B. 有借方余额
　　C. 有贷方余额　　　　　　　　　D. 余额可能在借方也可能在贷方

二、多项选择题
1. "生产成本"账户的借方应登记（　　）。
　　A. 管理费用　　　　　　　　　　B. 直接人工费用
　　C. 分配计入的制造费用　　　　　D. 直接材料费用
2. 年末结账后，"利润分配"余额为零的明细账户包括（　　）。
　　A. 提取法定盈余公积　　　　　　B. 提取任意盈余公积
　　C. 应付现金股利　　　　　　　　D. 未分配利润
3. 下列项目中，不属于"销售费用"账户核算内容的有（　　）。
　　A. 广告费　　B. 产品展览费　　C. 业务招待费　　D. 厂部办公费
4. 某工业企业（一般纳税人）购入材料时，下列项目中，应计入材料采购成本的有（　　）。
　　A. 发票上的买价
　　B. 入库前的挑选整理费用
　　C. 增值税专用发票上注明的增值税额
　　D. 采购人员的差旅费
5. 下列支出中，应当在"营业外支出"账户中核算的有（　　）。
　　A. 固定资产盘亏　　　　　　　　B. 销售材料的成本
　　C. 非常损失　　　　　　　　　　D. 支付的包装物押金
6. 销售费用的内容包括（　　）。
　　A. 购买商品的运杂费　　　　　　B. 广告费
　　C. 销售网点人员工资　　　　　　D. 销售过程中的保险费
7. 下列关于"生产成本"账户的表述中，不正确的有（　　）。
　　A. "生产成本"账户期末肯定无余额
　　B. "生产成本"账户期末若有余额，肯定在借方
　　C. "生产成本"账户期末余额代表已完工产品的成本

D. "生产成本"账户期末余额代表本期发生的生产费用总额
8. 期间费用一般包括( )。
　　A. 财务费用　　　　　　　　　　　B. 制造费用
　　C. 管理费用　　　　　　　　　　　D. 销售费用
9. 构成产品制造成本的项目有( )。
　　A. 直接材料成本　　　　　　　　　B. 直接人工成本
　　C. 制造费用　　　　　　　　　　　D. 管理费用
10. 下列费用中,应计入管理费用的是( )。
　　A. 企业行政管理人员的工资及福利费
　　B. 业务招待费
　　C. 支付的房产税
　　D. 企业董事会费
11. 企业计提固定资产折旧,可借记( )科目。
　　A. "累计折旧"　　　　　　　　　　B. "生产成本"
　　C. "制造费用"　　　　　　　　　　D. "管理费用"
12. "财务费用"账户记录的内容有( )。
　　A. 预提短期借款利息　　　　　　　B. 财务部门人员的职工薪酬
　　C. 银行结算的手续费　　　　　　　D. 业务招待费
13. "税金及附加"账户可核算( )等税费。
　　A. 增值税　　　　　　　　　　　　B. 消费税
　　C. 教育费附加　　　　　　　　　　D. 城市维护建设税
14. 下列项目中,应记入"营业外收入"账户贷方的有( )。
　　A. 结转无法支付的应付账款　　　　B. 出售原材料的收入
　　C. 罚款收入　　　　　　　　　　　D. 租金收入
15. 期末,( )账户的余额能转入"本年利润"账户。
　　A. "资产减值损失"　　　　　　　　B. "财务费用"
　　C. "投资收益"　　　　　　　　　　D. "制造费用"

三、判断题

1. 构成产品制造成本的是直接材料和直接人工两个项目,制造费用等于管理费用,不构成产品成本。　　　　　　　　　　　　　　　　　　　　　　　　　　　　　(　)
2. 凡是由本期产品负担的费用,应按实际支付数全部计入本期成本。　　(　)
3. 财务成果是企业生产经营活动的最终成果,即利润或亏损。　　　　　(　)
4. "营业外收入"账户是用来核算企业发生的与企业生产经营无直接关系的各项收入的账户。　　　　　　　　　　　　　　　　　　　　　　　　　　　　　(　)
5. 车间管理人员的工资及福利费不属于直接人工费。　　　　　　　　　(　)
6. 期末,结转完工入库产品的生产成本以后,"生产成本"总账及所属明细分类账户应均无余额。　　　　　　　　　　　　　　　　　　　　　　　　　　　　(　)
7. "利润分配"账户属于所有者权益类账户,期末分配后应无余额。　　　(　)
8. 企业当期实现的利润总额乘以企业所得税税率即为当期的所得税费用。(　)

9. "累计折旧"是资产类账户,因此,当折旧增加时应记入"累计折旧"账户的借方。（   ）
10. "应收票据"账户核算的内容包括银行本票、银行承兑汇票和商业承兑汇票。（   ）
11. 企业用支票支付购货款时,应通过"应付票据"账户进行核算。（   ）
12. "本年利润"账户和"利润分配"账户在年终结账后均无余额。（   ）
13. 计提生产产品的机器设备的折旧应借记"生产成本"账户。（   ）
14. 职工预借差旅费应借记"管理费用"账户。（   ）
15. 计提短期借款利息,应贷记"预付账款"账户。（   ）

四、业务题

1. 大地公司为增值税一般纳税人,某年9月发生下列经济业务：

(1) 接受大新公司投入的原材料一批,收到的增值税专用发票注明价款为200 000元,增值税额为26 000元。假定合同约定的价值与公允价值相符,原材料已验收入库。

(2) 向银行借入一笔生产经营用借款100 000元,期限为9个月,年利率为6%,款项已收存银行。

(3) 向银行借入资金800 000元,期限为3年,年利率为9%,分期付息到期还本,款项已收存银行。

(4) 以银行存款支付本季度短期借款利息1 500元,本季度前两个月已预提短期借款利息1 000元。

(5) 计提本月应负担的长期借款利息6 000元。

(6) 月末,以银行存款偿还短期借款本金100 000元。

(7) 收到大宇公司投入的商标权一项,收到的增值税专用发票上注明价款为500 000元,增值税额为30 000元。假定合同约定的价值与公允价值相符。

(8) 经决定,以资本公积30 000元转作资本金。

(9) 接受某外商投入的小汽车一辆,增值税专用发票上注明价款为200 000元,增值税额为26 000元。

(10) 收到大地公司投资350 000元,款项存入银行。

要求:根据上述资料编制会计分录。

2. 大生公司某年11月份发生下列经济业务：

(1) 购进不需安装的设备一台,增值税专用发票注明买价为80 000元,增值税额为10 400元;发生的运输费为400元,增值税额为36元,所有款项均以银行存款支付。

(2) 购入需要安装的一条生产线,增值税专用发票注明买价为200 000元,增值税额为26 000元;发生的运输费为4 000元,增值税额为360元,所有款项均以银行存款支付。

(3) 向大明公司购进甲材料2 000千克,单价为30元,合计60 000元,增值税额为7 800元;乙材料1 000千克,单价为20元,合计20 000元,增值税额为2 600元,全部款项均未支付。

(4) 以银行存款支付上述甲、乙材料的运费为6 000元,增值税额为540元。运费按材料的重量比例进行分配。

(5) 上述甲、乙材料运达企业,并验收入库。

(6) 从华生公司购入丙材料50千克,单价为120元,合计6 000元,增值税额为780元,企业开出并承兑3个月期的商业汇票一张,但材料尚未运达企业。

(7) 开出转账支票 100 000 元,预付华达公司丁材料款。

(8) 收到华达公司发来的丁材料,价款为 90 000 元,增值税额为 11 700 元,材料已验收入库。

(9) 开出转账支票补付华达公司的货款 1 700 元。

(10) 月末,收到丁材料 100 千克,发票账单未到,预计价款 9 000 元。

要求:根据上述资料编制会计分录。

3. 大生公司某年 11 月份发生下列经济业务:

(1) 本月生产领用材料情况如表 4-4 所示。

表 4-4　　　　　　　　　　　　材料耗用汇总表

单位:元

用途	甲材料	乙材料	合计
生产 A 产品领用	32 000	45 000	77 000
生产 B 产品领用	68 000	38 000	106 000
车间一般耗用	2 000	500	2 500
厂部行政管理部门耗用	8 000	500	8 500
合计	110 000	84 000	194 000

(2) 计算分配本月应付工资 100 000 元。其中,生产 A 产品工人工资 50 000 元,生产 B 产品生产工人工资 30 000 元,车间管理人员工资 8 000 元,厂部管理人员工资 12 000 元。

(3) 用银行存款支付本月水电费 5 000 元,增值税额为 650 元。其中车间耗用 4 200 元,厂部耗用 800 元。

(4) 按规定标准计提本月固定资产折旧费 4 800 元,其中,生产车间固定资产折旧费为 3 800 元,厂部固定资产折旧费 1 000 元。

(5) 采购员王永民预借差旅费 5 000 元,以现金支付。

(6) 采购员王永民报销差旅费 3 800 元,退回多余的借款 1 200 元。

(7) 厂部管理部门购买办公用品 800 元,以现金支付。

(8) 根据生产工人工资比例,分配本月发生的制造费用。

(9) 本月投产的 A 产品 100 件,全部完工,结转完工 A 产品成本。

要求:根据上述资料编制会计分录。

4. 大生公司某年 11 月份发生下列经济业务:

(1) 向广发公司销售 A 产品 300 件,每件售价为 100 元,合计 30 000 元,增值税额为 3 900 元,款项尚未收到。

(2) 向海天公司经营租出设备一台,预收海天公司设备租金 80 000 元,款项存入银行。

(3) 向东兴公司销售 B 产品 500 件,每件售价为 80 元,合计 40 000 元,增值税额为 5 200 元,收到东兴公司开出的一张面值为 45 200 元、3 个月期限的商业汇票。

(4) 收到广发公司前欠的货款 33 900 元,款项存入银行。

(5) 向大同公司销售甲材料 100 千克,价款为 3 000 元,增值税额为 390 元,款项已收存银行。

(6) 以银行存款支付销售产品的广告宣传费 20 000 元,增值税额为 1 200 元。

(7) 月末,收到海天公司补付的租金为 10 400 元,向海天公司开出的增值税专用发票上注明价款为 80 000 元,增值税额为 10 400 元。

(8) 计提本月出租固定资产的折旧费为 30 000 元。

(9) 结转本月已销的甲材料成本 2 500 元。

(10) 结转本月已销的 A 产品、B 产品的成本,A 产品的单位成本为 70 元,B 产品的单位成本为 55 元。

(11) 按规定计算本月应负担的城市维护建设税为 800 元,教育费附加为 480 元。

要求:根据上述资料编制会计分录。

5. 大生公司某年 12 月份发生下列经济业务:

(1) 月末将本月实现的收入和发生的费用结转到"本年利润"账户。该企业有关账户 12 月份的期末余额如表 4-5 所示。

表 4-5　　　　　　　　大生公司 12 月份总账账户期末余额表

单位:元

账户名称	借方余额	贷方余额
主营业务收入		1 200 000
营业外收入		25 000
主营业务成本	830 000	
销售费用	20 000	
税金及附加	120 000	
管理费用	23 000	
财务费用	12 000	
营业外支出	5 000	
合计	1 010 000	1 225 000

(2) 按利润总额的 25% 计算并结转本月所得税费用(假定无纳税调整事项)。

(3) 结转当年实现的净利润(其中,1~11 月份累计实现净利润 378 750 元)。

(4) 按当年实现的净利润的 10% 计提法定盈余公积。

(5) 按当年实现的净利润的 5% 计提任意盈余公积。

(6) 按当年实现的净利润的 30% 向投资者分配利润。

要求:根据上述资料编制会计分录。

第五章 会计凭证

学习目标

1. 了解会计凭证的概念和作用
2. 熟悉原始凭证与记账凭证的种类和基本内容
3. 掌握原始凭证、记账凭证的填制和审核
4. 了解会计凭证的传递,熟悉会计凭证的保管

重点与难点

1. 原始凭证的填制和审核
2. 记账凭证的填制和审核

知识框架结构

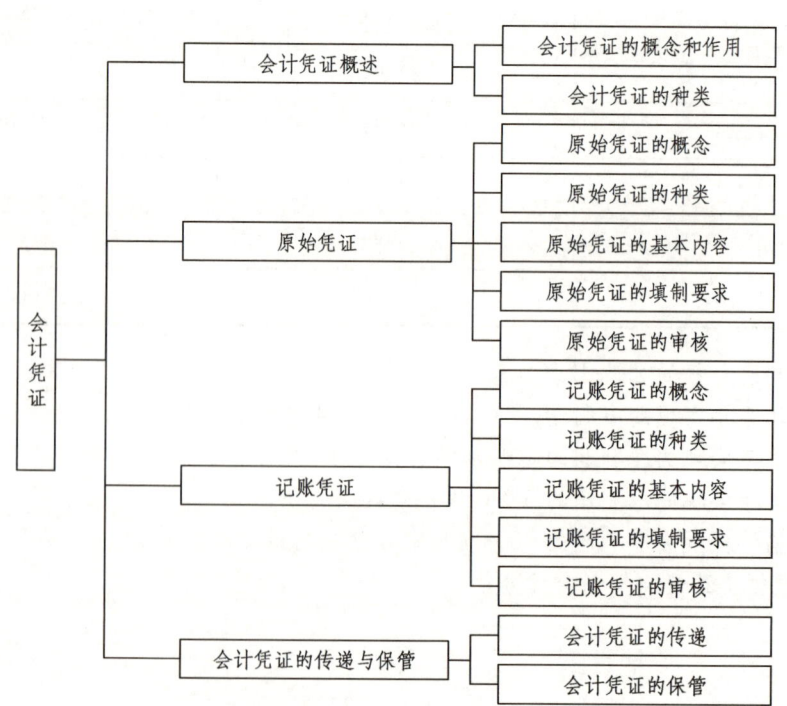

案例导入

广西破获特大虚开增值税发票案

2017年12月,广西破获特大虚开增值税发票案,涉及全国30个省份、16 000多家企业,捣毁制售发票犯罪团伙10个,初步估计涉案金额超过260亿元,经查实,仅在广西的涉案金额就达78.7亿元。

2017年6月,河池市宜州区国税局在税收日常检查过程中,发现宜州区部分企业所开出的增值税普通发票异常,有违法对外虚开发票的嫌疑。经国税部门查证,2017年4月1日到6月15日期间,宜州区22家企业涉嫌对外虚开增值税普通发票1 740份,价税合计金额约1.54亿元。由于案情重大,公安部将此案列为督办案件,地方各级公安和国税部门抽调专门力量成立专案组,采取多部门、多警种联合作战的模式,运用大数据开展案件侦破工作。

专案组在对河池市宜州区涉案企业的核查中有了发现,这22家企业都是外地人在当地注册的空壳公司。那么,注册这些空壳公司的都是些什么人,他们到底隐藏在哪儿呢?经过排查,专案组发现,在广西境内共有10个虚开增值税发票的团伙,团伙成员分别以广东饶平詹氏、邱氏、刘氏三个家族人员为主。这10个团伙长期盘踞在南宁市和崇左市,掌控国内3 254家空壳公司,疯狂向外虚开增值税发票。

专案组在掌握了犯罪团伙的组织架构、活动规律和犯罪证据之后,出动民警和税务稽查人员,在南宁市和崇左市同时展开收网行动,将10个虚开发票犯罪团伙全部捣毁。公安机关对这起案件实现了全网络全链条的打击。在行动中,警方捣毁虚开发票窝点18个,冻结涉案资金账户295个,涉案资金385万元,查扣小轿车10辆、电脑90台、手机200多部、网络拨号器195个以及作案用的身份证、银行卡等物品一大批,查扣增值税发票15万多份。

业务技能思考:

(1) 虚开发票会对国家、接受发票单位的经济利益造成怎样的损害?

(2) 财务人员在对发票等原始凭证审核中应该注意哪些问题?

[摘自"广西破获特大虚开增值税发票案,空壳公司虚开发票260亿元"

(搜狐网,2017-12-13),作者佚名]

第一节 会计凭证概述

一、会计凭证的概念和意义

会计凭证简称凭证,是记录经济业务的发生和完成情况,明确经济责任的书面证明,也是登记账簿的依据。填制和审核会计凭证,是会计核算的基本方法之一,也是会计核算和监督的基本环节。做好会计凭证的填制和审核,对于保证会计资料的真实性和完整性,有效地进行会计监督,明确经济责任等都具有非常重要的意义。

第一,提供记账依据。记账必须以经过审核无误的会计凭证为依据,没有会计凭证,就不能登记账簿。这就保证了会计记录的客观性、真实性和规范性,防止主观臆断和弄虚作假等行为。

第二,明确经济责任。任何一项经济业务都要由经办人员填制凭证并签字盖章,以便于划清职责,明确责任,也便于发现问题,查明责任,从而有利于加强和改善经营管理,推行经济责任制。

第三,监督、控制经济活动。通过会计凭证的审核,可以监督各项经济业务的合法性,检查经济业务是否符合国家的有关法律制度,是否符合企业目标和财务计划;检查经济业务有无违法乱纪、违反会计制度的现象,有无铺张浪费、贪污挪用等损害公共财产的行为发生;对经济管理中存在的问题和管理制度中存在的疏漏,可以及时发现并加以制止和纠正,以改善经营管理,提高经济效益。

二、会计凭证的种类

在日常会计核算中,由于不同会计主体发生经济业务或事项的性质不同,管理上的要求不同,所形成的会计凭证的种类也就会有所不同。为了正确使用会计凭证,充分发挥会计凭证的作用,必须按照一定的分类标准对其进行分类。通常情况下,会计凭证按其填制程序和用途不同,可以分为原始凭证和记账凭证两大类。而原始凭证和记账凭证,又可以根据不同的标准划分为若干种类,其具体分类如图 5-1 所示。

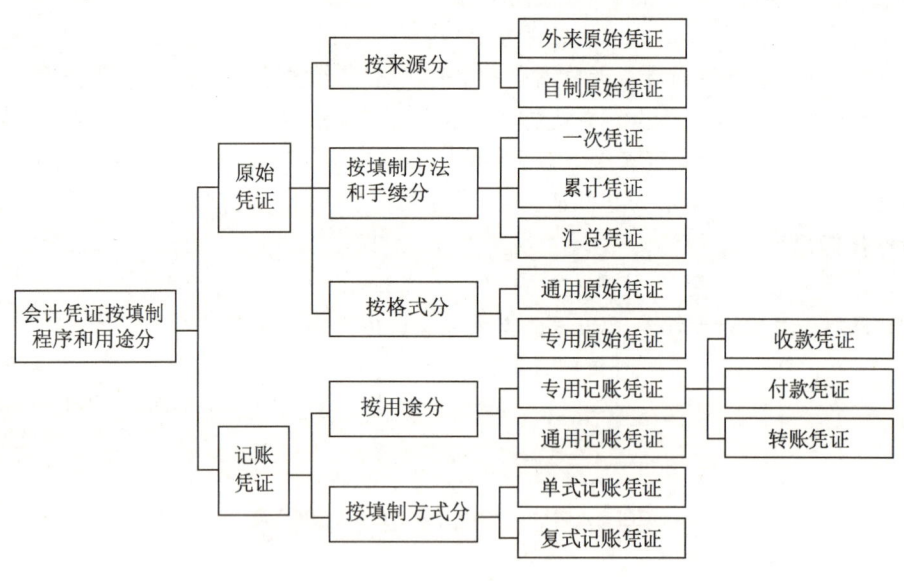

图 5-1 会计凭证分类

第二节 原 始 凭 证

一、原始凭证的概念

原始凭证又称单据,是在经济业务发生或完成时取得或填制的,用来记录经济业务的发生或完成情况的书面证明,包括纸质会计凭证和电子会计凭证的两种形式,如商品发货单、收料单、领料单、发票、收据、银行结算凭证等,都属于原始凭证。一切经济业务的发生都应由经办部门或经办人员向会计部门提供能够证明该项经济业务已经发生或完成情况的书面单据,以明确经济责任,并作为编制记账凭证的原始依据。

【提示】
只有能够证明某项经济业务已经发生或完成情况的书面单据才能作为原始凭证;不能证明经济业务已经发生和完成情况的书面文件,就不能作为原始凭证,也就不能作为进行会计核算的依据。如融资协议、用工计划表、派工单、购货合同、材料请购单、银行对账单等,都不属于原始凭证,不能据以编制记账凭证。

二、原始凭证的种类

原始凭证可以按其来源、填制方法和格式进行分类。

(一) 原始凭证按其来源不同,可以分为外来原始凭证和自制原始凭证

1. 外来原始凭证

外来原始凭证是在经济业务发生或完成时,从其他单位或个人处直接取得的凭证。如购买原材料从供货单位或个人处取得的增值税发票、从银行取得的进账单、从外单位取得的现金支票等,其格式分别如图 5-2、图 5-3、图 5-4 所示。

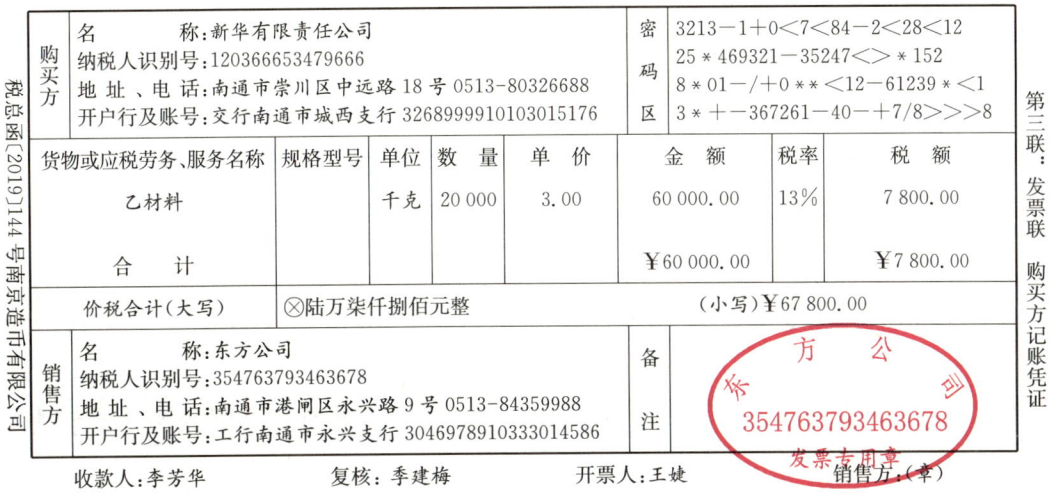

图 5-2 江苏省增值税专用发票

交通银行 进账单(回单)　　1

2023 年 02 月 10 日

出票人	全称	北京泰禾股份有限公司	收款人	全称	北京丽人贸易有限公司
	账号	140207609048708091012		账号	140200010019200123779
	开户银行	交通银行北京东城支行		开户银行	交通银行北京东城支行

金额　人民币（大写）　叁仟捌佰元整　　￥3 8 0 0 0 0

| 票据种类 | 转账支票 | 票据张数 | 1 |
| 票据号码 | 23909018 | | |

复核　　记账　　开户银行签章

图 5-3　银行进账单

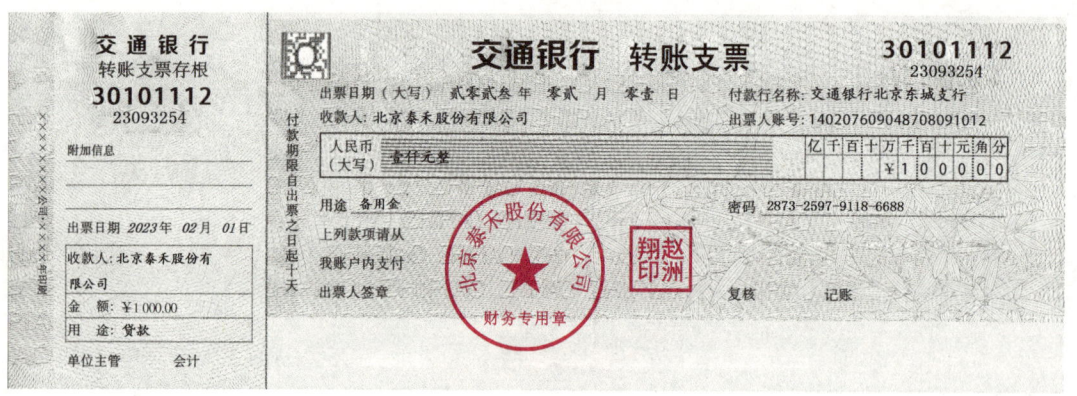

图 5-4　转账支票

此外，从物流公司取得的购销货物的运费单据，通过媒体发布广告收到的广告费收据以及从开户银行转来的收款通知、付款通知及其他结算凭证等都属于外来原始凭证。

2. 自制原始凭证

自制原始凭证是指本单位有关部门和人员，在执行或完成某项经济业务时填制的、仅供本单位内部使用的原始凭证。如仓库保管员验收材料时填制的"收料单"、生产部门领用材料时填制的"领料单"、单位职工出差回来填制的"差旅费报销单"等。收料单、领料单和差旅费报销单的格式和内容分别如表 5-1、表 5-2、表 5-3 所示。

此外，月末由财务部门编制的材料发出汇总表、工资结算汇总表、制造费用分配表、累计折旧计算表、产品成本计算单等都属于自制原始凭证。

需要注意的是，原始凭证是自制的还是外来的，要根据其来源进行分析。例如，企业从外单位取得的现金支票，属于外来原始凭证；签发的现金支票属于自制原始凭证；企业从外单位取得的增值税专用发票，属于外来原始凭证；本单位开具的增值税专用发票属于自制原始凭证。

表 5-1 　　　　　　　　　　　　　　　　领　料　单

领料部门：第一车间　　　　　　　　　　　　　　　　　　　　　　　发料编号：03
用　　途：甲产品　　　　　　　2023 年 09 月 02 日　　　　　　　发料仓库：五金仓库

材料编号	材料名称	规格	计量单位	数量 请领	数量 实发	单位成本	金额（元）	备注
2056	螺丝螺母	φ20×100	只	200	200	1.3	260.00	
合计							260.00	

发料人：苏　海　　　　　　　领料单位负责人：王　刚　　　　　　　领料人：张　良

表 5-2 　　　　　　　　　　　　　　　　收　料　单

材料科目：原材料　　　　　　　　　　　　　　　　　　　　　　　　编　　号：11007
材料类别：（略）　　　　　　　　　　　　　　　　　　　　　　　　收料仓库：原料库
供应单位：宏达公司　　　　　　2023 年 09 月 05 日　　　　　　　发票号码：（略）

材料编号	材料名称	规格	计量单位	数量 应收	数量 实收	实际价格 单价	实际价格 发票金额	实际价格 运杂费	实际价格 合计
（略）	合金圆钢	（略）	吨	30	30	6 000	180 000	8 400	188 400
（略）	合金钢管	（略）	吨	20	20	8 000	160 000	5 600	165 600
合计							340 000	14 000	354 000

采购员：龚　强　　　　检验员：苏　南　　　　记账员：仲　夏　　　　保管员：苏　海

表 5-3 　　　　　　　　　　　　　　　差旅费报销单

　　　　　　　　　　　　　　　2023 年 09 月 10 日　　　　　　　单据及附件共 3 张

所属部门				销售部门	姓名	张刚	出差事由	销售商品	
出发		到达		起止地点	交通费	住宿费	伙食费	其他	
月	日	月	日						
05	06	05	06	北京—南京	443.50	580.00	200.00		
05	08	05	08	南京—北京	443.50				
					现金付讫				
合计		大写金额		人民币壹仟陆佰陆拾柒元整	￥1 667.00	预支金额		退回金额	
								补付金额	￥1 667.00

总经理：陈　平　　　财务经理：陈　浩　　　出纳：江　齐　　　部门经理：王　靓　　　报销人：张　刚

（二）原始凭证按其填制方法不同，可以分为一次凭证、累计凭证和汇总凭证

一次凭证是指一次填制完成的凭证。其主要特点是填制手续一次完成。一般外来原始凭证和大多数自制原始凭证都属于一次凭证，如收料单、领料单等。

累计凭证是指在一定时期内多次记录发生的同类型经济业务且多次有效的原始凭证。其主要特点是在一张凭证内可以连续登记相同性质的经济业务，随时结出累计数及结余数，并按照费用限额进行费用控制，期末按实际发生额记账，如限额领料单。该单标明了某种材料在规定期限内的领用额度，用料单位每次领料，都要由经办人员在限额领料单上逐笔记录、签单，并结出限额结余。使用这种凭证，既可以做到对领用材料的事前控制，又可减少凭证填制的手续。其格式如表 5-4 所示。

表 5-4　　　　　　　　　　　　限额领料单

领料部门：第一车间　　　　　　　　　　　　　　　　　　　　　　编　　号：03
用　　途：甲产品　　　　　　2023 年 09 月 01 日　　　　　　发料仓库：五金仓

材料编号	材料名称规格	计量单位	计划投产量	单位消耗定额	领用限额	实发 数量	实发 单价	实发 金额
2056	φ20×100			1 000	980		1.30	1 274.00

日期	领用 数量	领用 领料人	领用 发料人	退料 数量	退料 领料人	退料 收料人	限额结余数量
3	240	（略）	（略）	0	（略）	（略）	760
8	260	（略）	（略）	0	（略）	（略）	500
15	230	（略）	（略）	0	（略）	（略）	270
20	250	（略）	（略）	0	（略）	（略）	20
合计	980			0			20

生产计划部门负责人：周　艳　　供应部门负责人：陆　东　　仓库保管员：苏　海

汇总凭证又称原始凭证汇总表，是指将一定时期内反映经济业务内容相同的若干张原始凭证，按照一定标准综合填制的原始凭证，如工资结算汇总表、发料凭证汇总表、差旅费报销单等。汇总原始凭证合并了同类经济业务，简化了记账工作量。发料凭证汇总表的格式如表 5-5 所示。

表 5-5　　　　　　　　　　　　发料凭证汇总表

2023 年 09 月 20 日

应借科目	应贷科目	原材料	周转材料	合计
生产成本	A 产品	210 000	35 000	245 000
生产成本	B 产品	370 000	41 000	411 000
制造费用	一车间	22 000		22 000
制造费用	二车间	14 000		14 000
管理费用	行政部门	14 000	3 500	17 500
合计		630 000	79 500	709 500

会计主管：张　博　　　　复核：黄　浩　　　　制表：王　波

(三)原始凭证按凭证格式、使用范围不同,可以分为通用凭证和专用凭证

通用凭证是指由有关部门统一印制、在一定范围内使用的具有统一格式和使用方法的原始凭证,如由中国人民银行统一制定的信汇结算凭证、由税务部门统一印制的发票等。

专用凭证是指由单位自行印制,仅在本单位内部使用的原始凭证,如差旅费报销单、领料单、折旧计算表等。

三、原始凭证的基本内容

企业的经济业务是多种多样的,反映其具体内容的原始凭证也是多种多样的,但是,无论哪一种原始凭证,都应说明有关经济业务的执行和完成情况,明确有关单位、部门及人员的经济责任。也就是说,各种原始凭证都必须具备一些相同的内容,这些内容称为原始凭证的基本要素。按照我国《会计基础工作规范》的规定,原始凭证必须具备以下基本内容:①凭证的名称;②填制凭证的日期;③填制凭证单位名称或者填制人姓名;④经办人员的签名或者盖章;⑤接受凭证单位名称;⑥经济业务内容;⑦数量、单价和金额。

四、原始凭证的填制要求

原始凭证的种类不同,其填制要求也不尽相同,但就原始凭证反映的经济业务和应明确的经济责任而言,原始凭证填制的一般要求是相同的。为了确保会计核算资料的真实、正确和及时反映,原始凭证的填制必须符合下列基本要求:

微课:现金支票的填制

(1)记录要真实。原始凭证上所填列的经济业务内容和数字必须真实可靠,即符合国家有关政策、法令、法规和制度的要求,符合有关经济业务的实际情况,不得弄虚作假,更不得伪造凭证。

(2)内容要完整。原始凭证所要求的填写项目必须逐项填写齐全,不得遗漏和省略;必须符合手续完备的要求,经办业务的有关部门和人员要认真审核,签名盖章。

(3)手续要完备。从外单位取得的原始凭证,必须盖有填制单位的公章或者财务专用章;对外开出的原始凭证,必须加盖本单位的公章或者财务专用章;对外开出或从外单位取得的电子形式的原始凭证必须附有符合《电子签名法》的电子签名;从个人取得的原始凭证,必须有填制人员的签名或者盖章。

(4)书写要清楚、规范。原始凭证要按规定填写,文字要简洁,字迹要清楚,易于辨认,不得使用未经国务院公布的简化汉字。大小写金额必须相符且填写规范,小写金额用阿拉伯数字逐个书写,不得写连笔字,在阿拉伯数字金额前要填写人民币符号"¥",人民币符号"¥"与阿拉伯数字之间不得留有空白。金额一律填写到角、分,无角、分的,写"00"或符号"—",有角无分的,分位写"0",不得用符号"—"代替;大写金额用汉字壹、贰、叁、肆、伍、陆、柒、捌、玖、拾、佰、仟、万、亿、元、角、分、零、整(正)等,一律用正楷或者行书字书写。大写金额数字前未印有"人民币(大写)"字样的,应加写"人民币(大写)"字样,人民币字样与大写金额数字之间不得留有空白。大写金额到元或角为止的,后面要写"整"或"正"字,大写金额数字到分的,其后不写"整"或"正"字。

(5)编号要连续。各种凭证都必须连续编号,以备查核。如果原始凭证已预先印好了编号,在写坏作废时,应加盖"作废"戳记,妥善保管,不得撕毁。一式多联的发票和收据,必须用双面复写纸套写,并连续编号。作废时,应加盖"作废"戳记,连同存根一起保存,不得撕毁。

(6)不得涂改、刮擦、挖补。原始凭证记载的各项内容均不得涂改、刮擦、挖补,否则即视为无效凭证。原始凭证有错误时,应当由出具单位重开或更正,并在更正处加盖出具单位印章。原始凭证金额有错误的,应当由出具单位重开,不得在原始凭证上更正。

(7)填制要及时。各种原始凭证要及时填写,并按规定的程序及时送交会计机构、会计人员进行审核。

五、原始凭证的审核

原始凭证的审核主要包括以下几方面的内容。

(一)审核原始凭证的真实性

原始凭证作为会计信息的基本信息源,其真实性对会计信息的质量具有至关重要的影响。真实性的审核包括凭证日期是否真实、业务内容是否真实、数据是否真实等内容的审查。对于外来原始凭证,必须有填制单位公章或财务专用章和填制人员签章,其中,电子形式的外来原始凭证应当附有符合《电子签名法》的电子签名(章);对于自制原始凭证,必须有经办部门和经办人员的签名或盖章。此外,对于通用原始凭证,还应审核凭证本身的真实性,防止以假冒的原始凭证记账。

(二)审核原始凭证的合法性

思政:三个会计的故事

审核原始凭证所记录的经济业务是否违反国家法律、法规,是否符合规定的审核权限,是否履行了规定的凭证传递手续和审查程序,是否有贪污腐化等行为。

(三)审核原始凭证的合理性

审核原始凭证所记录的经济业务是否符合企业的生产经营活动的需要,是否符合有关的计划和预算等。

(四)审核原始凭证的完整性

审核原始凭证的各项基本要素是否齐全,是否有漏项情况,日期是否完整,数字是否清晰,文字是否工整,有关人员的签章是否齐全,凭证联次是否正确等。

(五)审核原始凭证的正确性

审核原始凭证的各项计算及其相关部分是否正确,包括:阿拉伯数字分开填写,不得连写;小写金额前要标明货币币种符号或货币名称缩写,中间不能留有空位,金额要标至"分",无"角""分"的,要以"0"补位;金额大写部分要正确,大写金额前要加货币名称,大写金额与小写金额要相符;凭证中有书写错误的,应采用正确的方法更正,不得涂改、刮擦、挖补等。

(六)审核原始凭证的及时性

原始凭证的及时性是保证会计信息是否具有及时性的基础。因此,在经济业务发生或完成时,应及时填制有关原始凭证,及时进行凭证的传递。审核时,应注意审查凭证的填制日期,尤其是银行汇票、银行本票等时效性较强的原始凭证,更应仔细验证其签发日期。

经审核的原始凭证应根据不同情况处理:

第一,对于完全符合要求的原始凭证,应及时据以编制记账凭证。

第二,对于真实、合法、合理但内容不够完整、填写有错误的原始凭证,应退回给有关经办人员,由其负责将有关凭证补充完整、更正错误或重开后,再办理正式会计手续。

第三,对于不真实、不合法的原始凭证,会计机构和会计人员有权不予以接受,并向单位负责人报告。

> **【提示】**
> 从外单位取得的原始凭证遗失时,应取得原签发单位盖有公章的证明,并注明原始凭证的号码、金额、内容等,由经办单位会计机构负责人、会计主管人员和单位负责人批准后,才能代作原始凭证。若确实无法取得证明的,如车票丢失,则应由当事人写明详细情况,由经办单位会计机构负责人、会计主管人员和单位负责人批准后,代作原始凭证。

第三节 记账凭证

一、记账凭证的概念

记账凭证又称记账凭单,是会计人员根据审核无误的原始凭证按照经济业务事项的内容加以归类、整理,并据以确定会计分录后所填制的会计凭证,是登记账簿的直接依据。记账凭证根据复式记账法的基本原理,确定了应借、应贷会计科目及其金额,将原始凭证中的信息转化为会计语言,是介于原始凭证与账簿之间的中间环节。

记账凭证的主要作用是确定会计分录,进行账簿登记。记账凭证是登记明细分类账户和总分类账户的依据,能反映经济业务的发生或完成情况,监督企业经济活动,明确相关人员的责任。

知识链接

记账凭证与原始凭证的区别主要表现在:

第一,填制人员不同。原始凭证应由经办人员填制,而记账凭证一律由本单位会计人员填制。

第二,填制依据不同。原始凭证根据已经发生或完成的经济业务填制,而记账凭证则根据审核后的原始凭证填制。

第三,填制方式不同。原始凭证仅用于记录、证明经济业务已经发生或完成情况,而记账凭证则依据会计科目对已经发生或完成的经济业务进行归类、整理而编制。

第四,发挥作用不同。原始凭证是记账凭证的附件,是填制记账凭证的依据,而记账凭证是登记账簿的直接依据。

二、记账凭证的种类

(一)记账凭证按用途不同,可分为专用记账凭证和通用记账凭证

专用记账凭证是指专门用来记录某一特定种类经济业务的记账凭证。按其所记录的经济业务是否与货币资金收付有关,可以分为收款凭证、付款凭证和转账凭证三种。

收款凭证是指专门用于记录库存现金和银行存款收款业务的记账凭证。它是根据有关库存现金和银行存款收入业务的原始凭证编制的。收款凭证又可以分为库存现金收款凭证和银行存款收款凭证两种。收款凭证是登记库存现金日记账、银行存款日记账以及有关总

账和明细账等账簿的依据，也是出纳人员收讫款项的依据。其格式如表5-6所示。

表5-6　　　　　　　　　　　　收　款　凭　证

借方科目：银行存款　　　　　　2023年09月11日　　　　　　收字第26号

摘　要	贷方科目		√	金　额							
	总账科目	明细科目		百	十	万	千	百	十	元	角	分
收到明达公司投资	实收资本	明达公司	√		8	0	0	0	0	0	0
合　计				¥	8	0	0	0	0	0	0

附件2张

财务主管 张　博　　记账 王长江　　出纳 严冬梅　　复核 黄　浩　　制单 李明辉

付款凭证是指专门用于记录库存现金和银行存款付款业务的记账凭证。它是根据有关库存现金和银行存款支付业务的原始凭证填制的。付款凭证又可以分为库存现金付款凭证和银行存款付款凭证两种。付款凭证是登记库存现金日记账、银行存款日记账以及有关总账和明细账等账簿的依据，也是出纳人员支付款项的依据。其格式如表5-7所示。

表5-7　　　　　　　　　　　　付　款　凭　证

贷方科目：银行存款　　　　　　2023年09月12日　　　　　　付字第16号

摘　要	借方科目		√	金　额							
	总账科目	明细科目		百	十	万	千	百	十	元	角	分
偿还东方公司货款	应付账款	东方公司	√		1	5	0	0	0	0	0
合　计				¥	1	5	0	0	0	0	0

附件1张

财务主管 张　博　　记账 王长江　　出纳 严冬梅　　复核 黄　浩　　制单 李明辉

转账凭证是指专门用于记录不涉及库存现金和银行存款业务的记账凭证。它是根据不涉及库存现金和银行存款收付的有关转账业务的原始凭证填制的。转账凭证是登记有关总账和明细账等账簿的依据。其格式如表5-8所示。

表5-8

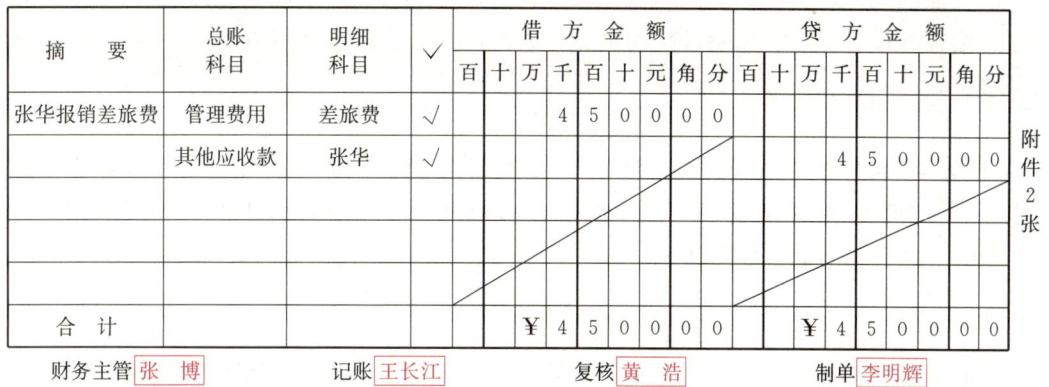

通用记账凭证是指用来反映所有经济业务的记账凭证,为各类经济业务所共同使用。此类记账凭证适用于业务比较单纯、业务量也较少的单位。其格式与转账凭证基本相同,如表5-9所示。

表5-9 记账凭证

2023年09月20日 　　　　记字第 89 号

摘要	总账科目	明细科目	√	借方金额								贷方金额								附件2张
				百	十	万	千	百	十	元	角 分	百	十	万	千	百	十	元	角 分	
张华报销差旅费	管理费用	差旅费	√				4	5	0	0	0 0									
		库存现金	√					5	0	0	0 0									
		其他应收款	张华	√												5	0	0	0 0	
合计				¥			5	0	0	0	0 0	¥			5	0	0	0	0 0	

财务主管 张博 　　记账 王长江 　　复核 黄浩 　　制单 李明辉

(二)记账凭证按填制方式不同,可分为复式记账凭证、单式记账凭证

复式记账凭证是指将每一笔经济业务事项所涉及的全部会计科目及其发生额均在同一张记账凭证中反映的一种凭证。它是实际工作中应用最普遍的记账凭证。上述收款凭证、付款凭证和转账凭证都是复式记账凭证。复式记账凭证全面反映了经济业务的账户对应关系,有利于检查会计分录的正确性,但不便于分工记账。

单式记账凭证是指每一张记账凭证只填列经济业务事项所涉及的一个会计科目及其金额的记账凭证。填列借方科目的称为借项凭证,填列贷方科目的称为贷项凭证。某项经济业务涉及几个会计科目,就编制几张单式凭证。单式记账凭证反映内容单一,便于分工记账和按会计科目汇总,但一张凭证不能反映一笔经济业务的全貌,不便于检验会计分录的正确性。

三、记账凭证的基本内容

记账凭证是登记账簿的依据,因其所反映经济业务的内容不同、各单位规模大小及其对会计核算繁简程度的要求不同,其内容有所差异,但必须具备以下基本内容:①填制凭证的日期;②凭证的编号;③经济业务摘要;④会计科目;⑤金额;⑥所附原始凭证张数;⑦填制凭证人员、稽核人员、记账人员、会计机构负责人(会计主管人员)签名或者盖章。

四、记账凭证的填制要求

记账凭证的填制正确与否,直接关系到账簿记录的真实性和正确性。会计人员填制记账凭证时要严格按照规定的格式和内容进行,除了必须做到记录真实、内容完整、填制及时、书写清楚外,还必须符合下列要求。

微课:记账凭证的填制

(一)基本要求

1. 以审核无误的原始凭证为依据填制记账凭证

填制记账凭证必须以审核无误的原始凭证为依据。记账凭证可以根据每一张原始凭证填制,或者根据若干张同类原始凭证汇总填制,也可以根据原始凭证汇总表填制。但不同内容和类别的原始凭证不能汇总填列在一张记账凭证上。

2. 正确填写记账凭证的日期

记账凭证的日期一般为编制记账凭证当天的日期。

3. 恰当填写"摘要"栏

摘要的填写应与原始凭证内容一致,能正确反映经济业务的主要内容,表达简洁精练,语句通顺;应能使阅读的人通过摘要就可以了解到该项经济业务的性质、特征,判断出会计分录的正确与否,不必再去翻阅原始凭证或者询问有关人员。

4. 正确确定会计分录

按现行会计制度的规定和借贷记账法的记账规则正确确定会计分录,不得任意变更会计科目的名称和核算内容。会计科目应填写全称,不得简写或只写编号而不写名称,应写明必要的明细科目。

5. 金额栏填写要规范

记账凭证的金额必须与原始凭证的金额相等;金额的登记方向、大小写数字必须正确,符合数字书写规定。在填写金额数字时,阿拉伯数字书写要规范,应平行对准借贷栏次和科目栏次,防止错栏串行;金额的数字要填写到分位,如果角、分位没有数字,则要在角、分位上写"00"字样,如"325.00";如果角位有数字,分位没有数字,则要在分位上写"0"字样,如"765.80";角、分位与元位的位置应在同一水平线上,不得上下错开。

每笔经济业务填入金额数字后,要在记账凭证的合计行填写合计金额;一笔经济业务因涉及会计科目较多时需在一张记账凭证上填写多行或填写多张记账凭证的,一般在每张记账凭证的合计行填写合计金额,并应在合计数前面填写货币符号"￥";不是合计数,则不填写货币符号。

6. 记账凭证必须连续编号,以便查考

记账凭证可以由主管该项业务的会计人员,按业务发生顺序并按不同种类的记账凭证采用"字号编号法"连续编号。如果一笔经济业务需要填制两张以上(含两张)记账凭证的,可以采用"分数编号法"编号。例如,第3笔经济业务需要填制三张记账凭证,则填制的记账凭证编号为$3\frac{1}{3}$、$3\frac{2}{3}$、$3\frac{3}{3}$。

7. 记账凭证应按行次逐项填写

记账凭证应按行次逐项填写，不得跳行或留有空行，对记账凭证中的空行，应从金额栏最后一笔金额数字下的空行处至合计数上一行的空行处划斜线或"S"形线注销，要注意斜线两端都不能划到金额数字的行次上。

8. 正确处理填错的记账凭证

如果在填制记账凭证时发生差错，应当重新填制。已经登记入账的记账凭证，当月结账后在当年内发现填写错误时，应当采用正确的更正方法进行更正。

9. 要注明所附原始凭证张数

除结账和更正错误，记账凭证必须附有原始凭证，并注明所附原始凭证的张数。记账凭证所附原始凭证张数的计算原则是：没有经过汇总的原始凭证按自然张数计算，有一张算一张；经过汇总的原始凭证，每一张汇总单或汇总表为一张。如报销差旅费的零散票单，可将它们粘贴在一张纸上，并填制"差旅费报销单"作为一张原始凭证。一张原始凭证如涉及几张记账凭证的，可以将该原始凭证附在一张主要的记账凭证后面，在其他记账凭证上注明该主要记账凭证的编号或者附上该原始凭证的复印件。

一张原始凭证所列的支出需要由两个以上的单位共同负担时，应当由保存该原始凭证的单位开给其他单位原始凭证分割单。原始凭证分割单必须具备原始凭证的基本内容，包括凭证的名称、填制凭证的日期、填制凭证单位的名称或填制人的姓名、经办人员的签名或盖章、接受凭证单位的名称、经济业务内容、数量、单价、金额和费用的分担情况等。

10. 相关人员要在记账凭证上签名或盖章

记账凭证填制完成后，需要由有关会计人员签名或盖章，以便加强凭证的管理，分清会计人员之间的经济责任，使会计工作岗位之间相互制约、互相监督。

(二) 具体要求

1. 收款凭证的填制要求

(1) 收款凭证左上角的"借方科目"栏按收款的性质填写"库存现金"或"银行存款"。

(2) 日期填写的是填制本凭证的日期。

(3) 右上角填写编制收款凭证的顺序号。

(4) "摘要"栏填写对所记录的经济业务的简要说明。

(5) "贷方科目"栏填写与收入现金或银行存款相对应的会计科目。

(6) "记账"栏是指该凭证已登记账簿的标记，用"√"表示已经记账（过账完毕），防止经济业务事项重记或漏记。

(7) "金额"栏是指该项经济业务事项的发生额。

(8) 该凭证右边的"附件张数"栏是指本记账凭证所附原始凭证的张数。

(9) 最下边分别由有关人员签章，以明确经济责任。

【例 5-1】 2023 年 9 月 11 日，新华公司接受明达公司投入货币资金 80 000 元，存入银行。编制收款凭证，如表 5-6 所示。

2. 付款凭证的填制要求

付款凭证的编制方法与收款凭证基本相同，只是左上角由"借方科目"换为"贷方科目"，凭证中间的"贷方科目"换为"借方科目"。

【例 5-2】 2023 年 9 月 12 日，新华公司开出转账支票一张，偿还前欠东方公司的货款

150 000 元。编制付款凭证,如表 5-7 所示。

> 【提示】
> 　　对于涉及"库存现金"和"银行存款"之间相互划转的经济业务,为避免重复记账,一般只编制付款凭证,不编制收款凭证。例如,将现金存入银行或从银行提取现金,为了避免重复记账,一般只编制库存现金付款凭证或银行存款付款凭证,不编制银行存款收款凭证或库存现金收款凭证。出纳人员在办理收款或付款业务后,应在原始凭证上加盖"收讫"或"付讫"的戳记,以免重收重付。

3. 转账凭证的填制要求

转账凭证将经济业务事项中所涉及的全部会计科目按照先借后贷的顺序记入"会计科目"栏中的"一级科目"和"明细科目",并将其金额按应借、应贷方向分别记入"借方金额"栏或"贷方金额"栏。"借方金额"栏合计数与"贷方金额"栏合计数应相等,其他项目的填列与收、付款凭证相同。

> 【提示】
> 　　对同一项经济业务既涉及库存现金或银行存款的收付业务,又涉及转账业务,在采用专用记账凭证记录时,应相应填制收、付款凭证和转账凭证。

【例 5-3】 2023 年 9 月 20 日,厂办张华出差归来报销差旅费 4 500 元,退回多余的现金 500 元。分别编制转账凭证和收款凭证,如表 5-8、表 5-10 所示。

表 5-10　　　　　　　　　　　　　收 款 凭 证

借方科目:库存现金　　　　2023 年 09 月 20 日　　　　收字第 36 号

摘　要	贷方科目		√	金　额							
	总账科目	明细科目		百	十	万	千	百	十	元	角	分
张华报销差旅费	其他应收款	张华	√				5	0	0	0	0
合　计				¥			5	0	0	0	0

附件见转 45 # 张

财务主管 张 博　　记账 王长江　　出纳 严冬梅　　复核 黄 浩　　制单 李明辉

五、记账凭证的审核

记账凭证是登记账簿的依据,为了保证账簿记录的正确性,在记账之前应由有关稽核人员对记账凭证进行严格的审核。记账凭证的审核内容主要包括以下几个方面:

(1) 内容是否真实。审核记账凭证是否附有原始凭证,记账凭证所记录的经济业务内容和金额是否与所附原始凭证的经济业务内容和金额相一致,记账凭证汇总表的内容与其所依据的记账凭证的内容是否一致等。

（2）科目是否正确。审核记账凭证中所填列的应借、应贷会计科目是否正确；账户的对应关系是否清晰，所使用的会计科目是否符合会计制度的规定等。

（3）金额是否准确。审核记账凭证所记录的金额与原始凭证的有关金额是否一致、计算是否准确，记账凭证汇总表的金额与记账凭证的金额合计是否相符等。

（4）项目是否齐全。审核记账凭证各项目的填写是否齐全，有关人员是否都已签章等。

（5）书写是否正确。审核记账凭证中的记录文字是否工整、数字是否清晰，是否按规定进行更正等。

在审核过程中，若发现记账凭证有错误，应查明原因，予以重填或根据具体情况按正确的方法进行更正。只有审核无误的记账凭证，才能据以登记账簿。

第四节　会计凭证的传递和保管

一、会计凭证的传递

（一）会计凭证传递的含义

会计凭证的传递是指从会计凭证的取得或填制时起至归档保管过程中，在单位内部有关部门和人员之间的传送程序。会计凭证的传递，应当满足内部控制制度的要求，使传递程序合理有效，同时尽量节约传递时间，减少传递工作量。各单位应根据具体情况制定每一种凭证的传递程序和方法。

会计凭证的传递一般包括传递程序和传递时间两个方面。企业的生产组织特点、经济业务的内容和要求不同，会计凭证传递也有所不同。例如，收料单的传递中应规定材料到达企业后多长时间内验收入库，收料单由谁填制，一式几联，各联次的用途是什么，何时传递到会计部门，会计部门由谁负责收料单的审核工作，由谁据以编制记账凭证、登记账簿、整理归档等。

会计凭证的传递是否科学严密、有效，对于加强企业内部管理、提高会计信息的质量具有重要影响。

（二）会计凭证传递的要求

会计凭证的传递要能够满足内部控制的要求，使传递程序合理有效，同时应尽量节约传递时间，减少传递的工作量。会计凭证的传递程序应当科学、合理，具体办法由各单位根据会计业务需要自行规定，一般应包括下列内容。

1. 会计凭证传递时间上的要求

根据各部门和有关人员在正常情况下的工作内容和工作量，合理确定会计凭证在各环节上停留的最长时间，做到不拖延和积压会计凭证，保证会计工作的正常进行。所有会计凭证的传递和处理都应在会计报告期内完成，不允许跨期。

2. 会计凭证传递衔接手续上的要求

根据有关部门和人员的业务及分工情况，按规定有效制定完备、严密、简便易行的衔接手续。凭证的收发、交接都应按一定的手续进行办理，避免凭证在不必要的环节停留，使有关部门和人员及时地了解情况，掌握资料并按规定手续进行工作。

3. 会计凭证传递程序上的要求

根据经济业务的特点、企业内部的机构设置和人员分工情况以及管理上的要求等,具体规定各种凭证的联数和传递程序,使有关部门既能按规定手续处理业务,又能利用凭证资料掌握情况、提供数据、协调一致;同时还要注意流程合理,避免不必要的环节,以便加快传递速度。

会计凭证的传递时间、衔接手续和传递程序明确后,可制成凭证流转图,制定凭证传递程序,规定凭证传递的路线、环节,在各环节上的时间,处理内容及交接手续,使凭证传递工作有条不紊,迅速有效地进行。

二、会计凭证的保管

会计凭证的保管是指会计凭证记账后的整理、装订、归档和存查工作。会计凭证作为记账的依据,是重要的会计档案和经济资料。本单位以及其他有关单位,可能因为各种需要查阅会计凭证,特别是在发生贪污、盗窃、违法乱纪行为时,会计凭证还是依法处理的有效证据。因此,任何单位在完成经济业务手续和记账后,必须将会计凭证按规定的立卷归档制度形成会计档案资料,妥善保管,防止丢失,不得任意销毁,以便日后随时查阅。

会计凭证的保管主要包括以下内容:

(1) 会计凭证应定期装订成册,防止散失。会计部门在依据会计凭证记账以后应定期(每天、每旬或每月)对各种会计凭证进行分类整理,将各种记账凭证按照编号顺序,连同所附的原始凭证一起加具封面和封底,装订成册,并在装订线上加贴封签,由装订人员在装订线封签处签名或盖章。

(2) 会计凭证封面应注明单位名称、凭证种类、凭证张数、起止号数、年度、月份、会计主管人员和装订人员等有关事项,会计主管人员和保管人员应在封面上签章。

(3) 会计凭证应加贴封条,防止抽换凭证。原始凭证不得外借,其他单位如有特殊原因确实需要使用时,经本单位会计机构负责人(会计主管人员)批准,可以复制。向外单位提供的原始凭证复制件,应在专设的登记簿上登记,并由提供人员和收取人员共同签名、盖章。

(4) 原始凭证较多时,可单独装订,但应在凭证封面注明所属记账凭证的日期、编号和种类,同时在所属的记账凭证上应注明"附件另订"及原始凭证的名称和编号,以便查阅。对各种重要的原始凭证,如押金收据、提货单等,以及各种需要随时查阅和退回的单据,应另编目录,单独保管,并在有关的记账凭证和原始凭证上分别注明日期和编号。

(5) 每年装订成册的会计凭证,在年度终了时可暂由单位会计机构保管 1 年,期满后应当移交本单位档案机构统一保管;未设立档案机构的,应当在会计机构内部指定专人保管。出纳人员不得兼管会计档案保管。

(6) 严格遵守会计凭证的保管期限要求,期满前不得任意销毁。

本章习题

一、单项选择题

1. 下列凭证中,属于原始凭证的是( )。
   A. 购货合同   B. 增值税专用发票   C. 生产计划   D. 银行对账单

2. 会计凭证按其（　　）不同,分为原始凭证和记账凭证。
   A. 填制人员和程序　　　　　　　　B. 填制程序和方法
   C. 填制格式和手续　　　　　　　　D. 填制程序和用途
3. 下列科目中,可能是收款凭证借方科目的是（　　）科目。
   A. "材料采购"　　B. "应收账款"　　C. "银行存款"　　D. "预付账款"
4. 发现金额有错误的原始凭证,正确的做法是（　　）。
   A. 由出具单位在原始凭证上更正
   B. 由出具单位在原始凭证上更正,并加盖出具单位印章
   C. 由出具单位重开
   D. 本单位代替出具单位进行更正
5. 下列原始凭证上的数字错误的是（　　）。
   A. ¥3 409.80,汉字大写金额为人民币叁仟肆佰零玖元捌角
   B. ¥3 005.14,汉字大写金额为人民币叁仟零伍元壹角肆分
   C. ¥1 580.32,汉字大写金额为人民币壹仟伍佰捌拾元零叁角贰分
   D. ¥8 500.00,汉字大写金额为人民币捌仟伍佰元整
6. 下列不属于原始凭证审核内容的是（　　）。
   A. 凭证是否有单位的公章和填制人员签章
   B. 凭证是否符合规定的审核程序
   C. 凭证是否符合有关计划和预算
   D. 会计科目使用是否正确
7. 填制记账凭证时,错误的做法是（　　）。
   A. 根据每一张原始凭证填制
   B. 根据若干张同类原始凭证汇总填制
   C. 将若干张不同内容和类别的原始凭证汇总填制在一张记账凭证上
   D. 根据原始凭证汇总表填制
8. 在采用专用记账凭证的企业中,从银行提取现金10 000元以备发放工资,应当填制
   （　　）。
   A. 银行存款付款凭证　　　　　　　　B. 库存现金收款凭证
   C. 银行存款付款凭证和库存现金收款凭证　　D. 转账凭证
9. 会计凭证记账后的整理、装订、归档和存查称为（　　）。
   A. 会计凭证的传递　　　　　　　　B. 会计凭证的保管
   C. 会计凭证的编制　　　　　　　　D. 会计凭证的销毁
10. 企业的一笔经济业务涉及会计科目较多,需填制多张记凭证的,应采用的编号方法是
    （　　）。
    A. 连续编号法　　B. 分数编号法　　C. 同一编号法　　D. 顺序编号法

二、多项选择题

1. 转账凭证属于（　　）。
   A. 记账凭证　　　　　　　　　　　B. 专用记账凭证
   C. 会计凭证　　　　　　　　　　　D. 复式记账凭证

2. 填制原始凭证时,符合书写要求的有( )。
   A. 阿拉伯金额数字前面应当填写货币币种符号
   B. 币种符号与阿拉伯金额之间不得留有空白
   C. 大写金额有分的,分字后面要写"整"或"正"字
   D. 汉字大写金额可以用简化字代替
3. 在原始凭证上书写阿拉伯数字,正确的有( )。
   A. 所有以元为单位的,一律填写到角、分
   B. 无角、分的,角位和分位可写"00"或者符号"—"
   C. 有角无分的,分位应当写"0"
   D. 有角无分的,分位也可以用符号"—"代替
4. 原始凭证应具备的基本内容有( )。
   A. 填制日期   B. 经济业务涉及的会计科目
   C. 经济业务的内容   D. 所附原始凭证的张数
5. 在收款凭证左上方的"借方科目"中可以填写的会计科目有( )科目。
   A."库存现金" B."主管业务收入" C."原材料" D."银行存款"
6. "限额领料单"这一凭证属于( )。
   A. 自制原始凭证   B. 外来原始凭证   C. 累计凭证   D. 记账凭证
7. 下列内容中,属于记账凭证审核内容的有( )。
   A. 经济业务是否符合国家有关政策的规定
   B. 凭证的金额与所附原始凭证的金额是否一致
   C. 经济业务是否符合会计主体经济活动的需要
   D. 会计科目是否正确
8. 企业购入材料一批,货款已支付,材料已验收入库,则应编制的全部会计凭证有( )。
   A. 收料单   B. 转账凭证   C. 收款凭证   D. 付款凭证
9. 按照规定,除( )的记账凭证可以不附原始凭证,其他记账凭证必须附有原始凭证。
   A. 提取现金   B. 结账
   C. 更正错账   D. 现金存入银行
10. 下列关于会计凭证保管的规定中,正确的有( )。
    A. 会计凭证应定期装订成册,防止散失
    B. 原始凭证不得外借,更不可以复制
    C. 会计凭证在其保管期限未满前不得任意销毁
    D. 会计凭证封面应注明凭证种类、凭证张数、起讫日期

三、判断题

1. 对于涉及库存现金和银行存款之间相互划转的经济业务,一般应编制转账凭证。( )
2. 填制会计凭证,可以正确、及时地反映各项经济业务的完成情况,为登记账簿提供可靠的依据。( )
3. 在证明经济业务发生,据以编制记账凭证的作用方面,自制原始凭证与外来原始凭证具有同等效力。( )
4. 限额领料单属于一次凭证。( )

5. 填制原始凭证,汉字大写金额数字一律用正楷或行书字书写,汉字大写金额数字到元位或角位为止的,后面必须写"正"或"整",分位后面不写"正"或"整"。（   ）
6. 发现从外单位取得的原始凭证遗失时,应取得原签发单位盖有公章的证明,并注明原始凭证的号码、金额、内容等,由经办单位会计机构负责人审核签章后,才能代作原始凭证。（   ）
7. 原始凭证金额有错误的,应当由出具单位重开。（   ）
8. 对于涉及库存现金和银行存款之间的收、付款业务,一般应编制转账凭证。（   ）
9. 转账凭证与收、付款凭证的相同点在于转账凭证左上角没有设置相关科目。（   ）
10. 在编制记账凭证时,可以只填会计科目编号,不填会计科目的名称以简化核算工作。（   ）
11. 所有的记账凭证都必须附有原始凭证,否则,不能作为记账的依据。（   ）
12. 记账凭证填制完经济业务事项后,如有空行,应当自金额栏最后一笔金额数字下的空行处至合计数上一行的空行处划线注销。（   ）
13. 某单位购入甲材料48 000元,货款以银行存款支付40 000元,其余8 000元暂欠,该笔业务应编一张转账凭证。（   ）
14. 填制记账凭证的人员不必对所附原始凭证进行审核。（   ）
15. 会计凭证的传递是指会计凭证从取得或填制时起至归档保管过程中,在单位内部有关会计部门和人员之间的传递程序。（   ）

四、业务题

大生有限责任公司为增值税一般纳税人,适用的增值税税率为13％,2023年5月发生的全部经济业务如下：

(1) 2日,向光明股份有限公司购入A材料100千克,货款为5 000元,增值税进项税额为650元,材料已验收入库,款项尚未支付。

(2) 2日,以银行存款解缴应交所得税4 000元。

(3) 3日,采购员赵鑫预借差旅费2 000元,以现金支付。

(4) 3日,从银行提取现金5 000元。

(5) 4日,以现金150元为公司购买办公用品。

(6) 4日,以现金600元支付职工困难补助费。

(7) 5日,向工商银行借入短期借款50 000元,存入银行。

(8) 5日,生产车间生产甲产品领用A材料45 000元,车间一般性消耗C材料1 000元。

(9) 8日,以银行存款支付前欠益民有限公司货款20 000元。

(10) 9日,售给嘉丰股份有限公司100件产品,每件售价为350元,增值税税率为13％,款项尚未收到。

(11) 10日,以银行存款购入不需要安装的设备一台,买价为30 000元,增值税进项税额为3 900元,当即交付生产车间使用。

(12) 12日,以银行存款支付公司电话费800元。

(13) 13日,售给上海电器股份有限公司300件产品,每件售价为350元,增值税税率为13％,款项收讫,存入银行。

(14) 14日,向银行提取现金40 000元,准备发放工资。

(15) 15日，以现金发放工资40 000元。

(16) 18日，采购员赵鑫出差回来，报销差旅费1 500元，交回现金500元。

(17) 20日，向益民股份有限公司购入A材料15 000元，增值税进项税额为1 950元，材料已验收入库，款项以银行存款支付。

(18) 20日，以银行存款5 650元支付所欠光明股份有限公司货款。

(19) 26日，售给海达股份有限公司产品100件，每件售价为350元，增值税税率为13%，款项尚未收到。

(20) 28日，收到嘉丰股份有限公司所欠款项39 550元，存入银行。

(21) 31日，计算并分配本月工资，其中，生产甲产品工人工资34 200元，车间管理人员工3 420元，公司管理人员工资7 980元。

(22) 31日，按规定计提本月固定资产折旧15 000元，其中，车间用固定资产折旧为12 000元，公司管理部门用固定资产折旧为3 000元。

(23) 31日，分配结转本月应付的电费，其中，车间生产用电费4 500元、照明用电费400元，公司管理部门照明用电费800元。

(24) 31日，以银行存款支付本月应负担银行短期借款利息1 000元。

(25) 31日，以库存现金支付本月应负担的车间生产设备保险费400元。

(26) 31日，归集本月制造费用，全部转入甲产品的生产成本。

(27) 31日，本月完工甲产品480件，实际成本为100 920元，予以结转。

(28) 31日，结转本月500件甲产品的销售成本105 170元。

(29) 31日，结转收入类、费用类账户余额至"本年利润"账户。

(30) 31日，按利润总额的25%，计算并结转应交所得税(假定无纳税调整事项)。

(31) 31日，按照税后利润的10%，提取法定盈余公积。

(32) 31日，经决定向投资者分配利润15 000元。

要求：根据以上经济业务分别填制收款凭证、付款凭证和转账凭证。

第六章　会计账簿

学习目标

1. 熟悉会计账簿的概念和种类
2. 熟悉会计账簿的内容、启用和记账规则
3. 熟悉会计账簿的格式与记账方法
4. 熟悉对账和结账的内容
5. 掌握错账更正方法
6. 熟悉会计账簿的更换与保管

重点与难点

1. 会计账簿的分类
2. 总账与明细账的平行登记
3. 错账的更正方法

知识框架结构

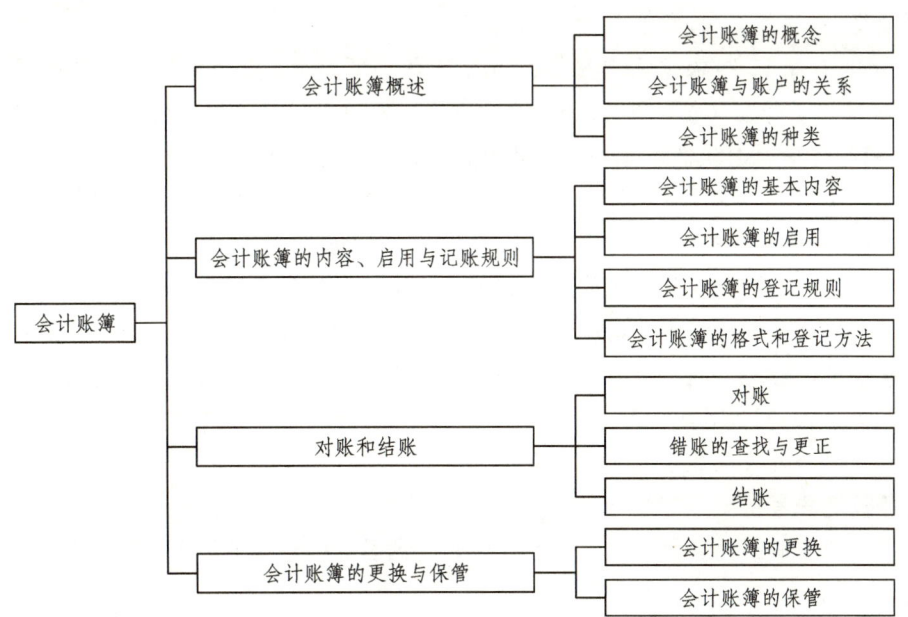

案例导入

前赴后继玩转"两套账"
金亚科技财务造假将迎顶格处罚与高额索赔

金亚科技股份有限公司(简称金亚科技),主要经营范围包括数字前端设备、数字电视机顶盒等数字电视设备。公司最大的股东是周旭辉,他顺应国家政策,将金亚科技于2009年在深圳交易所成功上市。作为国家28家首批创业板公司之一,自上市以来,金亚科技一直有着"28星宿之一"的美称。

2013年,金亚科技大幅亏损,扭亏成了次年公司的首要目标。时任董事长的周旭辉更是在2014年年初就定下来3 000万元的年利润目标。

然而,为外人所不知的是,与利润目标一起明确的还有公司的会计核算形式。在金亚科技的会计核算中,设置了006和003两个账套。003账套核算的数据用于内部管理,以真实发生的业务为依据进行记账;而006账套核算的数据则用于对外披露,伪造的财务数据都记录于006账套。

在2014年每个季末,金亚科技的时任财务负责人(2014年6月20日之前是张法德,之后变更为丁勇和)都会向周旭辉报送两个数据。其一是真实利润数据,其二就是按照年初确定的年度利润目标分解的季度利润数据。最后,周旭辉亲自确定当季度对外披露的利润数据,财务负责人再将这个数据告诉财务部工作人员,要求后者按照这个数据来做账。

通过虚增收入、成本,配套虚增存货、往来款和银行存款等方式,金亚科技把每个季度的利润数据分解到月,再相应地记入每个月的账中。据告知书统计,参与伪造财务数据的人员包括周旭辉、张法德、丁勇和等共计8人。

2015年4月1日,依据两套账中006账套的核算数据,金亚科技对外披露了公司的2014年年报。正是在这份年报中,该公司虚增了超过8 000万元的利润总额和2亿元的银行存款,同时还虚列逾3亿元的预付工程款。其财务造假情节令市场震惊。

证监会认定,金亚科技披露的2014年年度报告虚假记载的行为,构成信息披露违法违规,最后决定对金亚科技给予60万元顶格罚款并强制退市;对两名财务负责人给予警告和分别处以30万元罚款,相关涉案的董高监也分别处以警告和不同金额的罚款。但考虑到周旭辉作为上市公司实际控制人,指使他人从事上述违法行为,且作为上市公司违法行为为直接负责主管人员,违法情节特别严重,证监会决定给予周旭辉90万元罚款,另对周旭辉采取终身证券市场禁入措施,对两名财务负责人分别采取10年证券市场禁入措施,对时任董事总经理及一董事分别采取5年证券市场禁入措施。

业务技能思考:

什么是两套账?设置两套账的危害有哪些?我国对账外设账行为如何制裁?

[摘自"前赴后继玩转'两套账'金亚科技财务造假将迎顶格处罚与高额索赔"(第一财经,2017-11-17),作者张婧熠]

第一节 会计账簿概述

一、会计账簿的概念

在实际会计工作中,会计凭证虽然能反映每笔经济业务的发生或完成情况,但由于其数量大、种类多而且分散,难以提供全面、系统的会计信息。因此,必须对日常大量、分散的各种经济业务的会计凭证进行整理、分类、汇总,按照一定的方法登记在会计账簿中,为经营管理提供系统、完整的会计信息。会计账簿简称账簿,是指由一定格式的账页组成的,以经过审核的会计凭证为依据,全面、连续、系统地记录各项经济业务的簿籍。

会计账簿是会计资料的重要载体,是连接会计凭证与财务报表的中间环节,也是编制财务报表的基础。因此,设置和登记会计账簿作为会计工作的重要环节和专门的核算方法,在会计核算中具有重要意义。

(一)账簿是积累会计核算资料的工具

通过设置和登记账簿,可以将分散在会计凭证上的大量核算资料,按其不同性质加以归类、整理和汇总,以便全面、连续、系统地提供企业资产、负债、所有者权益、收入、费用和利润等会计要素的增减变化情况,以利于监督企业各项财产物资的妥善保管和合理使用,为管理决策提供信息。

(二)账簿记录是编制财务报表的主要依据

通过设置和登记账簿,在会计期末可以根据账簿提供的资料编制财务报表,因此,财务报表中所反映的数据是否真实、正确,编制报送是否及时,都与账簿的登记密切相关。

(三)账簿资料是会计分析和会计检查的直接依据

利用账簿资料,可以考核企业各项计划的完成情况,使企业管理部门和其他有关部门了解本单位的经营业绩,进而对企业资金使用是否合理,费用开支是否符合标准,经济效益有无提高,利润形成与分配是否规范,税金是否及时、足额上缴,市场竞争力是否增强等作出分析和评价,以便调整经营决策,寻找改善企业经营管理和提高经济效益的途径和方法。

(四)会计账簿是保证财产物资安全完整的重要手段

会计账簿是经济档案的重要组成部分。账簿中记录的财产物资的账面数可以通过实地盘点的方法,与实存数进行核对,以便检查财产物资是否妥善保管,账实是否相符。这样,既可以全面地掌握各项财产物资的变动情况,又有利于保护财产物资的安全和完整。

二、会计账簿与账户的关系

账簿与账户的关系是形式和内容的关系。账簿是由若干账页组成的一个整体,账户存在于账簿之中,账簿中的每一账页就是账户的存在形式和载体,没有账簿,账户就无法存在;账簿序时、分类地记载经济业务是在个别账户中完成的,账簿只是一个外在形式,账户才是它的实质内容。

三、会计账簿的种类

会计账簿的种类很多,不同类别的会计账簿可以提供不同的信息,满足不同的需要。在实际工作中,通常使用以下方法进行分类。

(一) 会计账簿按用途不同,可分为序时账簿、分类账簿和备查账簿

1. 序时账簿

序时账簿又称日记账,是按照经济业务发生或完成时间的先后顺序逐日逐笔进行登记的账簿。序时账簿按其记录的内容,可分为普通日记账和特种日记账。

普通日记账是对全部经济业务按其发生时间的先后顺序逐日逐笔登记的账簿;特种日记账是对某一特定种类的经济业务按其发生时间的先后顺序逐日逐笔登记的账簿。应用较广的特种日记账是库存现金日记账和银行存款日记账。

2. 分类账簿

分类账簿简称分类账,是对全部经济业务事项进行分类登记的账簿。分类账簿按其所反映经济业务内容的详细程度不同,可分为总分类账簿和明细分类账簿。

总分类账簿简称总账,是根据总分类账户开设的、用来记录全部经济业务、提供总括核算内容的账簿;明细分类账簿简称明细账,是根据总分类账户所属的明细分类账户开设的、用来分类记录某一类经济业务、提供详细核算内容的账簿。

分类账簿是账簿体系的主体,其提供的核算信息是编制财务报表的主要依据。

3. 备查账簿

备查账簿又称辅助账簿,是对某些在序时账簿和分类账簿等主要账簿中未能登记或登记不够详细的经济业务事项进行补充登记时使用的账簿。相对于序时账簿和分类账簿这两种主要账簿而言,备查账簿属于辅助性账簿,它只是对其他账簿记录的一种补充,与其他账簿之间不存在严密的依存和勾稽关系。

备查账簿根据企业的实际需要设置,没有固定的格式。常见的备查账簿有租入固定资产登记簿,应收、应付票据登记簿等。

(二) 会计账簿按账页格式不同,可分为两栏式账簿、三栏式账簿、多栏式账簿、数量金额式账簿

1. 两栏式账簿

两栏式账簿是指只有借方和贷方两个基本金额栏的账簿。普通日记账一般采用两栏式账簿。

2. 三栏式账簿

三栏式账簿是指设有借方、贷方和余额三个基本栏目的账簿(如表6-1所示)。各种日记账、总分类账以及资本、债权、债务明细账都可采用三栏式账簿。

3. 多栏式账簿

多栏式账簿是在账簿的两个金额栏目(借方和贷方)按需要分设若干专栏的账簿。收入、成本、费用明细账一般采用这种格式的账簿。借方设多栏的明细账簿格式如表6-2所示,贷方设多栏的明细账簿格式如表6-3所示,借贷方均设多栏的明细账簿格式如表6-4所示。

4. 数量金额式账簿

数量金额式账簿是指在账簿的借方(收入)、贷方(发出)和余额(结存)三个栏目内,都分别设置数量、单价和金额三小栏,借以反映财产物资的实物数量和价值量的账簿。它适用于既要进行金额核算又要进行实物数量核算的各种财产物资明细账。原材料、库存商品等存货明细账一般采用数量金额式明细账。其格式如表6-5所示。

表 6-1

银行存款总分类账

2023年 月	日	凭证种类	凭证号数	摘要	借方	贷方	借或贷	余额
1	1			上年结转			借	10 000.00
1	10	科汇	1	1~10日发生额	25 000.00	19 000.00	借	16 000.00
1	20	科汇	2	11~20日发生额	12 000.00	21 000.00	借	7 000.00
1	31	科汇	3	21~31日发生额	18 000.00	16 000.00	借	9 000.00
1	31			本月合计	55 000.00	56 000.00	借	9 000.00
1	31			本年累计	55 000.00	56 000.00	借	9 000.00
				……				
2	29			本月合计	39 000.00	30 000.00	借	18 000.00
2	29			本年累计	94 000.00	86 000.00	借	18 000.00
				……				
12	31			本月合计	49 000.00	53 000.00	借	26 000.00
12	31			本年累计	780 000.00	764 000.00	借	26 000.00
12	31			结转下年			借	26 000.00

表 6-2

制造费用明细账

2023年		凭证		摘要	借方	贷方	余额	借方		…
								办公费	差旅费	
月	日	种类	号数							
10	3	现付	2	购办公用品	800 00		800 00	800 00		
	4	转	18	报销差旅费	500 00		1 300 00		500 00	
	…			…						
	31	转	100	分配制造费用		7 000 00	0			
	31			本月合计	7 000 00	7 000 00	0	800 00	500 00	

表 6-3

主营业务收入明细账

2023年		凭证		摘要	借方	贷方	余额	贷方		…
								甲产品	乙产品	
月	日	种类	号数							
10	2	转	16	销售甲产品		2 800 00	2 800 00	2 800 00		
	10	银收	25	销售乙产品		500 00	3 300 00		500 00	
	11	银收	30	销售乙产品		300 00	3 600 00		300 00	
	…			…						
	31	转	110	结转销售收入	15 000 00		0	6 000 00	7 800 00	
	31			本月合计	15 000 00	15 000 00	0	0	0	
	31			本年累计	18 500 00	18 500 00	0	0	0	

表 6-4

应交税费——应交增值税明细账

2023年		凭证		摘要	借方			贷方		
					进项税额	已交税金	……	销项税额	进项税额转出	……
月	日	种类	号数							
10	2	转	16	销售甲产品				3 6 4 0 0 0		
	4	转	19	购进A材料	3 9 0 0 0 0					
	10	银收	25	销售乙产品				6 5 0 0 0		
	……			……						
	31			本月合计	1 5 6 0 0 0 0	2 3 4 0 0 0 0		3 9 0 0 0 0 0		

表 6-5

原材料明细账

最高储存量 __10 000__
最低储存量 __3 000__
编号 _____ 规格 _____

名称 __A材料__
本账页数 _____
本户页数 _____
单位: __千克__

2023年		凭证		摘要	收入			发出			结存		
					数量	单价	金额	数量	单价	金额	数量	单价	金额
月	日	种类	号数										
10	1			期初结存							50	3 000	1 5 0 0 0 0 0 0
	4	转	19	购进A材料	10	3 000	3 0 0 0 0 0 0				60	3 000	1 8 0 0 0 0 0 0
	6	转	40	生产领用				5	3 000	1 5 0 0 0 0 0	55	3 000	1 6 5 0 0 0 0 0
	……			……									
	31			本月合计	50	3 000	1 5 0 0 0 0 0 0	40	3 000	1 2 0 0 0 0 0 0	60	3 000	1 8 0 0 0 0 0 0

(三) 会计账簿按照外形特征不同,可分为订本式账簿、活页式账簿和卡片式账簿

1. 订本式账簿

订本式账簿简称订本账,是指在启用前将具有一定格式的账页加以编号并装订成册的账簿。其优点是可以防止账页的散失或被抽换,保证账簿的完整性。其缺点是订本账需要为每个账户预留空白账页,预留账页数量往往会和实际需要量不一致,预留过多会造成浪费,预留不足会影响账户记录的连续性;而且,同一账簿在同一时间内只能由一人登记,不便于分工协作记账。订本式账簿主要适用于总分类账、库存现金日记账和银行存款日记账。

2. 活页式账簿

活页式账簿简称活页账,是指根据经济业务的需要,把若干张零散的账页自行组合的账簿。账簿的页数不固定,使用前不装订,可以根据需要随时将空白账页加入账簿。在同一时间,可由多人分工登记账簿。但是,活页式账簿中的账页容易散失或被抽换,空白账页在使用时必须按顺序编号并装入账夹内,在更换新账后,要装订成册或予以封扎,并妥善保管。活页式账簿主要适用于各种明细账。

3. 卡片式账簿

卡片式账簿又称卡片账,是指利用一些具有一定格式的硬卡片作为账页来进行登记的账簿。卡片账的优缺点与活页账基本相同,使用时也应在卡片上连续编号,专人保管,也可以跨年度使用。卡片账常用于账页记录内容比较复杂、不经常变动的或发生次数不多的财产明细账,如固定资产卡片(见表 6-6)等。

表 6-6　　　　　　　　　　固定资产卡片

(正面)

卡片编号				日期		
固定资产编号		固定资产名称				
类别编号		类别名称				
规格型号		部门名称				
增加方式		存放地点				
使用状况		使用年限		开始使用日期		
原值		净残值率		净残值		
折旧方法		已计提月数		尚可使用月数		
已提累计折旧额		尚可计提折旧额		折旧费用类别		

(背面)

年份	年折旧额	年折旧率	月折旧额	月折旧率	累计折旧额	折余价值

综上所述,会计账簿的分类如图 6-1 所示。

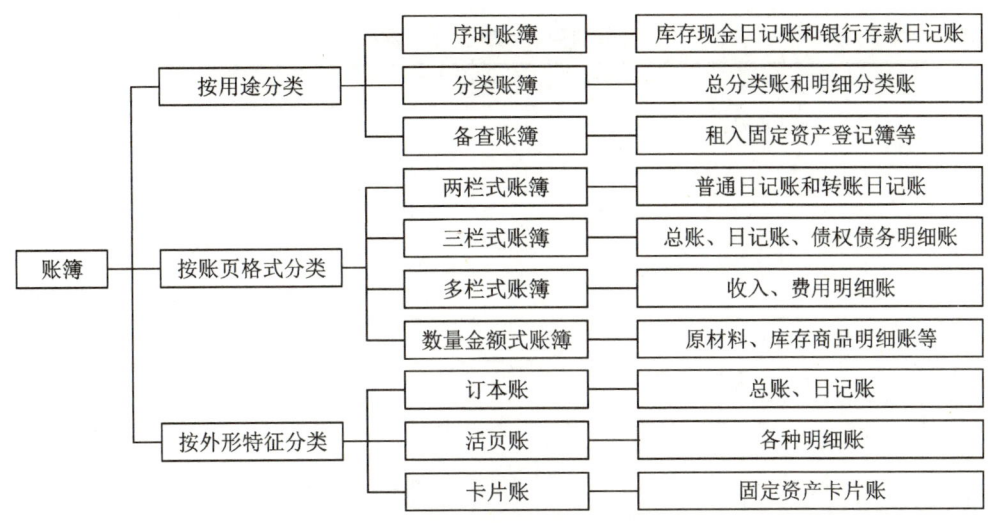

图 6-1 账簿的分类

第二节　会计账簿的内容与记账规则

一、会计账簿的基本内容

各种账簿记录的经济业务不同,账簿格式可以多种多样,但各种主要账簿都应具备以下基本内容:

(1)封面。封面应写明账簿的名称、记账单位名称和会计年度。

(2)扉页。扉页应填列账簿启用的日期和截止日期、页数、册次;账簿启用及经管人员一览表(以下简称账簿启用表)及其签章;会计主管人员姓名和签章;账户目录等内容。

(3)账页。因反映经济业务内容的不同,账页格式也有所不同,但基本内容主要包括:①账户的名称,包括总分类账户和明细分类账户名称;②日期栏,记录经济业务发生的日期;③凭证种类和号数栏,记录记账凭证的种类及凭证编号;④摘要栏,记录经济业务内容的简要说明;⑤金额栏,记录本账户发生增减变化的金额及余额;⑥总页次、分户页次;等等。

二、会计账簿的启用

账簿是重要的会计档案。为了确保账簿记录的合法性和完整性,明确记账责任,在启用账簿时,应在账簿封面上写明单位名称和账簿名称,并在账簿扉页上附账簿启用及经管人员一览表,详细载明单位名称、账簿名称、账簿编号、启用日期、经管人员和会计主管人员姓名,并加盖有关人员的签章和单位公章。更换记账人员时,应办理交接手续,在交接记录内填写交接日期和交接人员姓名并签章。账簿启用及经管人员一览表如表 6-7 所示。

表 6-7　　　　　　　　　　账簿启用及经管人员一览表

账簿启用表					
单位名称	新华有限责任公司	负责人	职别	董事长	新华有限责任公司 财务专用章
账簿名称	银行存款日记账		姓名	黄明	
账簿号码	第1册　共1册	主办会计人员	职别	记账	
账簿页数	本账簿共计 100 页		姓名	黄浩	
启用日期	2023 年 1 月 1 日		盖章	黄浩	
经管本账簿人员一览表					
经管人员		接管			移交				印花税票粘贴处
职别	姓名	年	月	日	盖章	年	月	日	盖章	
记账	黄浩	2023	1	1	黄浩					

启用订本式账簿时,应当从第一页到最后一页顺序编定页数,不得跳页、缺号。使用活页式账簿时,应当按账户顺序编号,并须定期装订成册;装订后再按实际使用的账页顺序编定页码,另加目录,记明每个账户的名称和页次。

三、会计账簿的登记规则

思政:公司做假账,该谁去坐牢

账簿是编制财务报表、进行会计分析与检查的重要依据。为保证账簿记录的正确性,必须根据审核无误的会计凭证登记会计账簿,并严格遵守下列记账规则:

(1)准确完整。登记会计账簿时,应当将会计凭证日期、编号、业务内容摘要、金额和其他有关资料逐项记入账内,做到数字准确、摘要清楚、登记及时、字迹工整。账簿记录中的日期,应填写记账凭证上的日期;以自制原始凭证作为记账依据的,账簿记录中的日期应按有关自制原始凭证上的日期填列。

(2)注明记账符号。账簿登记完毕后,要在记账凭证上签名或者盖章,并在记账凭证的"过账"栏内注明账簿的页数或画对勾"√"符号,表示记账完毕,避免重记、漏记。

(3)书写留空。账簿中书写的文字和数字上面要留有适当空格,不要写满格,一般应占格距的 1/2,留有改错的空间。

(4)正确使用蓝黑墨水。为了保持账簿记录的持久性,防止涂改,登记账簿时必须使用蓝黑墨水或者碳素墨水书写,不得使用圆珠笔(银行的复写账簿除外)或者铅笔书写。

(5)特殊记录时使用红色墨水。可以使用红色墨水记账的情形有:①按照红字冲账的记账凭证,冲销错误记录;②在不设借贷等栏的多栏式账页中,登记减少数;③在三栏式账页的余额栏前,如未印明余额方向的,在余额栏内登记负数余额;④根据国家统一会计制度的规定可以用红字登记的其他会计记录。

(6)顺序连续登记。各种账簿应按页次顺序连续登记,不得跳行、隔页。如果发生跳行、隔页,应当将空行、空页划线注销,或者注明"此行空白""此页空白"字样,并由记账人员签名或者盖章。

(7) 结出余额。凡需要结出余额的账户,结出余额后,应当在"借或贷"栏内写明"借"或者"贷"字样,以示余额的方向;没有余额的账户,应在"借或贷"栏内写"平"字,并在"余额"栏内用"0"表示(写在元位)。

(8) 过次承前。每一账页登记完毕结转下页时,应当结出本页合计数及余额,写在本页最后一行和下页第一行有关栏内,并在摘要栏内注明"过次页"和"承前页"字样;也可以将本页合计数及金额只写在下页第一行有关栏内,并在摘要栏内注明"承前页"字样。对需要结计本月发生额的账户,结计"过次页"的本页合计数应当为自本月初起至本页末止的发生额合计数,如库存现金日记账和银行存款日记账;对需要结计本年累计发生额的账户,结计"过次页"的本页合计数应当为自年初起至本页末止的累计数;对既不需要结计本月发生额,也不需要结计本年累计发生额的账户,可以只将每月末的余额结转次页。

这里以银行存款日记账为例,介绍过次页(见表 6-8)和承前页(见表 6-9)的做法。

(9) 不得涂改、刮擦、挖补。如果发生账簿记录错误,不得刮擦、挖补或用褪色药水更改字迹,而应采用规定的方法更正。

四、各种账簿的格式和登记方法

(一) 日记账的格式和登记方法

1. 库存现金日记账的格式和登记方法

库存现金日记账是用来核算和监督现金收入、支出和结存情况的特种日记账。其账页格式有三栏式和多栏式两种。无论采用三栏式还是多栏式,都必须使用订本账。

三栏式库存现金日记账由出纳人员根据库存现金收款凭证、库存现金付款凭证以及银行存款付款凭证(如从银行提取现金),按照经济业务发生时间的先后顺序逐日逐笔进行登记。每日终了,应分别计算现金收入和支出的合计数,每日终了,结出余额,同时将余额与出纳的库存现金核对,通常称为"日清"。如账款不符合查明原因,并记录备案。月终同样要计算现金收入、支出和结存的合计数,通常称为"月结",如表 6-10 所示。

多栏式库存现金日记账是在三栏式库存现金日记账基础上发展起来的。这种日记账的借方(收入)和贷方(支出)金额栏都按对方科目设专栏,也就是按收入的来源和支出的用途设专栏,如表 6-11 所示。

2. 银行存款日记账的格式和登记方法

银行存款日记账是用来核算和监督银行存款收入、支出和结存情况的特种日记账。银行存款日记账应按企业在银行开立的账户和币种分别设置,每个银行账户设置一本日记账。其账页格式有三栏式和多栏式两种。无论采用三栏式还是多栏式,都必须使用订本账。

三栏式银行存款日记账的登记方法与三栏式库存现金日记账相同,是由出纳人员根据银行存款收款凭证、银行存款付款凭证以及库存现金的付款凭证(如将现金送存银行),按照经济业务发生时间的先后顺序逐日逐笔进行登记,每日结出存款余额,做到"日清";月终应计算出银行存款的全月收入、支出和结存的合计数,做到"月结",如表 6-8、表 6-9 所示。

表 6-8

银行存款日记账

2023年		凭证		摘要	结算凭证		借方								√	贷方								余额								
月	日	种类	号数		类	号	亿	千	百	十	万	千	百	十	元	角	分		亿	千	百	十	万	千	百	十	元	角	分	亿	千	百	十	万	千	百	十	元	角	分
10	1			期初余额																														2	8	0	0	0	0	0
	1	银付	1	提现备用	现支	1315				1	0	0	0	0	0	0	0																	2	3	0	0	0	0	0
	3	银收	1	收到前欠货款	转支	3429					3	0	0	0	0	0	0																	3	3	0	0	0	0	0
	4	银收	2	销售多余材料	电汇	7231						5	0	0	0	0	0																	3	6	0	0	0	0	0
				……																																					
				过次页						4	5	0	0	0	0	0	0					3	2	0	0	0	0	0						4	1	0	0	0	0	0

表 6-9

银行存款日记账

2023年		凭证		摘要	结算凭证		借方								√	贷方								余额								
月	日	种类	号数		类	号	亿	千	百	十	万	千	百	十	元	角	分		亿	千	百	十	万	千	百	十	元	角	分	亿	千	百	十	万	千	百	十	元	角	分
10				承前页						4	5	0	0	0	0	0	0					3	2	0	0	0	0	0					4	1	0	0	0	0	0
	8	银付	20	支付上月工资	转支	1532																3	1	5	0	0	0	0					2	6	0	0	0	0	0
	10	银收	25	销售乙产品	现支	4213					5	6	5	0	0	0	0																	2	6	5	0	0	0	0
	10	银付	21	偿还银行借款	转支	1533					9	0	0	0	0	0	0																	1	7	5	0	0	0	0
				……																																					
	31			本月合计					9	2	0	0	0	0	0	0						7	3	0	0	0	0	0					4	5	0	0	0	0	0
	31			本年累计				8	2	0	0	0	0	0	0	0					8	0	3	0	0	0	0	0					4	5	0	0	0	0	0
11	1			期初余额																														4	5	0	0	0	0	0

表 6-10

库存现金日记账

2023年		凭证		摘要	借方(收入)	贷方(支出)	√	余额(结存)
月	日	种类	号数					
10	1			期初余额			√	300000.00
	1	银付	1	提现备用	500000.00			800000.00
	2	现付	1	购办公用品		9000.00		791000.00
	4	现付	2	报销差旅费		40000.00		751000.00
				……				
	31			本月合计	500000.00	49000.00		
	31			本年累计	900000.00	918600.00		

表 6-11

库存现金日记账

2023年		凭证		摘要	收入			支出			余额
					应贷科目		合计	应借科目		合计	
月	日	种类	号数		银行存款	其他应收款		管理费用	其他应收款		
10	1			期初余额							300000.00
	1	银付	1	提现备用	500000.00		500000.00				800000.00
	2	现付	1	购办公用品				9000.00		9000.00	791000.00
	4	现付	2	报销差旅费				40000.00		40000.00	751000.00
				……							

(二) 分类账簿的格式和登记方法

1. 总分类账的格式和登记方法

总分类账是按照总分类账户分类登记以提供总括会计信息的账簿。各企事业单位都要设置总分类账。总分类账必须采用订本式账簿,一般按照会计科目的编码顺序设置,常用的格式为三栏式,并且只能用货币作为计量单位。

总分类账的登记方法因登记的依据不同而有所不同。经济业务少的小型企业的总分类账可以根据记账凭证逐笔登记;经济业务多的大中型企业的总分类账可以根据记账凭证汇总表(又称科目汇总表)或汇总记账凭证等定期汇总登记。总分类账的登记方法,取决于所采用的账务处理程序(或称会计核算形式),这部分内容将在第九章中作具体介绍。

2. 明细分类账的格式和登记方法

各单位在设置总账的同时,还应设置必要的明细账。明细分类账是按照明细分类账户分类登记以提供详细、具体会计信息的账簿。它能补充总账所提供核算资料的不足。明细分类账一般采用活页式账簿、卡片式账簿。明细分类账一般根据记账凭证和相应的原始凭证逐日逐笔登记或定期汇总登记。

根据各种明细分类账所记录经济业务的特点,明细分类账常用的账页格式主要有三栏式、多栏式、数量金额式和横线登记式四种。

(1) 三栏式明细分类账。三栏式明细分类账是设有借方、贷方和余额三个栏目,用来分类核算各项经济业务,提供详细核算资料的账簿,其格式与三栏式总账格式相同,如表 6-12 所示。它主要适用于只进行金额核算的账户,如应收账款、应付账款、实收资本、应付职工薪酬等只需要进行金额核算的账户。

(2) 多栏式明细分类账。多栏式明细分类账将属于同一个总账账户的各个明细账户合并在一张账页上进行登记,即在这种格式的账页的借方或贷方金额栏内按照明细项目设若干专栏。按照明细分类账登记的经济业务的特点不同,多栏式明细分类账的账页又可分为借方多栏式、贷方多栏式、借方贷方多栏式三种格式(见表 6-2 至表 6-4),主要适用于收入、成本、费用明细账,如生产成本、制造费用、管理费用、主营业务收入等账户的明细分类核算。

(3) 数量金额式明细分类账。数量金额式明细分类账的账页,分别设有收入、发出和结存三大栏次,并在每一栏次下设有数量、单价和金额三个小栏目,如表 6-5 所示。这种格式适用于既要进行数量核算,又要进行金额核算的各种财产物资明细账户,如原材料、库存商品、周转材料等账户的明细分类核算。

(4) 横线登记式明细分类账。横线登记式明细账是采用横线登记,即将每一相关的业务登记在一行,从而可依据每一行各个栏目的登记是否齐全来判断该项业务进展情况的账簿,其格式如表 6-13 所示。这种格式适用于登记材料采购、在途物资、应收票据和一次性备用金等业务。

(三) 总分类账户与明细分类账户的平行登记

1. 总分类账户和明细分类账户的关系

总分类账户和明细分类账户是对同一经济业务进行分层次核算而设置的。总分类账户提供总括指标,对所属明细分类账户起着统驭控制作用;明细分类账户提供某一类经济业务的详细指标,对所隶属的总分类账户起着补充和说明的作用。总分类账户只能用货币度量,明细分类账户除了可以用货币度量外,有些账户还要用实物度量。总分类账户与其所属的

表 6-12

短期借款明细分类账

二级科目编号及名称：中行琼花分行

2023年		凭证		摘要	借方	贷方	借或贷	余额
月	日	种类	号数		亿千百十万千百十元角分	亿千百十万千百十元角分		亿千百十万千百十元角分
10	1			期初余额	√		贷	1 9 0 0 0 0 0 0
	9	银付	21	归还银行借款	9 0 0 0 0 0 0 0		贷	1 0 0 0 0 0 0 0
	23	银收	78	向银行借款		1 5 0 0 0 0 0 0	贷	2 5 0 0 0 0 0 0
	31			本月合计	9 0 0 0 0 0 0 0	1 5 0 0 0 0 0 0	贷	2 5 0 0 0 0 0 0
11	1			期初余额			贷	2 5 0 0 0 0 0 0

表 6-13

其他应收款明细账

户名：备用金

2023年		凭证		借方		贷方		转销
月	日	种类	号数	摘要	金额 千百十万千百十元角分	摘要	金额 千百十万千百十元角分	√
9	28	现付	98	王明预借差旅费	5 0 0 0 0			
10	11	现付	34	李娟预借差旅费	3 0 0 0 0			
		转	2	……		王明报销差旅费	5 0 0 0 0	√

明细分类账户的核算对象相同,它们所提供的核算资料互相补充,只有把两者结合起来,才能既总括又详细地反映同一核算内容。因此,总分类账户和明细分类账户必须平行登记。

2. 总分类账户与明细分类账户的平行登记

微课:平行登记

平行登记是指经济业务发生后,根据审核无误的会计凭证,一方面记入有关总分类账户;另一方面记入有关总分类账户所属明细分类账户的方法。总分类账户和明细分类账户平行登记的要点如下:

(1)依据相同。每项经济业务发生后,都要根据相同的原始凭证或记账凭证,一方面记入有关的总分类账户;另一方面记入该总分类账户所属的明细分类账户。登记总分类账户与其所属明细分类账户的原始依据是一致的。

(2)期间相同。在登记总分类账户和明细分类账户时,尽管记账的具体时间可能有差别,但总分类账户与明细分类账户对同一笔经济业务的登记必须在同一会计期间完成。这里所说的同一会计期间并不是指同时。由于明细账一般根据审核无误的原始凭证或记账凭证在平时逐笔登记或定期登记,总分类账因账务处理程序的不同,可在平时逐笔登记也可定期汇总登记,所以两者可能不在同一天登记,但必须在同一会计期间内登记。

(3)方向相同。在登记总分类账户和明细分类账户时,登记的方向是一致的,即在总分类账户中记入借方,在其所属明细分类账户中也应记入借方;在总分类账户中记入贷方,在其所属明细分类账户中也应记入贷方。

(4)金额相同。对每项经济业务,记入总分类账户的金额与记入其所属明细分类账户的金额必须相等。如果同时涉及几个明细账户,那么,记入总分类账户的金额与记入其所属的几个明细分类账户的金额之和必须相等。

采用平行登记的方法过账以后,总分类账户与其所属的明细分类账户之间可产生如下的数量关系:

总分类账户本期借方(贷方)发生额＝所属明细分类账户本期借方(贷方)发生额合计

总分类账户期初(期末)余额＝所属明细分类账户的期初(期末)余额合计

在会计核算过程中,通常使用上述总分类账户与其所属明细分类账户之间的数量关系来检查总分类账户和明细分类账户记录的完整性和正确性。

下面以"应付账款"为例,说明总分类账户与所属明细分类账户的平行登记。

【例6-1】 新华公司2023年10月1日的"应付账款"总分类账余额为贷方80 000元,其明细分类账期初余额为:新发公司贷方60 000元;明华公司贷方20 000元。

该公司10月份发生下列涉及"应付账款"账户的经济业务:

(1)3日,以银行存款偿还前欠新发公司货款60 000元。

(2)9日,从明华公司购入甲材料200千克,增值税专用发票上注明价款为20 000元,增值税额为2 600元,材料已验收入库,款项尚未支付。

(3)16日,从新发公司购入不需要安装的设备一台,增值税专用发票上注明价款为100 000元,增值税额为13 000元,款项尚未支付。

(4)25日,以银行存款支付明华公司的货款40 000元。

根据以上经济业务编制会计分录如下:

(1) 借：应付账款——新发公司　　　　　　　　　　　　60 000
　　　贷：银行存款　　　　　　　　　　　　　　　　　　　　60 000
(2) 借：原材料——甲材料　　　　　　　　　　　　　　20 000
　　　应交税费——应交增值税（进项税额）　　　　　　2 600
　　　贷：应付账款——明华公司　　　　　　　　　　　　　22 600
(3) 借：固定资产　　　　　　　　　　　　　　　　　　100 000
　　　应交税费——应交增值税（进项税额）　　　　　　13 000
　　　贷：应付账款——新发公司　　　　　　　　　　　　　113 000
(4) 借：应付账款——明华公司　　　　　　　　　　　　40 000
　　　贷：银行存款　　　　　　　　　　　　　　　　　　　　40 000

根据以上资料，登记"应付账款"明细分类账和"应付账款"总分类账，平行登记过程和结果如表6-14至表6-16所示。

从上例可以看出，通过平行登记，"应付账款"总分类账的期初、期末余额以及本期借方、贷方发生额，均分别与其所属的两个明细分类账户的期初、期末余额及本期借方、贷方发生额合计数相等。在会计实务中，企业可以通过总分类账户与明细分类账户的相互核对，来检查总分类账户及其所属明细分类账户的记录是否正确、完整。

第三节　对账和结账

一、对账

（一）对账的概念

所谓对账，就是核对账目，是指定期将各类账簿记录进行核对，以做到账证相符、账账相符和账实相符。在日常记账、过账、算账过程中，难免会发生差错，出现账款、账物不符的现象。为了确保账簿记录的正确性、完整性、真实性，企业在结账前必须进行账簿记录的核对。

微课：对账

（二）对账的主要内容

对账一般可以分为账证核对、账账核对和账实核对。

1. 账证核对

账证核对是指核对账簿记录与原始凭证、记账凭证的时间、凭证字号、内容、金额是否一致，记账方向是否相符，以做到账证相符。一般来说，日记账应与收款凭证、付款凭证相核对，总账应与记账凭证相核对，明细账应与记账凭证或原始凭证相核对。这种核对通常是在日常编制凭证和记账过程中进行的。

2. 账账核对

账账核对是指核对不同会计账簿之间的账簿记录是否相符，主要包括以下内容：
(1) 总分类账簿之间的核对，即核对所有总分类账户借方发生额合计与贷方发生额合

表 6-14

应付账款明细分类账

二级科目编号及名称：新发公司

2023年		凭证		摘要	借方 亿千百十万千百十元角分	贷方 亿千百十万千百十元角分	借或贷	余额 亿千百十万千百十元角分
月	日	种类	号数					
10	1			期初余额			贷	6 0 0 0 0 0 0
	3	银付	15	支付前欠货款	6 0 0 0 0 0 0		平	0
	16	转	52	购设备，款未付		1 1 3 0 0 0 0	贷	1 1 3 0 0 0 0
	31			本月合计	6 0 0 0 0 0 0	1 1 3 0 0 0 0	贷	1 1 3 0 0 0 0

表 6-15

应付账款明细分类账

二级科目编号及名称：明华公司

2023年		凭证		摘要	借方 亿千百十万千百十元角分	贷方 亿千百十万千百十元角分	借或贷	余额 亿千百十万千百十元角分
月	日	种类	号数					
10	1			期初余额			贷	2 0 0 0 0 0 0
	9	转	37	购材料款未付		2 2 6 0 0 0 0	贷	4 2 6 0 0 0 0
	25	银付	91	支付前欠货款	4 0 0 0 0 0 0		贷	2 6 0 0 0 0
	31			本月合计	4 0 0 0 0 0 0	2 2 6 0 0 0 0	贷	2 6 0 0 0 0

表 6-16

应付账款总分类账

2023年		凭证字号		摘要	借方 亿千百十万千百十元角分	贷方 亿千百十万千百十元角分	借或贷	余额 亿千百十万千百十元角分
月	日	字	号					
10	1			期初余额			贷	8 0 0 0 0 0 0 0
	10	科汇	1	1~10日发生额	6 0 0 0 0 0	2 2 6 0 0 0	贷	4 2 6 0 0 0 0
	20	科汇	2	11~20日发生额		1 1 3 0 0 0	贷	5 5 6 0 0 0 0
	31	科汇	3	21~31日发生额	4 0 0 0 0 0		贷	1 1 5 6 0 0 0 0
	31			本月合计	1 0 0 0 0 0 0	3 5 6 0 0 0	贷	1 1 5 6 0 0 0 0

表 6-17

应付账款总分类账

2023年		凭证字号		摘要	借方 亿千百十万千百十元角分	贷方 亿千百十万千百十元角分	借或贷	余额 亿千百十万千百十元角分
月	日	字	号					
10	1			期初余额			贷	8 0 0 0 0 0 0 0
	10	科汇	1	1~10日发生额	6 0 0 0 0 0	2 2 6 0 0 0 (黄忠)	贷	4 2 6 0 0 0 0
	20	科汇	2	11~20日发生额		1 1 3 0 0 0	贷	5 5 6 0 0 0 0
	31	科汇	3	21~31日发生额	4 0 0 0 0 0		贷	1 1 5 6 0 0 0 0
	31			本月合计	1 0 0 0 0 0 0	3 5 6 0 0 0	贷	1 1 5 6 0 0 0 0

计是否相符;所有总分类账户借方余额合计与贷方余额合计是否相符。

(2) 总分类账簿与所属明细分类账簿之间的核对,即核对总分类账户本期发生额和余额与其所属明细分类账户本期发生额和余额合计是否相符。

(3) 总分类账簿与序时账簿之间的核对,即核对库存现金总分类账和银行存款总分类账的余额与其日记账的余额是否相符。

(4) 明细分类账簿之间的核对,即核对会计部门的财产物资明细分类账余额与财产物资保管、使用部门的有关明细分类账余额是否相符。

账账核对的具体内容及理论依据可参见图 6-2。

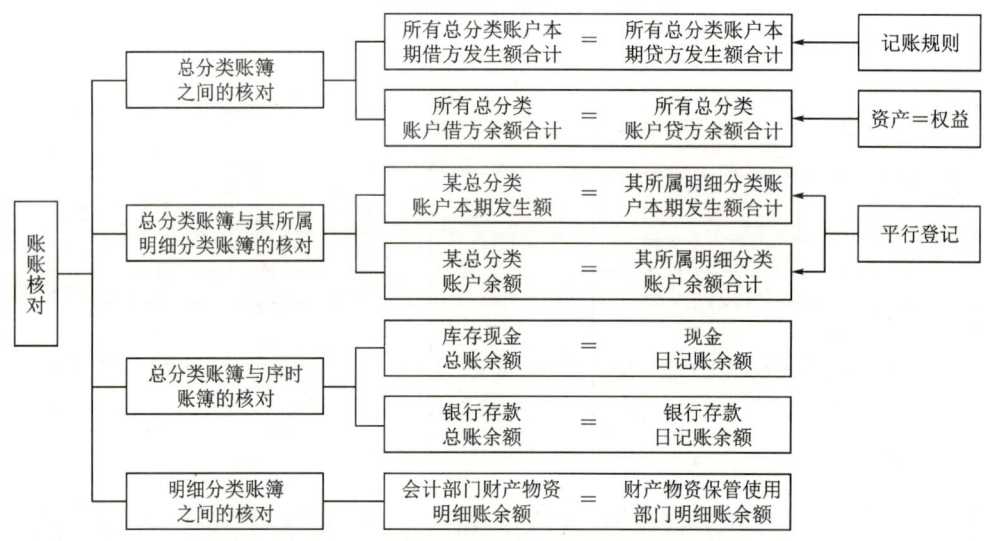

图 6-2　账账核对的内容及理论依据图

【提示】
　　账账核对不包括总账与备查账的核对。

3. 账实核对

账实核对是指核对各项财产物资、债权债务等账面余额与实有数额是否相符,主要包括以下内容:

(1) 库存现金日记账账面余额与库存现金实际库存数逐日核对是否相符。
(2) 银行存款日记账账面余额与银行对账单的余额是否相符。
(3) 财产物资明细账账面余额与财产物资的实有数额是否相符。
(4) 有关债权债务明细账账面余额与对方单位的账面记录是否相符。

账实核对一般要结合财产清查来进行。

二、错账的查找与更正

(一) 错账的查找

在对账过程中,可能会发现记账过程中发生的各种各样的错误,如重记、漏记、数字记错、借贷方向记反、会计科目记错等问题,从而影响会计信息的准确性,因此,必须及时找出差错,并予以更正。错账查找的方法主要有以下几种。

1. 差数法

差数法是根据错账差数直接查找的方法。在记账过程中只登记了会计分录的借方或贷方,即漏记了另一方,从而形成试算平衡中借方合计数与贷方合计数不等的情况。如借方金额漏记,会使该金额在贷方超出;如贷方金额漏记,会使该金额在借方超出。对于这样的差错,可由会计人员通过回忆和与相关金额的记录核对来查找。例如,若借方漏记 20 000 元,则借方合计数会比贷方合计数少 20 000 元,可直接查找发生额为 20 000 元的账目是否登记齐全。

2. 除 2 法

除 2 法是指以差数除以 2 来查找错账的方法。当某个借方金额错记入贷方(或相反)时,出现错账的差数表现为错误的 2 倍,将此差数除以 2,得出的商即是反方向的金额。例如,若借方发生额 30 000 元误记入贷方,会使贷方发生额与借方发生额的差额为 60 000 元,用 60 000 元除以 2 得 30 000 元,也即可查找有没有发生额为 30 000 元的账户记错了方向。

3. 除 9 法

除 9 法是指以差数除以 9 来查找错账的方法,适用于以下三种情况:

(1) 将数字写小。例如,将数字 1 000 误记为 100,错误数字小于正确数字 9 倍。查找的方法是:以差数除以 9 后得出的商即为写错的数字,商乘以 10 所得的积为正确的数字。本例中以差数 900(1 000－100)除以 9,所得的商 100 即为错数,扩大 10 倍后即可得出正确的数字 1 000。

(2) 将数字写大。例如,将数字 400 误记为 4 000,错误数字大于正确数字 9 倍。查找的方法是:以差数除以 9 后得出的商即为正确的数字,商乘以 10 所得的积为错误的数字。本例中以差数 3 600(4 000－400)除以 9,所得的商 400 即为正确的数字,扩大 10 倍后的数字 4 000 便是错误的数字。

(3) 邻数颠倒。例如,将数字 635 误记为 365,其差数为 270(635－365),将 270 除以 9 得 30,这表明发生数字颠倒在十位与百位之间。根据商数的首位是 3,即可判断颠倒的两个数字差异是 3,这样在账簿记录中就可查找百位数与十位数之间的下列数字:1 与 4、2 与 5、3 与 6、4 与 7、5 与 8、6 与 9,即可查找 14、25、36、47、58、69 中哪一个数字颠倒了,当查到 36 这个数字时,就可结合该项业务的会计凭证,核对是否将 635 误记为 365。

4. 尾数法

尾数法是指对于发生的差错只查找末位数,以提高查错效率的方法。这种方法适合于借贷金额其他位数一致,而只有末位数出现差错的情况。

(二) 错账更正方法

在会计数据的分类与记录过程中,由于种种原因,可能会发生各种各样的错误。一旦发生账簿记录错误,应采用正确、规范的方法予以更正,不得涂改、刮擦或者用药水消除字迹,不得重新抄写。错账的更正方法一般有划线更正法、红字更正法和补充登记法三种。

微课:错账
更正的方法

1. 划线更正法

在结账前,会计人员发现账簿记录有文字或数字错误,而记账凭证没有错误,即纯属记账时的文字或数字的笔误,就可以采用划线更正法。

更正时,会计人员可在错误的文字或数字上划一条红线,表示注销,在红线的上方填写正确的文字或数字,并由记账人员在更正处盖章,以明确责任。但要注意的是,更正时不得只划销错误数字,应将全部数字用红线划销,并保持原有数字清晰可辨,以便审查;对于文字错误,可只划销错误的部分。

【例6-2】 新华公司记账人员黄浩,在登账时误将22 600元误记为226 000元,更正方法如表6-17所示。

2. 红字更正法

红字更正法适用于以下两种情况:

(1) 红字完全冲销法。记账后发现记账凭证中应借、应贷会计科目或记账方向有错误,从而引起记账错误,应采用红字更正法进行更正。更正的方法是:用红字填写一张与原记账凭证完全相同的记账凭证,在摘要栏内写明"注销×月×日×号凭证",并据以红字登记入账,以示注销原记账凭证,然后用蓝字填写一张正确的记账凭证,并据以蓝字登记入账。

【例6-3】 新华公司厂部行政管理部门领用原材料5 000元,填制下列记账凭证(以会计分录表示,下同),并登记入账。

  借:制造费用   5 000
    贷:原材料   5 000

此错误属于记账凭证中会计科目用错。更正时,应先用红字填制一张与原错误记账凭证内容完全相同的记账凭证,并据以红字登记入账,以示冲销原来的错误记录。

  借:制造费用 |5 000|
    贷:原材料 |5 000|

然后再用蓝字或黑字填制一张正确的记账凭证,并据以蓝字或黑字登记入账。

  借:管理费用   5 000
    贷:原材料   5 000

需要注意的是,|5 000|表示红字。在理论中,在数字上加方框表示红字,意即负数或冲销;在实务工作中,以红色墨水书写。

(2) 部分红字冲销法。记账后,如果发现记账凭证和账簿记录中应借、应贷的会计科目没有错误,只是所记金额大于应记金额,从而引起记账错误,应用红字更正法进行更正。更正的方法是:将多记的金额用红字编制一张与原错误记账凭证应借、应贷会计科目完全相同的记账凭证,在摘要栏内写明"冲销×月×日×号记账凭证多记金额",并据以红字登记入账。

【例6-4】 新华公司车间技术员报销差旅费2 800元,误作下列记账凭证,并已据以登记入账。

借：制造费用　　　　　　　　　　　　　　　　　　　　　　　28 000
　　贷：其他应收款　　　　　　　　　　　　　　　　　　　　　　28 000

此错误属于会计科目无误，只是所记金额大于应记金额的情况。更正时，直接将多记金额 25 200 元(28 000－2 800)用红字填制一张与原错误记账凭证应借、应贷会计科目完全相同的记账凭证，在摘要栏内写明"冲销×月×日×号记账凭证多记金额"，并据以红字登记入账。

借：制造费用　　　　　　　　　　　　　　　　　　　　　　　25 200
　　贷：其他应收款　　　　　　　　　　　　　　　　　　　　　　25 200

3. 补充登记法

记账后，发现记账凭证中应借、应贷的会计科目无误，只是所记金额小于应记金额，从而引起记账错误，应采用补充登记法进行更正。更正的方法是：按少记的金额用蓝字或黑字填制一张与原记账凭证应借、应贷会计科目完全相同的记账凭证，在摘要栏内写明"补记×月×日×号凭证"，以补充少记的金额，并据以蓝字登记入账。

【例 6-5】　新华公司预提本月短期借款利息 30 000 元，误作下列记账凭证，并已据以登记入账。

借：财务费用　　　　　　　　　　　　　　　　　　　　　　　3 000
　　贷：应付利息　　　　　　　　　　　　　　　　　　　　　　　3 000

此错误属于会计科目无误，只是所记金额小于应记金额的情况。更正时，将少记的金额 27 000 元(30 000－3 000)用蓝字或黑字填制一张记账凭证，并登记入账。

借：财务费用　　　　　　　　　　　　　　　　　　　　　　　27 000
　　贷：应付利息　　　　　　　　　　　　　　　　　　　　　　　27 000

综上所述，结账前，企业错账更正方法的选择如图 6-3 所示。

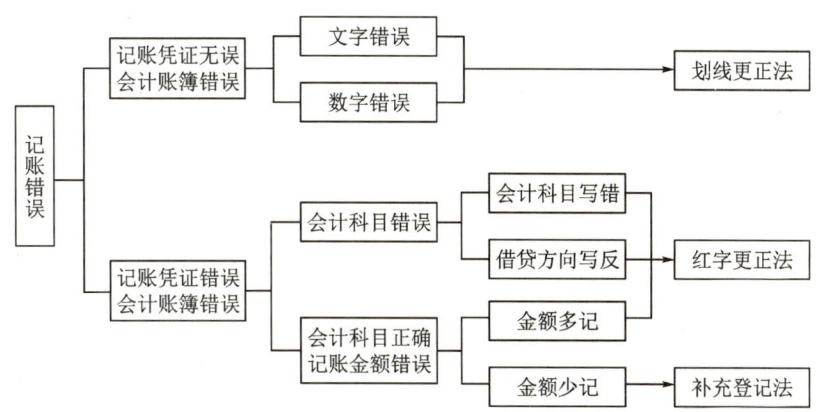

图 6-3　记账错误与错账更正方法联系图

三、结账

（一）结账的概念

结账是指在会计期末将本期内发生的所有经济业务登记入账以后，计算出每个账户的本期发生额及期末余额，并将期末余额结转下期或转入新账以及划出结账标志的程序和方法。为了了解某一会计期间（月度、季度、半年度、年度）的经济活动情况，考核经营成果，必须在每一会计期间终结时进行结账。同时，结账工作也是编制财务报表的先决条件。

（二）结账的时间

企业应当依据有关法律法规规定的结账日进行结账，不得提前或延迟。年度结账日为公历年度每年的 12 月 31 日；半年度、季度、月度结账日分别为公历年度每半年、每季、每月的最后一天。

（三）结账的内容

结账的内容通常包括两个方面：一是结清各种损益类账户，并据以计算确定本期利润；二是结清各资产类、负债类和所有者权益类账户，分别结出本期发生额合计数和余额。

（四）结账的程序

结账程序包括以下四个步骤：

（1）将本期内发生的经济业务全部记入有关账簿。若发生漏账、错账，应及时补记、更正，既不能提前结账，也不能将本期发生的经济业务推迟至下期登账。

（2）根据权责发生制的要求，调整有关账项，合理确定本期应计的收入和应计的费用。

（3）将损益类账户转入"本年利润"账户，结平所有损益类账户。

（4）结算出资产类、负债类和所有者权益类账户的本期发生额和余额，并结转下期。

（五）结账的方法

结账时，应当根据不同账户的记录，分别采用不同的方法：

（1）对不需按月结计本期发生额的账户，如债权、债务明细账和财产物资明细账，每次记账以后，都要随时结出余额，每月最后一笔余额即为月末余额。月末结账时，只需要在最后一笔经济业务记录下面通栏划单红线，不需要再结计一次余额。

（2）库存现金日记账、银行存款日记账和需要按月结计发生额的收入、费用等明细账，每月结账时，需要在最后一笔经济业务记录下面通栏划单红线，结出本月发生额和期末余额，在摘要栏内注明"本月合计"字样，并在下面通栏划单红线。

（3）需要结计本年累计发生额的某些明细账户，如收入、费用等明细账，每月结账时，应在"本月合计"行下结出自年初起至本月末止的累计发生额，登记在月份发生额下面，在摘要栏内注明"本年累计"字样，并在下面通栏划单红线；12 月末的"本年累计"就是全年累计发生额，全年累计发生额下面应通栏划双红线。

（4）总账账户平时只需结出月末余额。年终结账时，要将所有总账账户结出全年累计发生额和年末余额，在摘要栏内注明"本年合计"字样，并在合计数下通栏划双红线。

（5）年度终了结账时，有余额的账户，要将余额结转到下年，并在摘要栏注明"结转下年"字样。在下一会计年度新建有关会计账户的第一行余额栏内填写上年结转的余额，并在摘要栏注明"上年结转"字样。

第四节　会计账簿的更换与保管

一、会计账簿的更换

会计账簿的更换通常在新会计年度建账时进行。总账、日记账和多数明细账应每年更换一次，对于变动小的部分明细账，如固定资产明细账或固定资产卡片账及备查账簿可以连续使用，不必每年更换。

需要更换的各种账簿，在进行年终结账时，各账户的年末余额都要以同方向直接记入有关新账的账户中，并在新账第一行摘要栏注明"上年结转"或"年初余额"字样。

新旧账簿有关账户之间的结转余额，无须编制记账凭证。

二、会计账簿的保管

年度终了，各种账户在结转下年、建立新账后，一般都要把旧账送交总账会计集中统一管理。会计账簿暂由本单位财务部门保管1年，期满之后，由财务会计部门编造清册移交本单位的档案部门保管。

各种账簿应当按年度分类归档，编造目录，妥善保管。既保证在需要时能迅速查阅，又保证各种账簿的安全和完整。保管期满后，还要按照规定的审批程序经批准后才能销毁。

本章习题

一、单项选择题

1. 库存商品明细账应采用（　　）账页。
   A. 三栏式　　　　B. 多栏式　　　　C. 数量金额式　　　　D. 横线登记式
2. 将每一相关的业务登记在一行，从而可依据每一行各个栏目的登记是否齐全来判断该项业务的进展情况的明细分类账格式属于（　　）。
   A. 两栏式　　　　B. 三栏式　　　　C. 多栏式　　　　D. 横线登记式
3. 某会计人员登记账簿时，将应记入"原材料"科目借方的3 000元误记入贷方。会计人员在查找该项错账时，应该采用的方法是（　　）。
   A. 除2法　　　　B. 除9法　　　　C. 差数法　　　　D. 尾数法
4. 期末，企业将有关债权债务明细账账面余额与对方单位的账面记录进行核对，这种对账属于（　　）的内容。
   A. 账证核对　　　B. 账账核对　　　C. 账实核对　　　D. 账表核对
5. 对某些在序时账簿和分类账簿等主要账簿中未能登记或记载不全的经济业务进行补充登记时使用的账簿称为（　　）。

A. 日记账　　　　B. 总分类账　　　　C. 活页账　　　　D. 备查账
6. 总分类账户与其明细分类账户的主要区别在于（　　）。
　　A. 记录经济业务的详细程度不同　　　B. 记账的依据不同
　　C. 记账的方向不同　　　　　　　　　D. 记账的期间不同
7. 采用补充登记法,是因为（　　）,导致账簿记录错误。
　　A. 记账凭证上会计科目错误或者借贷方向错误
　　B. 记账凭证正确但在登记账簿时发生文字或数字错误
　　C. 记账凭证上应借、应贷会计科目正确,只是所记金额大于应记金额
　　D. 记账凭证上应借、应贷会计科目正确,只是所记金额小于应记金额
8. 下列关于平行登记的表述中,正确的选项是（　　）。
　　A. 平行登记是借贷记账法下试算平衡的一种方法
　　B. 平行登记要求总分类账户与明细分类账户必须在同一天登记
　　C. 总分类账户和明细分类账户必须平行登记
　　D. 平行登记的理论依据是会计恒等式
9. （　　）是按照经济业务发生或完成时间的先后顺序逐日逐笔进行登记的账簿。
　　A. 备查账簿　　　B. 序时账簿　　　C. 分类账簿　　　D. 三栏式账簿
10. 下列项目中,适合采用多栏式明细账格式核算的是（　　）。
　　A. 原材料　　　　B. 制造费用　　　C. 应付账款　　　D. 库存商品
11. 下列对账中,属于账账核对的是（　　）。
　　A. 总分类账户余额与会计报表的核对
　　B. 各种账簿记录与各种汇总表的核对
　　C. 银行存款日记账账面余额与银行对账单的核对
　　D. 财务部门的各种财产物资明细分类账期末余额与财产物资保管和使用部门的财产物资明细账结存数的核对
12. 记账人员根据记账凭证登记账簿后,要在记账凭证上注明已记账的符号,主要是为了（　　）。
　　A. 便于明确记账责任　　　　　　　B. 避免错行或隔页
　　C. 避免重记或漏记　　　　　　　　D. 防止凭证丢失
13. 下列账簿中,必须采用订本式账簿的是（　　）。
　　A. 现金日记账　　　　　　　　　　B. 备查账
　　C. 应收账款明细账　　　　　　　　D. 应交税费明细账
14. 某企业通过银行收回应收账款 80 000 元,在填制记账凭证时,误将金额记为 8 000 元,并已登记入账。当发现记账错误时应采用的更正方法是（　　）。
　　A. 重新编制银行存款收款凭证　　　B. 划线更正法
　　C. 红字更正法　　　　　　　　　　D. 补充登记法
15. 将现金存入银行,登记银行存款日记账的依据是（　　）。
　　A. 库存现金收款凭证　　　　　　　B. 银行存款收款凭证
　　C. 银行存款付款凭证　　　　　　　D. 库存现金付款凭证

二、多项选择题

1. 使用"划线更正法"进行错账更正,必须符合的条件有(　　)。
   A. 记账后,结账前
   B. 记账凭证正确,账簿记录中的文字或数字错误
   C. 结账后,编表前
   D. 记账凭证与账簿记录均出现文字或数字错误

2. 下列关于平行登记的说法中,正确的有(　　)。
   A. 总分类账户的期初余额等于所属明细分类账户的期初余额
   B. 总分类账户的期初余额等于所属明细分类账户的期初余额合计
   C. 总分类账户的本期发生额等于所属明细分类账户的本期发生额合计
   D. 总分类账户的期末余额等于所属明细分类账户的期末余额合计

3. 下列账簿中,应采用数量金额式账簿的有(　　)。
   A. 应收账款明细账　　　　　　B. 原材料明细账
   C. 库存商品明细账　　　　　　D. 固定资产明细账

4. 下列凭证中,可以作为库存现金日记账借方登记依据的有(　　)。
   A. 库存现金收款凭证　　　　　B. 库存现金付款凭证
   C. 银行存款收款凭证　　　　　D. 银行存款付款凭证

5. 账簿按外表形式不同可以分为(　　)。
   A. 序时式账簿　　B. 订本式账簿　　C. 活页式账簿　　D. 卡片式账簿

6. 对账的主要内容有(　　)。
   A. 账证核对　　　　　　　　　B. 账账核对
   C. 账实核对　　　　　　　　　D. 账表核对

7. 平行登记下,对发生的每一项经济业务(　　)。
   A. 既要记入有关总分类账户,又要记入有关总分类账户所属的明细账户
   B. 记入总分类账户的金额必须与记入所属明细账户的金额合计数相同
   C. 总分类账户和所属明细账户必须在同一天登记
   D. 登记总分类账户和所属明细账户的借贷方向相同

8. 登记总账的依据可以有(　　)。
   A. 记账凭证　　　B. 明细账　　　C. 科目汇总表　　　D. 汇总记账凭证

9. 下列各项中,(　　)必须采用订本式账簿。
   A. 库存现金日记账　　　　　　B. 银行存款日记账
   C. 总分类账　　　　　　　　　D. 明细分类账

10. 下列账簿中,应每年更换一次的有(　　)。
    A. 总账　　　　B. 日记账　　　C. 多数明细账　　　D. 备查账簿

11. 企业收回货款 2 500 元存入银行,记账凭证的记录为"借:银行存款 2 580,贷:其他应收款 2 580",并已登记入账。更正时需要编制的会计分录包括(　　)。
    A. 用蓝字金额借记"银行存款"账户 80 元,贷记"其他应收款"账户 80 元
    B. 用红字金额借记"银行存款"账户 80 元,贷记"其他应收款"账户 80 元

C. 用红字金额借记"银行存款"账户2 580元,贷记"其他应收款"账户2 580元
D. 用蓝字金额借记"银行存款"账户2 500元,贷记"应付账款"账户2 500元

12. 账簿按用途不同可以分为( )。
    A. 序时账簿　　　　B. 订本账簿　　　　C. 分类账簿　　　　D. 备查账簿
13. 下列对账工作中,属于账账核对的有( )。
    A. 银行存款日记账与银行对账单的核对
    B. 总分类账户与所属明细分类账户的核对
    C. 应收账款明细账与债务人账项的核对
    D. 会计部门的财产物资明细账与财产物资保管、使用部门明细账的核对
14. 总账与明细账的平行登记应该做到( )。
    A. 金额相同　　　　B. 方向相同　　　　C. 登记人相同　　　　D. 期间相同
15. 会计上允许使用的错账更正方法有( )。
    A. 划线更正法　　　B. 补充登记法　　　C. 红字更正法　　　D. 刮擦挖补

三、判断题

1. 库存现金日记账的借方是根据收款凭证登记的,贷方是根据付款凭证登记的。( )
2. 由具有一定格式的账页组成,以审核无误的会计凭证为依据,全面、系统、连续地记录各项经济业务的簿籍称为会计账户。( )
3. 总分类账采用订本式账簿,账页格式可选用三栏式、多栏式和数量金额式。( )
4. 除库存现金日记账和银行存款日记账采用订本账外,其他明细账都采用活页账形式。( )
5. 在登记账簿时,应在记账凭证上注明所记账簿的页数,或划"√"符号,表示已经入账,避免重记、漏记。( )
6. 在更换新账时,应将各账户的余额转到新账簿第一行的余额栏内,可以不必编制记账凭证。( )
7. 登账时发生错误,必须按规定的方法更正,严禁刮、擦、挖、补或使用化学药水清除字迹。( )
8. 在整个账簿体系中,日记账和分类账是主要账簿,备查账为辅助账簿。( )
9. 除结账和更正错账外,一律不得用红色墨水笔登记账簿。( )
10. 一般来说,总账、日记账和多数明细账都应每年更换一次。( )

四、业务题

1. 大生公司2023年10月30日银行存款日记账的记录如表6-18所示,10月31日至11月2日发生下列收支业务:
   (1) 10月31日,收到甲公司归还前欠货款30 000元,款项存入银行。(凭证号:银收88#)
   (2) 10月31日,以银行存款归还本月到期的短期借款10 000元。(凭证号:银付93#)
   (3) 11月1日,出售产品一批,价款为50 000元,增值税额为6 500元,全部款项均已收到并存入银行。(凭证号:银收1#)
   (4) 11月2日,以银行存款支付前欠货款6 000元。(凭证号:银付1#)
   要求:登记银行存款日记账,并进行10月份的月结。

表 6-18　　银行存款日记账

单位:元

2023年		凭证		摘　要	对方科目	借方	贷方	余额
月	日	字	号					
10	30			承前页		60 000	20 000	80 000
	31	银收	88	收到前欠货款	应收账款			
	31	银付	93	归还短期借款	短期借款			
	31			本月合计				
11	1			期初余额				
	1	银收	1	销售产品,已收款	主营业务收入等			
	2	银付	1	归还前欠货款	应付账款			
				过次页				

2. 2023年10月,大生公司对账时,发现下列经济业务的记账有误:

(1) 从银行提取现金5 300元,过账后,发现原记账凭证没错,账簿错记为3 500元。

(2) 结转本月完工产品成本59 000元,原编制的记账凭证为:

借:库存商品　　　　　　　　　　　　　　　　　　　　　　　　　95 000
　　贷:生产成本　　　　　　　　　　　　　　　　　　　　　　　　　　95 000

(3) 计提本月车间的固定资产折旧31 000元,原编制的记账凭证为:

借:管理费用　　　　　　　　　　　　　　　　　　　　　　　　　31 000
　　贷:累计折旧　　　　　　　　　　　　　　　　　　　　　　　　　　31 000

(4) 结转本期的主营业务收入250 000元,编制的记账凭证为:

借:主营业务收入　　　　　　　　　　　　　　　　　　　　　　　25 000
　　贷:本年利润　　　　　　　　　　　　　　　　　　　　　　　　　　25 000

要求:根据上述经济业务判断应采用哪种错账更正方法并予以更正。

第七章 财产清查

学习目标

1. 掌握财产清查的概念和种类
2. 熟悉财产清查的一般程序
3. 掌握财产清查方法
4. 掌握财产物资盘存制度
5. 掌握财产清查结果的账务处理

重点与难点

1. 财产物资盘存制度
2. 财产清查结果的账务处理

知识框架结构

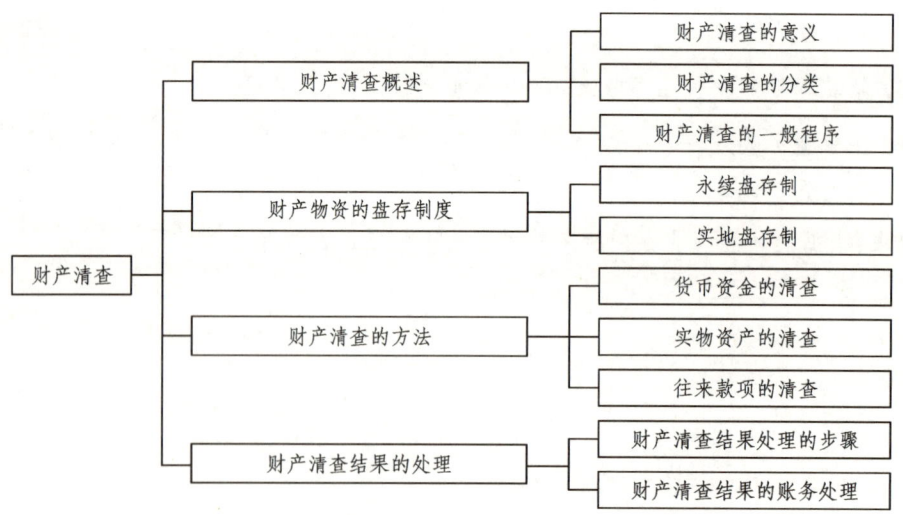

案例导入

獐子岛的扇贝又双叒叕跑？专家的回答亮了

獐子岛的扇贝,在资本市场以"跑路"而闻名。正当投资者以为獐子岛扇贝不会一而再、再而三"跑路"时,獐子岛扇贝又双叒逃跑了。此前,獐子岛公布2019年一季报称,净利润亏损4 314万元,理由还是"扇贝跑路"。

这一次,深交所坐不住了,连忙发函问询。5月22日,深交所向獐子岛下发年报问询函,连发十问要求獐子岛予以解释,其中就包括对该公司持续经营能力的质疑。

5月29日晚间,对于市场较为关注的一季度巨额亏损,獐子岛在回复中说,受2018年海洋牧场灾害影响,公司2016年、2017年底播虾夷扇贝可收获资源总量减少(市场戏称扇贝"跑路"),短期内,由于海洋牧场养殖产品产量下降,相应折旧摊销、海域使用金等固定成本无法摊薄,导致产品单位成本上升,影响了一季度业绩同比减少1 488万元。

獐子岛扇贝"跑路",已不是第一次了。

1. 扇贝跑路"三部曲"

獐子岛因养殖虾夷扇贝在业界闻名,但近年来,更因扇贝多次"跑路"而闻名于A股。

到2019年4月份,扇贝"跑路"的故事已经上演第三季。

2014年10月,獐子岛发布公告称,公司养殖的扇贝因北黄海遭遇几十年一遇的冷水团,造成绝收,当时市场戏称这一事件为扇贝"集体跑路"。当年,獐子岛年度业绩巨亏11.89亿元。

到了2018年1月,獐子岛扇贝又出事了。这次扇贝没跑,但却被"饿死了"。当月,公司发布公告称,在盘查底播虾夷扇贝年末存量时,发现海洋牧场遭受重大灾害,扇贝长期处于饥饿状态,日益消瘦,品质也越来越差,甚至出现大规模死亡。

于是,獐子岛2017年公司业绩大变脸。按照之前预测,獐子岛2017年盈利近1亿元,但实际却是亏损7.23亿元。

一时间,獐子岛扇贝到底去哪里了,成为众人难解之谜,獐子岛的投资者更是苦不堪言。

到了2019年,獐子岛的报表好看多了。2018年,公司实现营业收入27.98亿元,同比下降12.72%,但公司取得净利润3 210.92万元,同比增加104.44%,终于扭亏为盈。

正当投资者欢欣鼓舞时,又一个惊雷从天而降。

獐子岛公告,2019年一季度亏损4 314万元,同比下滑379.43%。原因同样是虾夷扇贝受灾,导致产量及销量大幅下滑。这就是说,2018年全年挣的钱还不够2019年前3个月亏的。

2. 是天灾还是人祸

獐子岛扇贝频繁"跑路",专家表示,这一现象反复出现,挑战常识。

信达证券研发中心副总经理刘景德在接受经济日报记者采访时就表示,虽然扇贝"跑路"有可能存在,但是屡次"跑路"就不正常了。

中国水产科学研究院虾夷扇贝研究专家告诉经济日报记者,此前大连海域确有海洋牧场发生过底播扇贝大面积死亡的情况,灾害发生一般有环境(水温、降水)、种质、养殖密度等方面的原因。但通常情况下,虾夷扇贝并不具有长距离迁徙逃跑的能力。

那么,獐子岛扇贝真的跑了吗?又为何一而再、再而三地跑?

专家表示,养殖存在自然风险,海洋生物养殖更是如此。海洋牧场要考虑天时、地利、人和因素,需系统防范自然风险。

中国社会科学院大学金融研究所所长李永森在接受采访时也表示,每个公司都面临客观环境变化所带来的业绩影响,但一而再、再而三地以扇贝"跑路"为借口,这就不仅是客观环境的问题了,更是这家公司的管理、生产、经营以及内部治理出现了问题。

2018年2月,在公司公告大量扇贝被"饿死"之后,因为涉嫌违规披露信息,獐子岛被证监会立案调查。如今,这一调查还在进行。

相信,随着调查的推进,獐子岛扇贝"跑路"的真相,也就不远了。

业务技能思考:

对于像獐子岛这样的水产养殖企业来讲,应如何进行生物资产(鲍鱼、扇贝、牡蛎竺)的清查呢?政府监管部门应如何加强对农业上市公司的监管呢?

[摘自"獐子岛扇贝又双叒叕跑路?专家的回答亮了"(《经济日报》,2019-05-31),作者温济聪,乔全亮]

第一节 财产清查概述

一、财产清查的意义

财产清查是指通过对货币资金、实物资产和往来款项的盘点或核对,确定其实存数,查明账存数与实存数是否相符的一种专门方法。

按照《会计法》的规定,每一个单位发生的日常经济业务,都需要通过填制和审核会计凭证、登记账簿、试算平衡和对账等一系列严密的会计处理方法来保证账证相符和账账相符。因此,从理论上来讲,会计账簿上所记载的财产增减和结存情况,应该与实际的财产收发和结存相符。但在实际工作中,有很多客观原因造成了各项财产的账面数额与实际结存数额存在差异,诸如财产物资的自然损耗、收发差错或计量错误、不法分子贪污盗窃等。为了保证会计账簿记录的真实和准确,进一步建立健全财产物资的管理制度,确保企业财产的安全完整,就必须进行财产清查,做到账实相符。

财产清查在企业的生产经营过程中发挥着十分重要的作用,主要表现在以下几个方面:

(1) 确保会计资料真实可靠。通过财产清查,可以确定各项财产物资的实际结存数,实际结存数与账面结存数进行核对,可以揭示各项财产物资的溢缺情况,进而查明发生盘盈、盘亏的原因和责任,并及时调整账面记录,做到账实相符,保证账簿记录真实、可靠。

(2) 保护财产物资的安全完整及有效使用。通过财产清查,可以查明各项财产物资的储备、保管和使用情况,查明各项财产物资占用资金的合理程度,以便挖掘各项财产物资的潜力,加速资金周转,提高资金使用效率。

(3) 保证财经纪律的贯彻执行。通过财产清查,可以核查各单位财经纪律的遵守情况,如查明有无积压浪费、贪污挪用等违纪情况,有无长期拖欠、无理拒付等不合理的债权债务关系,促进企业自觉遵守财经制度,维护财经纪律。

二、财产清查的分类

财产清查可以从不同角度进行分类,如图7-1所示。

(一) 财产清查按清查的范围不同,可分为全面清查和局部清查

1. 全面清查

全面清查是对企业所有财产进行的清查和核对。全面清查由于清查范围大、内容多、时

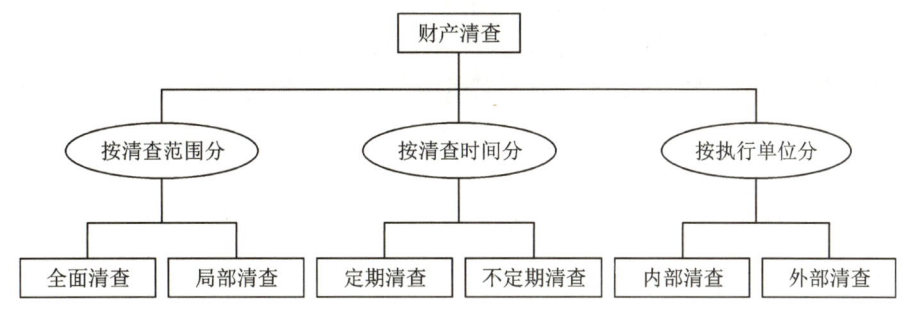

图 7-1 财产清查的分类图

间长、参与人员多,不宜经常进行。通常需要进行全面清查的情形有:

(1) 年终决算前,需要进行全面清查,以明确经济责任,确保年终决算会计资料的真实、正确。

(2) 企业关停并转、改变隶属关系或中外合资、国内联营之前,需要进行全面清查,以摸清家底,明确各方的经济责任,防止资产的流失。

(3) 开展资产评估、清产核资时,需要进行全面清查,以摸清企业资产的真实数量和现时价值,检查账实相符的程度,加强对企业资产的监督管理。

(4) 单位主要负责人调离工作岗位时,需要进行全面清查,作为离任审计的重要依据,以评价和明确离任负责人的业绩和责任。

2. 局部清查

局部清查是根据需要对部分财产进行盘点和核对。由于局部清查的清查范围小、内容少、时间短、参与人员少,因此在实际工作中比较常见。局部清查一般适用于以下情况:

(1) 对于库存现金,应由出纳人员于每日终了时进行清点核对。

(2) 对于银行存款,每月至少要同银行核对一次。

(3) 对于流动性较大的财产物资,如原材料、在产品、产成品等,应根据需要随时轮流盘点或重点抽查;对于贵重的财产物资,每月都要进行清查盘点。

(4) 对于债权、债务,每年至少同对方核对一至两次。

(二) 财产清查按清查的时间不同,可分为定期清查和不定期清查

1. 定期清查

定期清查是按照预先计划安排的时间对财产进行的盘点和核对。定期清查一般在年末、季末、月末进行。定期清查的对象不定,可以是全面清查,如年末决算前的清查;也可以是局部清查,如现金、贵重物品的每日清点。

2. 不定期清查

不定期清查是事前不规定清查日期,而是根据特殊需要临时进行的盘点和核对。不定期清查可以是全面清查,也可以是局部清查,企业应根据实际需要来确定清查的对象和范围。不定期清查的情形主要有:

(1) 更换财产、库存现金保管人员时,要对有关人员保管的财产、库存现金进行清查,以分清经济责任。

(2) 发生自然灾害和意外损失时，要对受损财产进行清查，以查明损失情况。

(3) 上级主管、财政、审计和银行部门，对本单位进行会计清查，应按检查要求和范围对财产进行清查，以验证会计资料的可靠性。

(4) 进行临时性清产核资时，要对本单位的财产进行清查，以便摸清家底。

（三）财产清查按清查的执行单位不同，可分为内部清查和外部清查

1. 内部清查

内部清查是由本单位内部自行组织清查工作小组所进行的清查工作。大多数财产清查都是内部清查。

2. 外部清查

外部清查是由上级主管部门、审计机关、司法部门、注册会计师等根据国家的有关规定或情况的需要所进行的清查。一般来讲，进行外部清查时应有本单位相关人员参加。

三、财产清查的一般程序

财产清查既是会计核算的一种专门方法，又是财产物资管理的一项重要制度。企业必须有计划、有组织地进行财产清查。财产清查一般包括以下程序：

(1) 建立财产清查组织。清查组织由单位领导和财务会计、业务、仓库等有关部门的人员组成，一般应由管理层研究并制订财产清查计划，确定工作进度和工作方法。

(2) 组织清查人员学习有关政策规定，掌握有关法律、法规和相关业务知识，以提高财产清查工作的质量。

(3) 确定清查对象、范围，明确清查任务。

(4) 制定清查方案，具体安排清查内容、时间、步骤、方法，以及必要的清查前准备。

(5) 清查时本着先清查数量、核对有关账簿记录等，后认定质量的原则进行。

(6) 填制盘存清单。清查人员要做好盘点记录，填制盘存单，列明所查财产物资的实存数量和金额及债权、债务的实有数额。

(7) 根据盘存清单填制实物、往来账项清查结果报告表。

第二节 财产物资的盘存制度

微课：财产盘存制度

财产物资的盘存制度一般来说有两种：一是永续盘存制；二是实地盘存制。在不同的盘存制度下，各项财产物资在账簿中的记录方法是不同的，但无论采用哪种盘存制度，对财产物资都必须定期或不定期地进行清查。

一、永续盘存制

永续盘存制，就是对财产物资的增加数和减少数，都必须根据会计凭证，按其发生的顺序，逐笔、连续地在财产物资明细账中进行登记，并随时在账面上结出结存数额的一种盘存制度，亦称账面盘存制。其计算公式如下：

账面期末结存数额＝账面期初结存数额＋本期增加数额－本期减少数额

【例 7-1】 2023 年 11 月 1 日,新华公司乙材料结存数量为 2 000 千克,单价为 3 元;4 日购进入库乙材料 1 000 千克,实际成本为 3 000 元;6 日生产领用 2 100 千克,实际成本为 6 300 元;10 日购进入库乙材料 2 500 千克,实际成本为 7 500 元;12 日生产领用 2 000 千克,实际成本为 6 000 元;18 日生产领用 1 200 千克,实际成本为 3 600 元;20 日购进入库乙材料 1 500 千克,实际成本为 4 500 元。永续盘存制下乙材料明细账的记录如表 7-1 所示。

表 7-1　　　　　　　　　　　原材料明细账

一级科目:原材料　　　　最高储备:_____　　　　材料规格:_____
二级科目:乙材料　　　　最低储备:_____　　　　计量单位:千克

2023年		凭证		摘要	收入			发出			结存		
月	日	字	号		数量	单价	金额	数量	单价	金额	数量	单价	金额
11	1										2 000	3	6 000
	4	(略)	(略)	购进	1 000	3	3 000				3 000	3	9 000
	6	(略)	(略)	生产领用				2 100	3	6 300	900	3	2 700
	10	(略)	(略)	购进	2 500	3	7 500				3 400	3	10 200
	12	(略)	(略)	生产领用				2 000	3	6 000	1 400	3	4 200
	18	(略)	(略)	生产领用				1 200	3	3 600	200	3	600
	20	(略)	(略)	购进	1 500	3	4 500				1 700	3	5 100
	30			本月合计	5 000	3	15 000	5 300	3	15 900	1 700	3	5 100

从上述情况可以看出,该种盘存制度的优点是会计核算手续比较严密,能够及时反映财产物资的收、发、存情况,有利于加强财产物资的管理和保护财产物资的安全完整;缺点是日常核算工作量比较大。但同实地盘存制相比,它对存货起着有效的管理和控制作用,所以永续盘存制在实际工作中运用非常广泛。

二、实地盘存制

实地盘存制又称以存计销制、以存计耗制,是指平时在账簿中只登记财产物资的增加数,不登记减少数,期末根据实地盘点来确定财产物资的实存数,倒挤出本期财产物资的减少数,并据以入账的一种制度。本期减少数的计算公式如下:

本期减少数额＝账面期初结存数额＋本期增加数额－期末实存数额

【例 7-2】 承[例 7-1],假定新华公司于 2023 年 11 月 30 日实地盘点乙材料,发现期末结存数量为 1 650 千克,实际成本为 4 950 元。实地盘存制下乙材料明细账的记录如表 7-2 所示。

表 7-2　　　　　　　　　　　　原材料明细账

一级科目：原材料　　　　最高储备：_____　　　　　材料规格：_____
二级科目：乙材料　　　　最低储备：_____　　　　　计量单位：千克

2023年		凭证		摘要	收入			发出			结存		
月	日	字	号		数量	单价	金额	数量	单价	金额	数量	单价	金额
11	1										2 000	3	6 000
	4	(略)	(略)	购进	1 000	3	3 000				3 000	3	9 000
	10	(略)	(略)	购进	2 500	3	7 500				5 500	3	16 500
	20	(略)	(略)	购进	1 500	3	4 500				7 000	3	21 000
	30	(略)	(略)	本月发出				5 350	3	16 050	1 650	3	4 950
	30			本月合计	5 000	3	15 000	5 350	3	16 050	1 650	3	4 950

按实地盘存制要求，则本期发出材料的数量和金额计算为：

本月发出材料数量＝2 000＋5 000－1 650＝5 350（吨）

本月发出材料金额＝6 000＋15 000－4 950＝16 050（元）

采用实地盘存制，减少了存货明细账的登记工作。但由于平时只登记各项财产物资增加的数量和金额，不登记减少数量和金额，不能通过账簿随时掌握存货的收、发、存的动态情况。对于存货减少，手续不严密，不便于实施会计监督，容易掩盖存货管理中存在的问题（如偷盗、毁损、短缺等），不利于财产物资的日常管理。因此，这种盘存制度只有小型企业、经营鲜活商品的零售企业采用，一般企业均应采用永续盘存制。

【提示】
　　无论企业采用哪种盘存制度，都需要进行财产清查，但财产清查的目的并不相同。永续盘存制下，财产清查的目的是为了与账簿记录进行核对；实地盘存制下，财产清查的目的是为了计算期末财产物资的账面结存数。基于此，实地盘存制下财产物资的实存数与账存数相等，不会出现盘盈盘亏现象。

第三节　财产清查的方法

由于财产物资的种类较多，各有特点，为了达到财产清查工作的目的，针对不同的清查对象应采取不同的清查方法。

一、货币资金的清查

（一）库存现金的清查

库存现金清查的基本方法是实地盘点法。它是通过采用实地盘点确定库存现金的实存数，然后与库存现金日记账的账面余额进行核对，以确定账实是否相符。除现金出

微课：财产
清查方法

纳人员要做到日清月结、账款相符外,单位还应组织清查人员对库存现金进行定期或不定期的清查,并及时与库存现金日记账余额核对,以查明账实是否相符和盈亏情况。

对库存现金进行盘点时,为了明确经济责任,出纳人员必须在场,有关业务必须在库存现金日记账中全部登记完毕。盘点时,一方面要注意账实是否相符;另一方面还要检查现金管理制度的遵守情况,有无超过库存现金限额,有无白条抵库,有无挪用舞弊等情况。库存现金盘点结束后,应根据盘点的结果及库存现金日记账核对的情况,编制库存现金盘点报告表,由盘点人和出纳员共同签章方能生效。库存现金盘点报告表格式如表7-3所示。

思政:出纳挪用近1900万元公款买彩票

表7-3　　　　　　　　　　　库存现金盘点报告表

单位名称:新华有限责任公司　　　　2023年11月30日

实存金额	账存金额	对比结果		备注
		盘盈(长款)	盘亏(短款)	
6 800	6 700	100		原因待查

盘点人签章:黄　浩　　　　　　　　　　　　　　　　　出纳员签章:严冬梅

(二)银行存款的清查

1. 银行存款清查的方法

银行存款清查的基本方法是对账单法,是指将本单位的银行存款日记账与开户银行转来的对账单进行逐笔核对,以查明账实是否相符的一种方法。一般地,在正式清查之前,应首先将本单位的银行存款日记账登记齐全、结出余额;其次以每个银行账户为单位,将单位登记的银行存款日记账与银行送来的银行对账单逐笔核对增减额和同一日期的余额。如果两者余额相符,通常说明没有错误;如果两者余额不符,则可能是企业和银行一方或双方记账有错误或存在未达账项。银行存款的清查如图7-2所示。

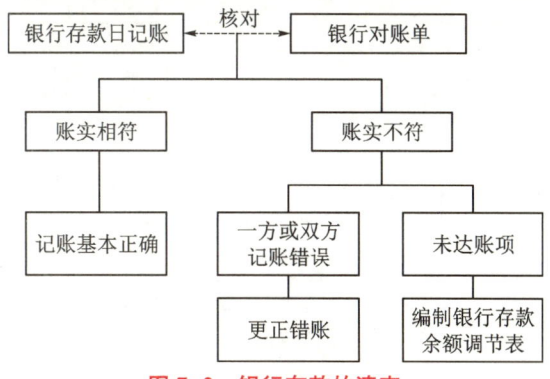

图7-2　银行存款的清查

2. 未达账项

未达账项是指企业与银行之间对于同一项业务,由于凭证传递上的时间差所形成的一方已经登记入账,而另一方因尚未收到相关凭证,尚未登记入账的款项。未达账项总的来说有两大类型:一是企业已经入账而银行尚未入账的款项;二是银行已经入账而企业尚未入账的款项。具体来说有下列四种情形:

(1) 企业已收款入账、银行尚未收款入账的款项。例如,企业销售产品收到转账支票,送存银行后即可根据银行盖章、退回的"进账单"回单联登记银行存款的增加,而银行则要在款项收妥后才能登记企业银行存款的增加。如果此时对账,则会形成"企业已收款入账、银行尚未收款入账"的未达账项。

(2) 企业已付款入账、银行尚未付款入账的款项。例如,企业开出一张转账支票支付前欠货款,企业根据转账支票的存根联登记银行存款的减少,而银行因尚未收到相关凭证,未办妥支付或转账手续,未登记银行存款的减少。如果此时对账,则会形成"企业已付款入账、银行尚未付款入账"的未达账项。

(3) 银行已收款入账,企业尚未收款入账的款项。例如,外地某单位向企业汇来款项,银行收到汇款后登记企业银行存款的增加,而企业此时尚未收到汇款凭证未登记银行存款的增加。如果此时对账,则会形成"银行已收款入账、企业尚未收款入账"的未达账项。

(4) 银行已付款入账,企业尚未付款入账的款项。例如,银行代企业支付款项,银行已取得支付款项的凭证并已登记企业银行存款的减少,而企业此时尚未接到凭证未登记银行存款的减少。如果此时对账,则会形成"银行已付款入账、企业尚未付款入账"的未达账项。

上述任何一种未达账项的存在,都会使企业银行存款日记账账面余额与银行对账单余额不符。具体来看,出现上述第(1)、第(4)两种情况会使"企业银行存款日记账账面余额"大于"银行对账单余额";出现上述第(2)、第(3)两种情况会使"企业银行存款日记账账面余额"小于"银行对账单余额",如图7-3所示。所以,在与银行对账时首先应查明是否存在未达账项,如果存在未达账项,应该填制"银行存款余额调节表"据以调节双方的余额,确定企业银行存款实有数。

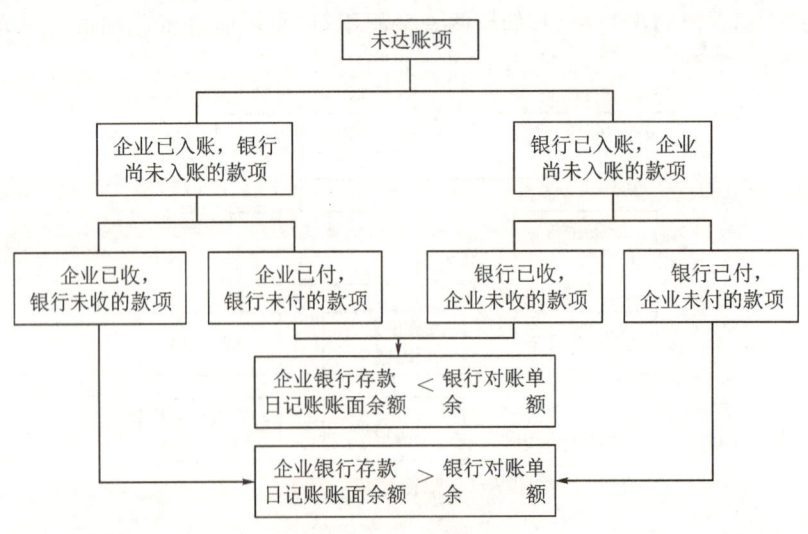

图7-3 未达账项的类型

3. 银行存款清查的基本程序

(1) 将银行存款日记账与开户银行对账单逐日逐笔核对,包括日期、银行结算凭证种类、号码、金额,凡双方都有记录的用铅笔打"√"。

(2) 对银行存款日记账与银行对账单中没有打"√"的款项进行检查,确认是属于记账错误还是未达账项。

(3) 对查出的企业记账错误按照一定的错账更正方法进行更正后登记入账,调整银行存款日记账账面余额;对查出的银行记账错误,通知银行更正并调整银行对账单余额。

(4) 如果期末企业存在未达账项,应编制银行存款余额调节表,将属于未达账项的事项记入调节表,计算调节后的余额。

(5) 将调整平衡的银行存款余额调节表经主管会计签章后,送达开户银行。

4. 银行存款余额调节表的编制

银行存款余额调节表的编制,是以企业银行存款日记账余额和银行对账单余额为基础,各自分别加上对方已收款入账而己方尚未入账的数额,减去对方已付款入账而己方尚未入账的数额。其计算公式如下:

$$\text{企业银行存款日记账余额} + \text{银行已收企业未收款项} - \text{银行已付企业未付款项} = \text{银行对账单余额} + \text{企业已收银行未收款项} - \text{企业已付银行未付款项}$$

如果调节后双方余额相符,就说明企业和银行双方记账过程基本正确,而且这个调节后余额就是企业当时可以实际动用的银行存款余额。如果调节后余额仍然不符,则说明企业和开户银行之间可能存在一方或双方的记账错误,无论是哪一方的错误,均需查明原因,并进行更正和处理。

【例 7-3】 2023 年 11 月 30 日,新华公司银行存款日记账的账面余额为 300 000 元,开户行送达的银行对账单所列本企业存款余额为 370 000 元,经过逐笔核对,发现未达账项如下:

(1) 11 月 28 日,企业收到大华公司一张 30 000 元的转账支票,已开具进账单送存银行,但银行尚未入账。

(2) 11 月 29 日,企业开出一张 90 000 元的转账支票用于支付前欠华发公司的货款,企业根据转账支票存根联登记入账,持票人尚未到银行办理进账手续。

(3) 11 月 30 日,银行收到外地某单位汇来的本企业销货款 50 000 元,银行已登记入账,企业尚未收到银行收账通知而未入账。

(4) 11 月 30 日,银行代企业支付当月的水费 40 000 元,企业尚未收到付款通知而未入账。

根据以上未达账项编制"银行存款余额调节表",如表 7-4 所示。

表 7-4　　　　　　　　　　　银行存款余额调节表

账号:11100104433786439188　　　　　2023 年 11 月 30 日　　　　　　　　　　单位:元

项目	金额	项目	金额
企业银行存款日记账余额	300 000	银行对账单余额	370 000
加:银行已收、企业未收款项	50 000	加:企业已收、银行未收款项	30 000
减:银行已付、企业未付款项	40 000	减:企业已付、银行未付款项	90 000
调节后的存款余额	310 000	调节后的存款余额	310 000

主管会计:张　博　　　　　　出纳:严冬梅　　　　　　制表人:黄　浩

由表7-4可见，表中左右两方调节后的余额相等，表明新华公司银行存款日记账的记账过程基本正确，同时也表明公司实际可动用的银行存款为310 000元。

【提示】
银行存款余额调节表只是一种对账记录或对账工具，不能作为调整账面记录的依据，即不能根据银行存款余额调节表中的未达账项来调整银行存款账面记录，未达账项只有在收到有关凭证后才能进行有关的账务处理。

二、实物资产的清查

实物资产是指具有实物形态的各种财产，主要包括存货和固定资产等。实物资产的清查就是对实物资产的数量和质量进行的清查。

（一）实物资产清查的方法

不同种类的实物资产的实物形态、重量、体积、堆放的方式各不相同，清查的方法也各不相同。常用的清查方法主要包括以下两种。

北斗导航立奇功

1. 实地盘点法

实地盘点是指对财产物资按其存放地点进行逐一清点，或用计量器具（如磅秤、米尺等）进行实地称量，以确定其实有数量。这种方法适用范围较广，大多数财产物资的清查都可以使用该种方法。实地盘点法要求严格，数字准确可靠，清查质量高，为提高清查的速度和质量，应事先按财产物资的实物形态进行科学的码放，如五五排列、三三制码放等。

2. 技术推算法

技术推算法又称测量计算法，是指利用技术方法（如量方、计尺等）测定财产物资实有数量的方法。该方法主要适用于那些大量成堆，价廉笨重且不能逐项清点的物资，如露天堆放的煤、砂石、焦炭等。

（二）实物资产清查结果的记录

为了明确经济责任，盘点时有关财产物资的实物保管人员必须在场并参与盘点工作。盘点工作不但指清点实物数量，还包括实物质量的检查，以便及时发现和处理短缺、毁损、霉变、过时的物资。各项财产物资的盘点结果，应如实登记在"盘存单"上，并由盘点人员和实物保管人员同时签章，作为各项财产物资实存数额的书面证明，其格式如表7-5所示。

表7-5　　　　　　　　　　　盘　存　单

单位名称：新华有限责任公司　　盘点时间：2023年11月30日　　编号：11
财产类别：原材料　　　　　　　存放地点：1#仓库

序号	名称	规格	计量单位	实存数量	单价	金额	备注
	A材料		吨	1 690	3	5 070	

盘点人（签章）：黄　浩　　　　　　　　　　　　　　保管人（签章）：刘华明

盘点结束后，将"盘存单"的实存数额与账面结存数额核对。若发现某些财产物资账实不符，应填制"实存账存对比表"（也称"盘盈盘亏报告表"），用于确定财产物资盘盈或盘亏的数额。实存账存对比表是财产清查的重要报表，是调整账簿记录的原始凭证，也是分析差异原因、明确经济责任的重要依据,应认真填报。其格式如表7-6所示。

表7-6　　　　　　　　　　实存账存对比表
单位名称:新华有限责任公司　　　　　　　2023年11月30日

类别及名称	计量单位	单价	实存		账存		对比结果				备注
							盘盈		盘亏		
			数量	金额	数量	金额	数量	金额	数量	金额	
A材料	吨	3	1 690	5 070	1 700	5 100			10	30	原因待查

盘点人(签章):黄　浩　　　　　　　　　　　　　　　会计(签章):王长江

三、往来款项的清查

往来款项是指企业与其他单位、个人之间的各种应收应付款项、预收预付款项及其他应收应付款项等。为了保证往来款项账目的正确性,促使欠款方及时清算,防止长期拖欠,应对往来款项进行及时清查。

往来款项的清查一般采取函证核对法,即派人或以通信的方式与往来结算单位核实账目。清查单位应在本单位各种往来款项记录准确的基础上,按每一经济往来单位编制"往来款项对账单",一式两联,其中一联派人或发函送达对方核对账目,另一联作为回单联,如图7-4所示。如若对方单位核对相符后,在回单联上加盖公章寄回;如核对不符,对方单位应在回单联上注明情况寄回本单位,本单位应进一步查明原因,再行核对,直到相符为止。

往来款项对账单

宏达公司:

　　本公司与贵单位的业务往来有下列各项目,为了核对账目,特函请查证是否相符,请核对后将回单联寄回。

结账日期	欠贵公司	贵公司欠
2023年11月30日		180 000元

请贵公司核对无误后签章证明,将此信寄回,如有不符,请将情况(包括时间、内容、金额、不符原因)告知。

(注:本函仅是对账,如结账日期后已付清,仍请函复)

新华有限责任公司:

　　你单位寄来的"往来款项对账单"已经收到,经核对__相符__。

　　不相符(附清单)

单位盖章
2023年12月10日

图7-4　往来款项对账单

往来款项清查后,将清查结果编制"往来款项清查结果报告表"。对其中有财务纠纷以及无法收回或无法清偿的款项,应详细说明情况,报请财产清查小组或上级处理,以便尽快了结这些逾期的债权、债务。其格式如表 7-7 所示。

表 7-7　　　　　　　　　往来款项清查报告表

2023 年 11 月 30 日

债权债务单位	账面结存金额	对方结存金额	对比结果		差异原因和金额		备注
			大于对方数额	小于对方数额	争议中的账项	未达账项	
宏达公司	180 000	180 000					

单位主管(签章):　　　　　主管会计(签章): 张　博　　　　制表(签章): 周　晶

往来款项清查结果经研究后,应按规定和批准意见处理。该收回的款项应积极催收,该归还的款项要及时主动归还;对有争议的款项要共同协商及时处理,不能协调解决的,可以通过法律途径进行调解或裁决;对确实无法收回或无法支付的款项应进行核销处理,但应在备查簿上进行记录。

第四节　财产清查结果的处理

财产清查结果不外乎两种情况:一是账实相符;二是账实不符。如果账实相符,则无需账务处理;如果账实不符,则要进行账务处理,调整账存数,使账存数与实存数一致。通过财产清查发现的账实不符,主要有两种结果:盘盈(实存数>账存数)和盘亏(实存数<账存数)。无论是盘盈还是盘亏,企业都应当按照国家有关规定进行账务处理,如图 7-5 所示。

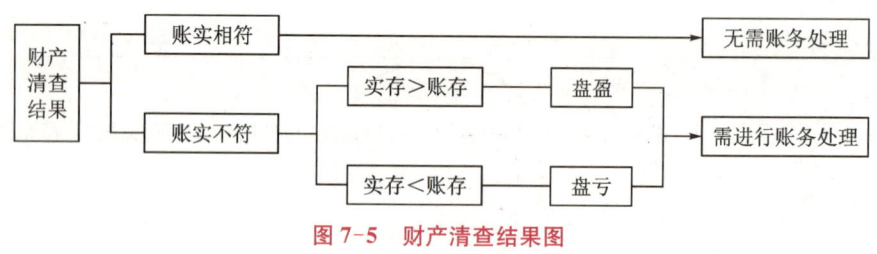

图 7-5　财产清查结果图

一、财产清查结果处理的步骤

对于财产清查结果的处理可分为以下两个阶段:

(1)审批之前的处理。根据"实存账存对比表""盘点报告表"等原始凭证,编制记账凭证,调整财产物资的账面记录,使其账实相符。

(2)审批之后的处理。对于清查中发现的各种财产损溢,企业应于期末前查明原因,并根据企业的管理权限,将处理建议报股东大会或董事会,或经理(厂长)会议或类似机构批准后,在期末结账前处理完毕。

二、财产清查结果的核算

(一) 账户设置

为了核算和监督各单位在财产清查中查明的各种财产的盘盈、盘亏和毁损以及处理结果,应设置"待处理财产损溢"账户。

"待处理财产损溢"账户属于资产类账户,用来核算企业在财产清查过程中发生的盘盈、盘亏或毁损及其处理情况。该账户属于双重性质账户,在该账户下设"待处理流动资产损溢"和"待处理固定资产损溢"两个明细账户。其账户结构如图7-6所示。

借方	待处理财产损溢	贷方
①本期发生的盘亏、毁损数 ②经批准转销的盘盈数		①本期发生的盘盈数 ②经批准转销的盘亏、毁损数
尚待处理的财产盘亏或毁损净损失		尚待处理的财产盘盈净收益

图7-6 "待处理财产损溢"账户结构

【提示】
　　对于"待处理财产损溢"这个过渡性账户,使用时需要注意以下三点:一是只有各种实物资产和库存现金的清查结果出现盘盈、盘亏或毁损时才会使用此账户,而债权债务的盈亏余缺不在该账户中核算;二是该账户的具体应用应分批准前和批准后两个步骤;三是盘盈、盘亏或毁损的实物资产如果在会计期末(如年末)尚未经批准,应在对外提供财务会计报告时先按有关规定进行处理,并在会计报表附注中作出说明,如果其后批准处理的金额与已处理的金额不一致,应按其差额调整会计报表相关项目的年初数。

(二) 财产清查结果的账务处理

1. 库存现金清查结果的账务处理

1) 库存现金盘盈的账务处理

发现库存现金盘盈后,应查明盘盈的原因,及时办理库存现金入账手续,调整库存现金账簿记录,即按盘盈的金额,借记"库存现金"账户,贷记"待处理财产损溢——待处理流动资产损溢"账户。

微课:财产清查结果的账务处理

对于盘盈的库存现金,应及时查明原因,按管理权限报经批准后,应分情况进行处理:属于记账差错的应及时予以更正;无法查明原因的长款,贷记"营业外收入"账户;需要支付或退还他人的款项,贷记"其他应付款"账户。

【例7-4】　新华公司在财产清查中,发现库存现金盘盈100元。

在报经批准前,根据"库存现金盘点报告表"确定的库存现金盘盈数,调整账面记录,编制的会计分录为:

借:库存现金　　　　　　　　　　　　　　　　　　　　　　　　100
　　贷:待处理财产损溢——待处理流动资产损溢　　　　　　　　　　100

【例7-5】　承[例7-4],经反复核查,此笔库存现金长款无法查明原因。

根据批准处理意见，转作营业外收入，编制的会计分录为：

借：待处理财产损溢——待处理流动资产损溢　　　　　100
　　贷：营业外收入　　　　　　　　　　　　　　　　　　　100

2) 库存现金盘亏的账务处理

库存现金盘亏后，应及时办理盘亏的确认手续，调整库存现金账簿记录，即按盘亏的金额，借记"待处理财产损溢——待处理流动资产损溢"账户，贷记"库存现金"账户。

对于盘亏的库存现金，应及时查明原因，按管理权限报经批准后，应分情况进行处理：属于记账差错的应及时予以更正；属于应由责任人或保险公司赔偿的部分，借记"其他应收款"账户；属于无法查明原因的现金短款，借记"管理费用"账户。

【例7-6】　新华公司在财产清查中，发现库存现金盘亏200元。

在报经批准前，根据"库存现金盘点报告表"确定的库存现金盘亏数，调整账面记录。编制的会计分录为：

借：待处理财产损溢——待处理流动资产损溢　　　　　200
　　贷：库存现金　　　　　　　　　　　　　　　　　　　　200

【例7-7】　承[例7-6]，经反复核查，此笔库存现金短款中100元应由出纳员严冬梅赔偿，另外100元无法查明原因。

根据批准处理意见，转销库存现金盘亏的会计分录为：

借：其他应收款——严冬梅　　　　　　　　　　　　　100
　　管理费用　　　　　　　　　　　　　　　　　　　　100
　　贷：待处理财产损溢——待处理流动资产损溢　　　　　　200

【例7-8】　承[例7-7]，收到出纳员严冬梅赔偿的现金100元。

借：库存现金　　　　　　　　　　　　　　　　　　　100
　　贷：其他应收款——严冬梅　　　　　　　　　　　　　　100

2. 存货清查结果的账务处理

1) 存货盘盈的账务处理

在财产清查中发现存货盘盈时，经查明是由于收发计量或核算上的误差等原因造成的，应及时办理存货入账手续，调整存货账簿的实存数。盘盈的存货应按其重置成本作为入账价值，借记"原材料""库存商品"等账户，贷记"待处理财产损溢——待处理流动资产损溢"账户。

对于盘盈的存货，应及时查明原因，按管理权限报经批准后，冲减管理费用。即按照其入账价值，借记"待处理财产损溢——待处理流动资产损溢"账户，贷记"管理费用"账户。

【例7-9】　新华公司在财产清查中，发现B材料盘盈200千克，其市场价为每千克3元。

在报经批准前，根据"实存账存对比表"确定的原材料盘盈数，调整账面记录。编制的会计分录为：

借：原材料——B材料　　　　　　　　　　　　　　　600
　　贷：待处理财产损溢——待处理流动资产损溢　　　　　　600

【例 7-10】 承[例 7-9]，经核查，原材料盘盈为自然溢余，同意冲减管理费用。

借：待处理财产损溢——待处理流动资产损溢　　　　　　　600
　　贷：管理费用　　　　　　　　　　　　　　　　　　　　　　　600

2) 存货盘亏的账务处理

企业财产清查中发现存货盘亏和毁损，在报经批准前，应按其成本转入"待处理财产损溢——待处理流动资产损溢"账户，贷记"原材料""库存商品"等账户，使其账实相符。原材料、产成品、库存商品采用计划成本(或售价)核算的，还应同时结转成本差异(或商品进销差价)。涉及增值税的，应视情况进行相应的账务处理。如果企业因管理不善造成存货被盗、丢失、霉烂变质，以及因违反法律法规造成存货被依法没收、销毁、拆除，其增值税不得从销项税额中抵扣，应记入"应交税费——应交增值税(进项税额转出)"账户的贷方。

对于盘亏的存货，应及时查明原因，按管理权限报经批准后，应分情况进行处理：属于定额内损耗、日常计量收发差错和管理不善等原因造成的，借记"管理费用"账户；属于应由保险公司或过失人赔偿的部分，借记"其他应收款"账户；对于入库的残料价值，借记"原材料"账户。扣除回收的残料价值和保险公司或过失人赔偿后的净损失，如果是一般经营性损失，借记"管理费用"账户；如果是非正常损失，借记"营业外支出"账户。

【例 7-11】 新华公司在财产清查中发现 C 材料因管理不善发生火灾，材料的实际成本为 20 000 元，增值税专用发票上注明的增值税额为 2 600 元。

在报经批准前，根据"实存账存对比表"确定的原材料毁损数，调整账面记录。编制的会计分录为：

借：待处理财产损溢——待处理流动资产损溢　　　　　　　22 600
　　贷：原材料——C 材料　　　　　　　　　　　　　　　　　　20 000
　　　　应交税费——应交增值税(进项税额转出)　　　　　　　 2 600

【例 7-12】 承[例 7-11]，经核查，这次火灾事故中预计可回收的材料为 1 000 元，保险公司赔偿 10 000 元，因保管员王明存在工作过错，责令其赔偿 5 000 元，其余部分由公司承担。

根据批准处理意见，转销原材料盘亏的会计分录为：

借：原材料——C 材料　　　　　　　　　　　　　　　　　　 1 000
　　其他应收款——保险公司　　　　　　　　　　　　　　　　10 000
　　　　　　　——王明　　　　　　　　　　　　　　　　　　 5 000
　　营业外支出　　　　　　　　　　　　　　　　　　　　　　 6 600
　　贷：待处理财产损溢——待处理流动资产损溢　　　　　　　22 600

【例 7-13】 新华公司因台风造成一批 D 材料毁损，材料的实际成本为 70 000 元，增值税专用发票上注明的增值税额为 9 100 元。

在报经批准前，根据"实存账存对比表"确定的原材料毁损数，调整账面记录，编制的会计分录为：

借：待处理财产损溢——待处理流动资产损溢　　　　　　　70 000
　　贷：原材料——D 材料　　　　　　　　　　　　　　　　　70 000

【例 7-14】承[例 7-13]，保险公司同意赔偿 50 000 元，其余部分由公司承担。

根据批准处理意见，转销原材料盘亏的会计分录为：

借：其他应收款——保险公司　　　　　　　　　　　　　50 000
　　营业外支出　　　　　　　　　　　　　　　　　　　20 000
　　贷：待处理财产损溢——待处理流动资产损溢　　　　　　　　70 000

3. 固定资产清查结果的账务处理

1）固定资产盘盈的账务处理

微课：固定资产清查结果的账务处理

企业盘盈的固定资产，不计入当期损益，而是作为以前会计期间的会计差错，记入"以前年度损益调整"账户。这是因为固定资产出现由于无法控制的因素而造成盘盈的可能性极小，甚至是不可能的，企业出现固定资产的盘盈必定是以前会计期间少计、漏记产生的，应当作为会计差错进行更正。

2）固定资产盘亏的账务处理

企业在财产清查中发现盘亏的固定资产，应及时办理固定资产注销手续，按照盘亏固定资产账面价值，借记"待处理财产损溢——待处理固定资产损溢"账户，按照已计提的累计折旧额，借记"累计折旧"账户，按照已计提的减值准备金额，借记"固定资产减值准备"账户，按照固定资产的原价，贷记"固定资产"账户，按照账面净值乘以适用税率计算的不可抵扣的增值税，贷记"应交税费——应交增值税（进项税额转出）"账户。

企业按照管理权限报经批准后处理时，按照可收回的保险赔偿或过失人赔偿，借记"其他应收款"账户，按照应计入营业外支出的金额，借记"营业外支出——盘亏损失"账户，贷记"待处理财产损溢——待处理固定资产损溢"账户。

【例 7-15】新华公司在财产清查中发现短缺笔记本电脑一台，原价为 10 000 元，已计提折旧 7 000 元，购入时增值税额为 1 300 元。

在报经批准前，根据"实存账存对比表"确定的固定资产的账面价值，调整账面记录，编制的会计分录为：

借：待处理财产损溢——待处理固定资产损溢　　　　　　3 390
　　累计折旧　　　　　　　　　　　　　　　　　　　　7 000
　　贷：固定资产　　　　　　　　　　　　　　　　　　　　10 000
　　　　应交税费——应交增值税（进项税额转出）　　　　　　390

【提示】

根据现行增值税的有关规定，购进货物及不动产发生非正常损失，其负担的进项税额不得抵扣。但是，如果盘亏的是固定资产，应按其账面价值乘以适用税率计算不可抵扣的进项税额。

【例 7-16】承[例 7-15]，根据批准处理意见，转销固定资产盘亏的会计分录为：

借：营业外支出　　　　　　　　　　　　　　　　　　　3 390
　　贷：待处理财产损溢——待处理固定资产损溢　　　　　　3 390

4. 往来款项清查结果的账务处理

在清查中发现无法收回的应收款项(即坏账),以及确定无法支付的应付款项,应根据"往来款项清查报告表"进行账务处理,而不通过"待处理财产损溢"账户。对无法收回的应收款项,企业通常采用备抵法进行会计处理,冲减"坏账准备"账户,并冲销应收款项。对无法支付的应付款项经批准后,直接记入"营业外收入"账户,并冲销应付款项。

【例 7-17】 新华公司应收甲公司的货款 30 000 元,逾期 3 年仍未收回,经批准同意作为坏账处理。

长期未收回的应收款项,经批准同意作坏账核销,应编制的会计分录为:

借:坏账准备　　　　　　　　　　　　　　　　　　　　　30 000
　　贷:应收账款——甲公司　　　　　　　　　　　　　　　　　30 000

【例 7-18】 新华公司前欠乙公司货款 50 000 元,因对方单位已解散,经批准同意销账。

对于确定无法支付的应付账款,核销时应编制的会计分录为:

借:应付账款——乙公司　　　　　　　　　　　　　　　　50 000
　　贷:营业外收入　　　　　　　　　　　　　　　　　　　　50 000

本章习题

一、单项选择题

1. "待处理财产损溢"账户未转销的借方余额表示(　　)。
   A. 等待处理的财产盘盈
   B. 等待处理的财产盘亏
   C. 尚待批准处理的财产盘盈数大于尚待批准处理的财产盘亏和毁损数的差额
   D. 尚待批准处理的财产盘盈数小于尚待批准处理的财产盘亏和毁损数的差额
2. 下列项目中,至少要每年一次财产清查的是(　　)。
   A. 库存现金　　　　B. 应收账款　　　　C. 银行存款　　　　D. 库存商品
3. 对于单位价值低、难以准确计量的大宗物资可采用(　　)确定其实存数量。
   A. 实地盘点法　　　B. 技术推算法　　　C. 函证法　　　　　D. 核对账目法
4. 清查财产过程中查明的固定资产盘盈,应通过(　　)账户核算。
   A. "固定资产清理"　　　　　　　　　B. "待处理财产损溢"
   C. "以前年度损益调整"　　　　　　　D. "营业外支出"
5. 以下情况中,宜采用局部清查的是(　　)。
   A. 年终决算前进行的清查
   B. 企业清产核资时进行的清查
   C. 企业更换财产保管人员时
   D. 企业改组为股份制试点企业进行的清查
6. 清查往来款项应采用的方法是(　　)。
   A. 实地盘点法　　　B. 函证核对法　　　C. 技术推算法　　　D. 抽查法

7. 某企业进行库存现金清查时,发现现金实有数比账面余额多100元。经反复核查,长款原因不明。正确的处理方法是( )。
   A. 归出纳员个人所有　　　　　　　　B. 冲减管理费用
   C. 确认为其他业务收入　　　　　　　D. 确认为营业外收入
8. 下列项目中,属于实物资产清查范围的是( )。
   A. 货币资金　　　　　　　　　　　　B. 存货
   C. 有价证券　　　　　　　　　　　　D. 应收账款
9. 一般来说,企业在破产、合并、改变组织形式时,要进行财产的( )。
   A. 全面清查　　　　　　　　　　　　B. 局部清查
   C. 实地盘点　　　　　　　　　　　　D. 外部清查
10. 企业在对各项财产物资进行财产清查后,依据财产物资的盘点结果编制的,可据以调整账簿记录的原始凭证是( )。
    A. 银行存款余额调节表　　　　　　　B. 实存账存对比表
    C. 盘存单　　　　　　　　　　　　　D. 入库单

二、多项选择题

1. 在下列各项中,会导致企业银行存款日记账余额小于银行对账单余额的事项有( )。
   A. 企业开出现金支票,收款方尚未到银行办理手续
   B. 银行误将其他企业的存款记入本企业存款账户
   C. 银行代扣本企业水电费,企业尚未接到付款通知
   D. 银行收到委托收款结算方式下的结算款项,企业尚未收到收款通知
2. 实物资产的清查方法可采用( )。
   A. 实地盘点法　　　　　　　　　　　B. 技术推算法
   C. 函证核对法　　　　　　　　　　　D. 核对账目法
3. 下列各项中,属于财产清查可以采用的方法有( )。
   A. 备抵法　　　　　　　　　　　　　B. 技术推算法
   C. 实地盘点法　　　　　　　　　　　D. 函证核对法
4. 对银行存款进行清查的方法是将企业银行存款日记账与银行对账单核对,如果两者不符,其可能的原因有( )。
   A. 企业账面记录有误　　　　　　　　B. 银行账面记录有误
   C. 企业已记账,银行未记账　　　　　D. 银行已记账,企业未记账
5. 对库存现金的清查应该( )。
   A. 清查库存现金实有数,并且与现金日记账余额核对
   B. 出纳人员必须在场,并且由出纳人员盘点
   C. 盘点结果应填列"库存现金盘点报告表"并由出纳人员和盘点人员共同签章生效
   D. 检查有无白条抵库的现象
6. 关于调节平衡后的银行存款余额调节表,下列说法中,正确的有( )。
   A. 可以全面反映企业当月银行存款的收支情况
   B. 可以反映未达账项
   C. 可以反映企业实际可动用的银行存款数额

D. 可以使企业银行存款账面余额与银行对账单余额完全一致
7. 清查库存现金时,发现现金短缺,会计处理中可能涉及的有( )。
   A. 借记"待处理财产损溢——待处理流动资产损溢"账户
   B. 贷记"待处理财产损溢——待处理流动资产损溢"账户
   C. 贷记"库存现金"账户
   D. 借记"库存现金"账户
8. 财产清查按清查的时间分类可以分为( )。
   A. 年度清查   B. 月度清查
   C. 定期清查   D. 不定期清查
9. 库存现金清查的内容主要包括( )。
   A. 是否有未达账项   B. 是否有白条抵库
   C. 是否超限额留存现金   D. 是否坐支现金
10. 库存现金清查时,溢余96元,核查后原因不明,批准转账,应编制的会计分录为( )。
    A. 借:管理费用   B. 借:待处理财产损溢
    C. 贷:营业外收入   D. 贷:管理费用

三、判断题

1. 企业更换财产和现金保管人员时,应进行定期全面的财产清查。   (   )
2. 在财产清查中,一般地说,定期清查是全面清查,不定期清查是局部清查。   (   )
3. 财产清查是通过对企业各种实物资产的实地盘点,将一定时点的实存数与账面结存数核对,以查明账实是否相符的一种专门方法。   (   )
4. 技术推算法是按照一定标准推算出实物资产实有数的一种方法。   (   )
5. 盘盈的固定资产应按重置价值入账,按新旧程度估计折旧。   (   )
6. 自然灾害或意外事故造成的存货毁损净损失经批准后应计入营业外支出。   (   )
7. 往来款项的清查一般采用函证核对法进行对账。   (   )
8. 在企业撤销或兼并时,要对企业的部分财产进行重点清查。   (   )
9. 在财产清查中,对于已经确认无法收回的应收账款,应先记入"待处理财产损溢"账户的借方,经批准后再进行转销。   (   )
10. 年终决算前,为确保年终决算会计资料真实、正确,需进行全面清查。   (   )

四、业务题

1. 大生公司2023年10月31日的银行存款日记账账面余额为690 000元,而银行对账单上企业存款余额为680 000元,经逐笔核对,发现有以下未达账项:

   (1) 10月26日,企业开出转账支票2 000元,持票人尚未到银行办理转账,银行尚未登账。

   (2) 10月28日,企业委托银行代收款项3 000元,银行已收款入账,但企业未接到银行的收款通知,因而未登记入账。

   (3) 10月29日,企业送存购货单位签发的转账支票14 000元,企业已登账,银行未登账。

   (4) 10月30日,银行代企业支付水电费1 000元,企业尚未接到银行的付款通知,故未登记入账。

要求:根据以上有关内容,编制"银行存款余额调节表",如表7-8所示。

表7-8　　　　　　　　　　　　**银行存款余额调节表**

2023年10月31日

项目	金额	项目	金额
企业银行存款日记账余额		银行对账单余额	
加:银行已收企业未收款项		加:企业已收银行未收款项	
减:银行已付企业未付款项		减:企业已付银行未付款项	
调节后的存款余额		调节后的存款余额	

2. 大生公司为一般纳税人,2023年年终进行财产清查,在清查中发现下列事项:

(1) 盘亏水泵一台,原价40 000元,累计计提折旧24 000元。

(2) 根据批准处理意见,转销上述固定资产盘亏。

(3) 甲材料账面余额为500千克,价值20 000元,实际盘存量为490千克,经查明其中7千克为定额内损耗,3千克为日常收发计量差错。

(4) 乙材料账面余额为150千克,价值4 500元,实际盘存量为145千克,短少数为保管人员失职造成的损失。

(5) 丙材料盘盈5千克,每千克25元,经查明属于日常收发计量差错。

要求:根据以上经济业务,编制相关会计分录。

第八章 财务会计报告

学习目标

1. 熟悉财务会计报告的构成与编制要求
2. 掌握资产负债表的格式与内容
3. 掌握利润表的格式与内容
4. 掌握现金流量表的格式与内容
5. 掌握所有者权益变动表的格式与内容

重点与难点

1. 资产负债表的编制方法
2. 利润表的编制方法

知识框架结构

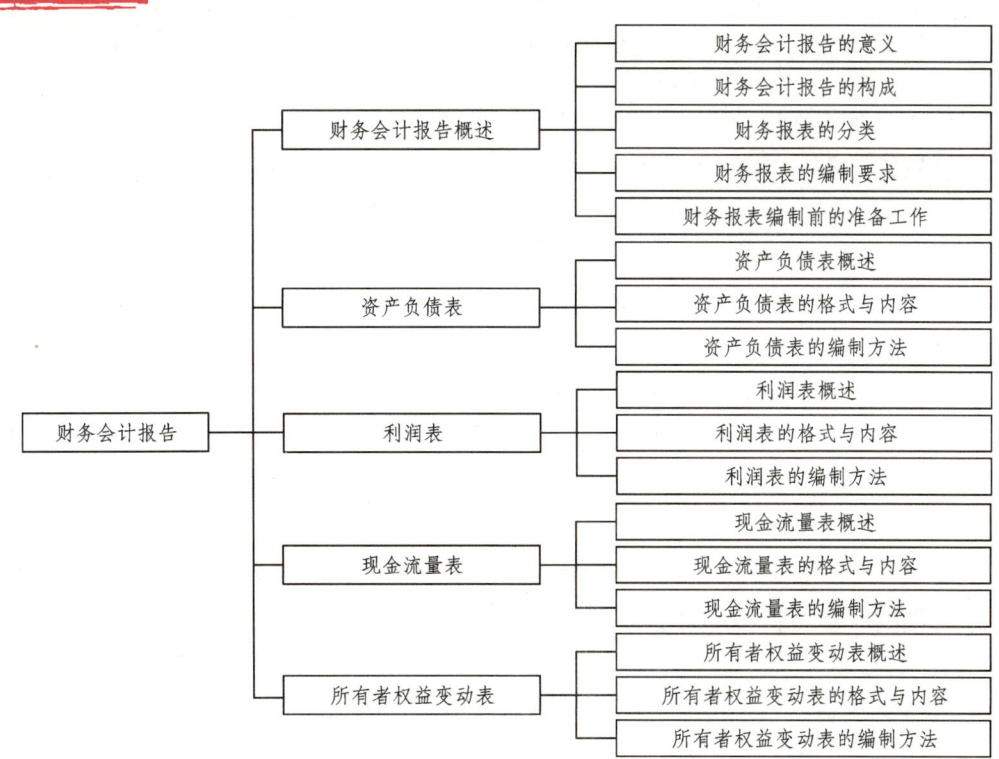

> **案例导入**

阅读财务报表的顺序与逻辑

巴菲特说通过阅读财务报表,希望尽可能了解公司在 3 年、5 年、10 年后的盈利能力。大多数人都知道,巴菲特最先阅读的是利润表,以此来分析公司的盈利能力,但请特别注意,巴菲特说"我比大多数人更关注公司的资产负债表"。

巴菲特为什么比大多数人更关注资产负债表?

2011 年 5 月,在伯克希尔股东大会期间,有记者采访巴菲特时问:"如果投资者决定投资个股,他们应该怎样获取更多信息了解公司?"

巴菲特回答:"投资者先要想清楚他们是否了解得足够多,是否应得高额的回报。投资者应该像我一样多读公司的财务报表,包括年报和季报。但是如果仔细阅读完这些公开文件,还是不太确定是否了解了该公司业务,他们最好还是不要投资或者去买指数基金。"

记者又问:"您在阅读财务报表的时候最关心什么内容?最先阅读什么?"

巴菲特回答:"我比大多数人更关注公司的资产负债表,当然公司年报里的所有信息我都不会漏过。通过阅读财务报表,我想尽可能地了解公司在 3 年、5 年、10 年后可能的盈利能力,然后和现在的市场价格作比较。我必须非常正确地理解公司业务的经济特征,如果不能下一个结论,我是不会购买这个公司的。"

请注意,巴菲特说通过阅读财务报表,希望尽可能了解公司在 3 年、5 年、10 年后的盈利能力,所以笔者认为,巴菲特最先阅读的是利润表,以此来分析公司的盈利能力。但请特别注意,巴菲特说"我比大多数人更关注公司的资产负债表。"

事实上,看企业年报或季报时,整套财务报表包括利润表、资产负债表、现金流量表,大多数人会首先看利润表,而且大部分时间用在分析利润表上,有些人甚至会只看利润表。而经验丰富的专业投资者却会用很多时间来分析资产负债表。

业务技能思考:

资产负债表和利润表提供的会计信息有什么不同?财务报表对价值投资具有哪些重要意义?

[摘自"阅读财务报表的顺序与逻辑"(赢证财经公众号,2014-04-21),作者佚名]

第一节 财务会计报告概述

一、财务会计报告的意义

财务会计报告也称财务报告,是指企业对外提供的反映企业某一特定日期财务状况和某一会计期间经营成果、现金流量及所有者权益变动情况的书面文件。编制财务会计报告是财务会计工作的一项重要内容,是对会计核算工作的全面总结,也是及时提供合法、真实、准确、完整会计信息的重要环节。具体来说,财务会计报告的作用主要体现在以下几个方面:

(1) 有助于国家经济管理部门(如财政、税务、工商、审计等)了解企业的财务状况和经营成果,检查、监督各单位财经政策、法规、纪律、制度的执行情况,更好地发挥国家经济管理部门的指导、监督、调控作用,优化资源配置,保证国民经济持续稳定发展。

(2)有助于企业的投资者和债权人分析企业的获利能力和债务偿还能力,预测企业的发展前景,作出正确的投资决策和信贷决策。

(3)有助于企业经营管理人员了解本单位各项任务指标的完成情况,评价经营业绩,及时发现问题,调整经营方向,制定措施,改善经营管理,提高经济效益。

(4)有助于企业员工、社会公众(包括企业潜在的投资者或债权人)了解企业的就业岗位是否稳定,劳动报酬的高低,以及有关企业目前状况等方面的资料,为其择业或投资选择提供参考依据。

二、财务会计报告的构成

企业财务会计报告主要包括财务报表和其他应当在财务报告中披露的相关信息和资料。其中,财务报表是财务会计报告体系的主体和核心。财务会计报告的具体构成如图8-1所示。

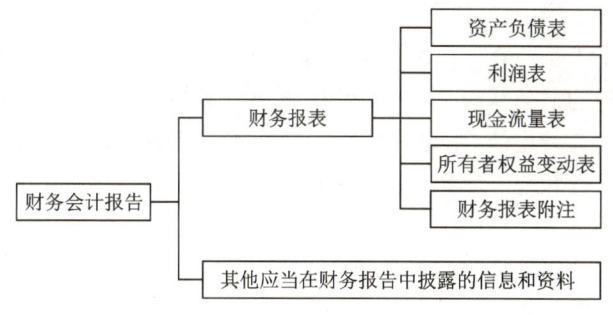

图8-1 财务会计报告的构成图

(一)财务报表

一套完整的财务报表至少应当包括"四表一注",即资产负债表、利润表、现金流量表、所有者权益(或股东权益,下同)变动表以及附注。其中,资产负债表是反映企业在报告期末资产、负债和所有者权益情况的财务报表;利润表是反映企业在报告期内收入、费用和利润情况的财务报表;现金流量表是反映企业在报告期内现金流入、现金流出和现金净流量情况的财务报表;所有者权益变动表是反映企业在报告期内构成所有者权益的各组成部分增减变动情况的财务报表。除以上财务报表外,还有一些根据各行业的特点编制的、用于说明某一方面情况的附表,如资产减值明细表、应交增值税明细表等。

附注是财务报表不可或缺的组成部分,是对在资产负债表、利润表、现金流量表和所有者权益变动表等报表中列示项目的文字描述或明细资料的补充,以及对未能在这些报表中列示项目的说明等。附注一般包括下列内容:①企业的基本情况;②财务报表的编制基础;③遵循企业会计准则的声明;④重要会计政策和会计估计;⑤会计政策和会计估计变更以及前期差错更正的说明;⑥报表重要项目的说明;⑦或有事项;⑧资产负债表日后事项;⑨关联方关系及其交易。企业编制附注的目的是通过对报表本身作补充说明,以更加全面、系统地反映企业财务状况、经营成果和现金流量的全貌。

(二)其他应当在财务报告中披露的相关信息和资料

其他应当在财务报告中披露的相关信息和资料是为了有助于理解和分析财务报表需要说明的其他事项所提供的书面资料,主要说明财务报表及其附注无法揭示或无法充分说明的,对企业财务状况、经营成果、现金流量及所有者权益变动有影响的其他事项。

三、财务报表的分类

(一) 按财务报表所反映的经济内容不同,可以分为静态报表和动态报表

静态报表是综合反映某一特定日期企业资产、负债和所有者权益等财务状况的报表,如资产负债表。动态报表是反映一定时期内企业经营业绩、现金流量情况和所有者权益变动情况的报表,如利润表、现金流量表、所有者权益变动表等。

(二) 按财务报表编制时间不同,可以分为中期财务报表和年度财务报表

中期财务报表是以短于一个完整会计年度的报告期为基础编制的报表,包括月报、季报和半年报。中期财务报表至少应当包括资产负债表、利润表、现金流量表和附注。

年度财务报表是指以一个完整的会计年度为基础编制的财务报表。年度财务报表一般包括资产负债表、利润表、现金流量表、所有者权益变动表和附注等内容。

(三) 按财务报表的编制主体不同,可以分为个别财务报表和合并财务报表

个别财务报表是指企业在自身核算基础上对账簿记录进行加工而编制的财务报表,主要用于反映企业自身的财务状况、经营成果和现金流量情况。合并报表是以母公司和子公司组成的企业集团为会计主体,由母公司根据母公司和所属子公司的个别财务报表,编制的综合反映企业集团财务状况、经营成果及现金流量的会计报表。

(四) 按财务报表的服务对象不同,可以分为内部报表和外部报表

内部报表是指为适应企业内部经营管理需要而编制的不对外公开的财务报表,内部报表一般没有统一规定的格式,也没有统一的指标体系,如成本报表。外部报表是指企业对外提供的,供外部信息使用者使用的财务报表,有统一的格式,如资产负债表、利润表、现金流量表、所有者权益变动表等。

四、财务报表的编制要求

(一) 以持续经营为基础编制

企业应当以持续经营为基础,根据实际发生的交易或事项,按照《企业会计准则——基本准则》和其他各项具体会计准则的规定进行确认和计量,在此基础上编制财务报表。如果以持续经营为基础编制财务报表不再合理,企业应当采用其他基础编制财务报表,并在附注中声明财务报表未以持续经营为基础编制的事实、披露未以持续经营为基础编制的原因和财务报表的编制基础。

(二) 按正确的会计基础编制

除现金流量表按照收付实现制原则编制外,企业应当按照权责发生制原则编制财务报表。

(三) 至少按年编制财务报表

企业至少应当按年编制财务报表。年度财务报表涵盖的期间短于1年的,应当披露年度财务报表的涵盖期间、短于1年的原因以及报表数据不具可比性的事实。

(四) 项目列报遵守重要性原则

在合理预期下,财务报表某项目的省略或错报会影响使用者据此作出经济决策,该项目就具有重要性。

（五）保持各个会计期间财务报表列报的一致性

财务报表项目的列报应当在各个会计期间保持一致，除会计准则要求改变财务报表项目的列报或企业经营业务的性质发生重大变化后，变更财务报表项目的列报能够提供更可靠、更相关的会计信息外，不得随意变更。

（六）各项目之间的金额不得相互抵销

财务报表中的资产项目和负债项目的金额、收入项目和费用项目的金额、直接计入当期利润的利得项目和损失项目的金额不得相互抵销，但其他会计准则另有规定的除外。例如，如果将企业的应收款项（资产）和预收款项（负债）相互抵销列报，就掩盖了交易的经济实质，财务报告使用者很难根据金额间相互抵销后的信息作出正确判断。

（七）至少应当提供所有列报项目上一个可比会计期间的比较数据

当期财务报表的列报，至少应当提供所有列报项目上一个可比会计期间的比较数据，以及与理解当期财务报表相关的说明，但其他会计准则另有规定的除外。

（八）应当在财务报表的显著位置披露编报企业的名称等重要信息

企业应当在财务报表的显著位置（如表首）至少披露下列各项：①编报企业的名称；②资产负债表日或财务报表涵盖的会计期间；③人民币金额单位；④财务报表是合并财务报表的，应当予以标明。

五、财务报表编制前的准备工作

在编制财务报表前，需要完成下列工作：

（1）严格审核会计账簿的记录和有关资料。

（2）进行全面财产清查、核实债务，并按规定程序报批，进行相应的账务处理。

（3）按规定的结账日进行结账，结出有关会计账簿的余额和发生额，并核对各会计账簿之间的余额。

（4）检查相关的会计核算是否按照国家统一的会计制度的规定进行。

（5）检查是否存在因会计差错、会计政策变更等原因需要调整前期或本期相关项目的情况等。

第二节 资产负债表

一、资产负债表概述

资产负债表又称财务状况表，是反映企业某一特定日期（如月末、季末、半年末、年末）财务状况的会计报表。资产负债表属于静态报表，它主要反映资产、负债和所有者权益三方面的内容，是根据"资产＝负债＋所有者权益"这一会计等式，依照一定的分类标准和次序，将某一特定日期的资产、负债和所有者权益项目进行适当的分类、汇总和排列后编制而成的。

资产负债表的作用在于提供企业在某一时点的资产总额、负债总额和所有者权益总额及各自的构成情况，便于报表使用者了解企业的经济资源及其分布情况，了解企

微课：资产负债表

思政：编好人生的第二张资产负债表

业的资本结构、资本保全和增值情况,并据以评价和预测企业的清偿能力和筹资能力,评价和预测经营绩效。资产负债表是企业的主要报表,每一个会计主体都必须编制资产负债表。

二、资产负债表的格式与内容

资产负债表一般由表首和正表两部分组成。表首部分应列明报表名称、编制单位名称、编制日期、报表编号和货币计量单位;正表部分是资产负债表的主体,列示了用来说明企业财务状况的各个项目,主要包括资产类项目、负债类项目和所有者权益类项目。

资产负债表的格式主要有报告式和账户式两种。报告式资产负债表又称垂直式资产负债表,表中资产类、负债类和所有者权益类项目自上而下排列,所有资产类项目列示于报表上部,其次列示负债类项目,最后列示所有者权益类项目,其格式如表8-1所示。账户式资产负债表又称水平式资产负债表,将资产类项目列示于报表的左方,负债类和所有者权益类列示于报表的右方,报表左右两方总额相等,其格式如表8-2所示。

表8-1　　　　　　　　　　　　资产负债表(报告式)　　　　　　　　　　　会企01表

编制单位:　　　　　　　　　　　　年　　月　　日　　　　　　　　　　　　单位:元

项目	行次	期末余额	上年年末余额
资产			
流动资产:			
……			
流动资产合计			
非流动资产:			
……			
非流动资产合计			
资产总计			
负债			
流动负债:			
……			
流动负债合计			
非流动负债:			
……			
非流动负债合计			
负债总计			
所有者权益			
实收资本(或股本)			
资本公积			
盈余公积			
未分配利润			
所有者权益总计			

表 8-2　　　　　　　　　　　资产负债表(账户式)　　　　　　　　　　会企 01 表

编制单位：　　　　　　　　　　　　年　月　日　　　　　　　　　　　　单位:元

项目	期末余额	上年年末余额	项目	期末余额	上年年末余额
资产			负债		
流动资产：			流动负债：		
……			……		
流动资产合计			流动负债合计		
非流动资产：			非流动负债：		
……			……		
非流动资产合计			非流动负债合计		
			负债合计		
			所有者权益		
			实收资本(或股本)		
			资本公积		
			盈余公积		
			未分配利润		
			所有者权益合计		
资产总计			负债和所有者权益总计		

我国企业一般采用账户式资产负债表。在账户式资产负债表中，左方的资产类项目按其流动性分类分项列示，流动性强的资产排列在前，流动性弱的资产排列在后面；右方的负债类项目，按其流动性分类分项列示，流动性强的负债排列在前，流动性弱的负债排列在后；右方的所有者权益类项目按稳定性排列。

资产负债表中的资产各项目的总计等于负债和所有者权益各项目的总计，即资产负债表的左方和右方平衡。

三、资产负债表的编制方法

资产负债表既是一张平衡报表，反映资产总计与负债和所有者权益总计相等，又是一张静态报表，反映企业在某一时点(如月末或年末)的财务状况。为了提供比较信息，以便报表使用者通过比较不同时点资产负债表的数据，掌握企业财务状况的变动和发展趋势，资产负债表各项目均需填列"期末余额"和"上年年末余额"两栏。

(一)"期末余额"栏的填列方法

(1) 根据有关总账账户余额直接填列。如"短期借款""实收资本""资本公积""盈余公积"等项目，根据有关总账账户的余额直接填列。

(2) 根据有关总账账户的期末余额分析计算填列。如"货币资金"项目，应根据"库存现金""银行存款""其他货币资金"三个总账账户的期末余额合计数填列；"其他应收款"项目，应根据"应收利息""应收股利"和"其他应收款"账户的期末余额合计数，减去"坏账准备"账户中相关坏账准备期末余额后的金额填列；"存货"项目，应根据"原材料""材料采购""在途物资""委托加工物资""周转材料""生产成本""发出商品""库存商品""材料成本差异"等总账账户期末余额的分析汇总数,再减去"存货跌价准备"账户余额后的净额填列;"其他应付款"项目,应根据"应付利息""应付股利"和"其他应付款"账户的期末余额合计数填列;"未分配利润"项目,应根据"本年利润"账户和"利润分配"账户的期末余额分析计算填列,若为负数表示未弥补的亏损,在本项目内以"一"号反映。

(3) 根据有关明细账户的期末余额分析计算填列。如"应付账款"项目,应根据"应付账款"和"预付账款"两个账户所属的相关明细账户的期末贷方余额计算填列;"预付款项"项目,应根据"应付账款"和"预付账款"两个账户所属的相关明细账户的期末借方余额计算填列;"应收账款"项目,应根据"应收账款"和"预收账款"两个账户所属的相关明细账户的期末借方余额合计数减去与"应收账款"项目有关的"坏账准备"账户的贷方余额计算填列;"预收款项"项目,应根据"应收账款"和"预收账款"两个账户所属的相关明细账户的期末贷方余额计算填列;"应付职工薪酬"项目,需要根据"应付职工薪酬"账户的明细账户期末余额计算填列。

(4) 根据总账账户和明细账户的期末余额分析计算填列。如"长期借款"项目,应根据"长期借款"总账账户期末余额扣除"长期借款"账户所属明细账户中将在1年内到期且企业不能自主地将清偿义务展期的长期借款后的金额计算填列;"应付债券"项目,应根据"应付债券"总账账户期末余额扣除"应付债券"明细账户中将在1年内到期的金额计算填列;"长期待摊费用"项目,应根据"长期待摊费用"账户的期末余额扣除将于1年内(含1年)摊销的数额后的金额计算填列,将于1年内摊销完毕的金额,应当填列在流动资产下"一年内到期的非流动资产"项目中。

(5) 根据有关总账账户期末余额减去其备抵账户余额后的净额填列。如资产负债表中"应收票据""长期股权投资""在建工程"等项目,应当根据"应收票据""长期股权投资""在建工程"等账户的期末余额减去"坏账准备""长期股权投资减值准备""在建工程减值准备"等备抵账户余额后的净额填列。"固定资产"项目,应当根据"固定资产"账户的期末余额减去"累计折旧""固定资产减值准备"等备抵账户的期末余额,以及"固定资产清理"账户期末余额后的净额填列;"无形资产"账户,应当根据"无形资产"账户的期末余额减去"累计摊销""无形资产减值准备"等备抵账户余额后的净额填列。

(6) 报表中合计与总计项目填列。报表中的合计与总计,应根据报表项目之间的关系计算填列。如流动资产合计+非流动资产合计=资产总计;流动负债合计+非流动负债合计=负债合计;负债合计+所有者权益合计=负债和所有者权益总计。

(二)"上年年末余额"栏的填列方法

资产负债表的"上年年末余额"栏内各项数字,应根据上年年末资产负债表的"期末余额"栏内所列数字填列。

> 【提示】
> 资产负债表中所列的是项目名称而不是会计科目名称或账户名称。
> 资产负债表项目,除了合计数与总计数以外,一般都是根据有关账户的期末余额直接填列或分析计算填列。

【例 8-1】 新华公司 2023 年 11 月 30 日全部总账和有关明细账余额如表 8-3 所示。

表 8-3 　　　　　　　　　　　　　　**总账和有关明细账余额表**

单位:元

总账	明细账	借方余额	贷方余额	总账	明细账	借方余额	贷方余额
库存现金		15 000		坏账准备	A企业		15 000
银行存款		200 000			C企业		17 000
交易性金融资产		300 000		其他应收款		60 000	
应收账款		280 000		原材料		400 000	
其中:	A企业	150 000		生产成本		350 000	
	B企业		40 000	库存商品		250 000	
	C企业	170 000		在建工程		200 000	
预付账款		94 000		其他应付款			80 000
固定资产		2 200 000		应付职工薪酬	工资		350 000
累计折旧			400 000		职工福利费		150 000
无形资产		910 000		应交税费			500 000
长期待摊费用		80 000			未交增值税		150 000
短期借款			300 000	应付股利			200 000
应付账款			200 000	应付利息			25 000
其中:	D企业		140 000	长期借款			400 000
	E企业	100 000		实收资本			2 000 000
	F企业		160 000	盈余公积			420 000
预收账款			20 000	利润分配	未分配利润		82 000
其中:	G企业		80 000	本年利润			100 000
	H企业	60 000		累计摊销			80 000

根据上述资料,编制该公司 2023 年 11 月 30 日的资产负债表如表 8-4 所示。

表 8-4 　　　　　　　　　　　　　　**资产负债表**

会企01表

编制单位:新华有限责任公司　　　　　2023 年 11 月 30 日　　　　　　单位:元

资　　产	期末余额	上年年末余额	负债和所有者权益(或股东权益)	期末余额	上年年末余额
流动资产:		(略)	流动负债:		(略)
货币资金	215 000		短期借款	300 000	
交易性金融资产	300 000		交易性金融负债		
衍生金融资产			衍生金融负债		
应收票据			应付票据		
应收账款	348 000		应付账款	300 000	
应收款项融资			预收款项	120 000	

(续表)

资　产	期末余额	上年年末余额	负债和所有者权益（或股东权益）	期末余额	上年年末余额
预付款项	194 000		合同负债		
其他应收款	60 000		应付职工薪酬	500 000	
存货	1 000 000		应交税费	500 000	
合同资产			其他应付款	305 000	
持有待售资产			持有待售负债		
一年内到期的非流动资产			一年内到期的非流动负债		
其他流动资产			其他流动负债		
流动资产合计	2 117 000		流动负债合计	2 025 000	
非流动资产：			非流动负债：		
债权投资			长期借款	400 000	
其他债权投资			应付债券		
长期应收款			其中：优先股		
长期股权投资			永续债		
其他权益工具投资			租赁负债		
其他非流动金融资产			长期应付款		
投资性房地产			预计负债		
固定资产	1 800 000		递延收益		
在建工程	200 000		递延所得税负债		
生产性生物资产			其他非流动负债		
油气资产			非流动负债合计	400 000	
使用权资产			负债合计	2 425 000	
无形资产	830 000		所有者权益(或股东权益)		
开发支出			实收资本(或股本)	2 000 000	
商誉			其他权益工具		
长期待摊费用	80 000		其中：优先股		
递延所得税资产			永续债		
其他非流动资产			资本公积		
非流动资产合计	2 910 000		减：库存股		
			其他综合收益		
			专项储备		
			盈余公积	420 000	
			未分配利润	182 000	
			所有者权益（或股东权益）合计	2 602 000	
资产总计	5 027 000		负债和所有者权益（或股东权益）总计	5 027 000	

第三节 利 润 表

一、利润表概述

利润表是反映企业一定会计期间经营成果的财务报表。利润表属于动态报表,它是根据"收入－费用＝利润"这一会计等式,将一定会计期间内的全部收入(广义)与同一会计期间内的全部费用(广义)进行配比,从而计算出企业一定时期的净利润(或净亏损)。

通过利润表,可以反映企业在一定会计期间收入、费用、利润(或亏损)的数额及构成情况,为企业外部投资者以及信贷者作出投资决策和信贷决策提供依据,为企业内部管理层经营决策提供依据,为企业内部绩效考核提供依据。

微课:利润表

思政:编好人生的第二张利润表

二、利润表的格式与内容

利润表由表首和正表两部分组成。表首部分应列明报表名称、编制单位名称、编制期间、报表编号和货币计量单位;正表部分是利润表的主体,反映利润的构成内容。

利润表的格式主要有单步式和多步式两种。单步式利润表是将当期所有的收入与费用分别汇总,不再区分收入与费用的不同类型,然后两者相减,一次计算出本期净损益,其格式如表8-5所示。单步式利润表的优点是比较直接、简单,易于编制。多步式利润表通过对当期的收入、费用、支出项目按性质加以归类,按利润形成的主要环节列示一些中间性利润指标,分步计算当期净损益,以便财务报表使用者理解经营成果的不同来源。我国企业一般采用多步式的利润表,其格式如表8-7所示。

表8-5 利 润 表

编制单位:　　　　　　　　　　年　月　　　　　　　　　　会企02表
单位:元

项　　目	本期金额	上期金额
一、收入		
营业收入		
投资收益		
……		
收入合计		
二、费用		
营业成本		
税金及附加		
……		
费用合计		
三、净利润		

三、利润表的编制方法

利润表各项目均需填列"本期金额"和"上期金额"两栏。

（一）"本期金额"栏的填列方法

"本期金额"栏内各期数字，应当按照相关账户的本期发生额填列。具体方法有：

（1）根据有关账户的发生额直接填列。如"税金及附加""销售费用""营业外收入""营业外支出""所得税费用"等项目，应根据有关账户的发生额直接填列。

（2）根据有关账户的发生额分析计算填列。如"营业收入"项目，应根据"主营业务收入""其他业务收入"账户的发生额分析计算填列；"营业成本"项目，应根据"主营业务成本""其他业务成本"账户的发生额分析计算填列。

（3）"营业利润""利润总额"和"净利润"项目，应按以下公式计算填列：

营业利润＝营业收入－营业成本－税金及附加－销售费用－管理费用－研发费用
　　　　　－财务费用＋其他收益＋投资收益（－投资损失）
　　　　　＋公允价值变动收益（－公允价值变动损失）
　　　　　－信用减值损失－资产减值损失＋资产处置收益（－资产处置损失）

利润总额＝营业利润＋营业外收入－营业外支出

净利润＝利润总额－所得税费用

（二）"上期金额"栏的填列方法

"上期金额"栏内各项数字，应根据上年该期利润表的"本期金额"栏内所列数字填列。如果本年度利润表规定的各个项目名称和内容同上年度不一致，应对上年度的利润表各个项目名称和数字按照本年度的规定进行调整，填入本表的"上期金额"栏内。

【例 8-2】 新华公司 2023 年 11 月份有关损益类账户的发生额如表 8-6 所示。

表 8-6　　　　　　　　　　损益类账户发生额

总账账户	明细账户	借方发生额	贷方发生额
主营业务收入			2 000 000
主营业务成本		1 200 000	
税金及附加		120 000	
销售费用		80 000	
管理费用		120 000	
财务费用	利息支出	20 000	
	利息收入		15 000
投资收益			34 000
营业外收入			30 000
营业外支出		20 000	
其他业务收入			18 000
其他业务成本		12 000	
所得税费用		131 250	

根据以上资料,编制新华公司2023年11月份的利润表,如表8-7所示。

表 8-7　　　　　　　　　　　利　润　表

会企02表

编制单位:新华有限责任公司　　　　2023年11月　　　　　　　　　　　单位:元

项　　目	本期金额	上期金额
一、营业收入	2 018 000	
减:营业成本	1 212 000	
税金及附加	120 000	
销售费用	80 000	
管理费用	120 000	
研发费用		
财务费用	5 000	
其中:利息费用	20 000	
利息收入	15 000	
加:其他收益		
投资收益(损失以"—"号填列)	34 000	
其中:对联营企业和合营企业的投资收益		
以摊余成本计量的金融资产终止确认收益 　　　　　(损失以"—"号填列)		
净敞口套期收益(损失以"—"号填列)		
公允价值变动收益(损失以"—"号填列)		
信用减值损失(损失以"—"号填列)		
资产减值损失(损失以"—"号填列)		
资产处置收益(损失以"—"号填列)		
二、营业利润(亏损以"—"号填列)	515 000	
加:营业外收入	30 000	
减:营业外支出	20 000	
三、利润总额(亏损总额以"—"号填列)	525 000	
减:所得税费用	131 250	
四、净利润(净亏损以"—"号填列)	393 750	
(一)持续经营净利润(净亏损以"—"号填列)	393 750	
(二)终止经营净利润(净亏损以"—"号填列)		
五、其他综合收益的税后净额		
(一)不能重分类进损益的其他综合收益		
1. 重新计量设定受益计划变动额		
2. 权益法下不能转损益的其他综合收益		
3. 其他权益工具投资公允价值变动		

(续表)

项 目	本期金额	上期金额
4. 企业自身信用风险公允价值变动		
……		
（二）将重分类进损益的其他综合收益		
1. 权益法下可转损益的其他综合收益		
2. 其他债权投资公允价值变动		
3. 金融资产重分类为计入其他综合收益的金额		
4. 其他债权投资信用减值准备		
5. 现金流量套期		
6. 外币财务报表折算差额		
……		
六、综合收益总额	393 750	
七、每股收益		
（一）基本每股收益		
（二）稀释每股收益		

第四节　现金流量表

微课：现金流量表

一、现金流量表概述

（一）现金流量表的概念

现金流量表是以收付实现制为基础，反映企业一定会计期间的现金和现金等价物的流入和流出情况的财务报表。

现金是指企业的库存现金以及可随时用于支付的存款，主要包括以下内容：

（1）库存现金。库存现金是指企业持有可随时用于支付的现金数额，即与会计核算中"库存现金"账户所包括的内容一致。

（2）银行存款。银行存款是指企业存放在银行或其他金融机构，可随时用于支付的存款。若存放在银行或其他金融机构的款项中不能随时用于支付的存款，则不作为现金流量表中的现金，但提前通知银行或其他金融机构便可支取的定期存款，则包括在现金流量表中的现金概念中。

（3）其他货币资金。其他货币资金是指存放在银行有特定用途的资金，如外埠存款、银行汇票存款、银行本票存款、信用证保证金存款、信用卡存款等。

现金等价物是指企业持有的期限短、流动性强、易于转换为已知金额现金、价值变动风险很小的投资。在实务中，现金等价物通常是指企业购买的在3个月内或更短时间内到期或可转换为现金的债券投资等。权益性投资由于未来变现金额不确定，因此不能作为现金等价物。

(二) 现金流量的含义及分类

现金流量是指一定会计期间内企业现金和现金等价物的流入和流出的数量。现金流量是非常重要的指标,可以衡量企业的经营状况是否良好、是否有足够的现金偿还债务、资产的变现能力。现金流量表应按照企业经济业务的性质将企业一定期间内产生的现金流量划分为以下三类。

(1) 经营活动产生的现金流量。经营活动是指企业投资活动和筹资活动以外的所有交易或事项。对于工业企业而言,经营活动主要包括:销售商品、提供劳务、购买商品、接受劳务、支付税费等。通过经营活动产生的现金流量,可以说明企业的经营活动对现金流入和流出的影响程度,判断企业在不动用对外筹得资金的情况下,是否足以维持生产经营、偿还债务、支付股利和对外投资等。

(2) 投资活动产生的现金流量。投资活动是指企业长期资产的购建和不包括在现金等价物范围内的投资及其处置活动。这里所说的投资活动,既包括对外投资,又包括长期资产的购建和处置,具体包括取得和收回权益性投资,购买和收回债权性投资,购建和处置固定资产、无形资产和其他长期资产等。通过投资活动产生的现金流量,可以分析企业通过投资获取现金流量的能力,判断投资活动对企业现金流量净额的影响程度。

(3) 筹资活动产生的现金流量。筹资活动是指导致企业资本及债务规模和构成发生变化的活动,包括吸收权益性资本、发行债券、借入资金、支付股利、偿还债务等。通过筹资活动产生的现金流量,可以分析企业筹资的能力,判断筹资活动对企业现金流量净额的影响程度。

【提示】
在现金流量表中,现金及现金等价物被视为一个整体,企业现金形式的转换不会产生现金的流入和流出。如企业从银行提取现金,是企业现金存放形式的转换,并未流出企业,不构成现金流量。

(三) 现金流量表的作用

(1) 有助于评价企业的现金偿债能力。现金流量表反映企业在一定期间内现金流入、流出以及结余情况,反映现金数额增减变动的原因和结果。通过现金流量表中现金结余与到期债务金额的比较,可以了解企业现金偿债能力。

(2) 有助于预测企业未来获取现金的能力。现金流量表中,经营活动产生的现金流量代表企业运营其经济资源创造现金的能力;投资活动产生的现金流量可以用来分析企业运用资金产生现金流量的能力;筹资活动产生的现金流量可以用来分析企业通过筹资手段获得现金流量的能力。

(3) 有助于分析企业收益质量及影响现金净流量的因素。通过企业经营活动、投资活动和筹资活动的现金流量分析,企业管理者可以了解净利润的质量,找出影响现金净流量的因素,为企业管理提供更有效的信息。

二、现金流量表的格式与内容

现金流量表分为三个部分,即表首、正表和补充资料,其中,表首部分应列明报表名称、编制单位名称、编制期间、报表编号和货币计量单位等。

正表反映现金流量表的各个项目。正表主要包括六项内容：①经营活动产生的现金流量；②投资活动产生的现金流量；③筹资活动产生的现金流量；④汇率变动对现金及现金等价物的影响；⑤现金及现金等价物净增加额；⑥期末现金及现金等价物余额。其格式如表8-8所示。

现金流量表的补充资料有三项内容：①将净利润调节为经营活动现金流量；②不涉及现金收支的重大投资和筹资活动；③现金及现金等价物净变动情况。其格式如表8-9所示。

表8-8　　　　　　　　　　　　　　现金流量表

会企03表

编制单位：　　　　　　　　　　　　　年　月　　　　　　　　　　　　　单位：元

项　目	本期金额	上期金额
一、经营活动产生的现金流量：		
销售商品、提供劳务收到的现金		
收到的税费返还		
收到其他与经营活动有关的现金		
经营活动现金流入小计		
购买商品、接受劳务支付的现金		
支付给职工以及为职工支付的现金		
支付的各项税费		
支付其他与经营活动有关的现金		
经营活动现金流出小计		
经营活动产生的现金流量净额		
二、投资活动产生的现金流量：		
收回投资收到的现金		
取得投资收益收到的现金		
处置固定资产、无形资产和其他长期资产收回的现金净额		
处置子公司及其他营业单位收到的现金净额		
收到其他与投资活动有关的现金		
投资活动现金流入小计		
购建固定资产、无形资产和其他长期资产支付的现金		
投资支付的现金		
取得子公司及其他营业单位支付的现金净额		
支付其他与投资活动有关的现金		
投资活动现金流出小计		
投资活动产生的现金流量净额		
三、筹资活动产生的现金流量：		
吸收投资收到的现金		
取得借款收到的现金		

（续表）

项 目	本期金额	上期金额
收到其他与筹资活动有关的现金		
筹资活动现金流入小计		
偿还债务支付的现金		
分配股利、利润或偿付利息支付的现金		
支付其他与筹资活动有关的现金		
筹资活动现金流出小计		
筹资活动产生的现金流量净额		
四、汇率变动对现金及现金等价物的影响		
五、现金及现金等价物净增加额		
加：期初现金及现金等价物余额		
六、期末现金及现金等价物余额		

表 8-9　　　　　　　　　　　　　现金流量表补充资料

单位：元

补充资料	本期金额	上期金额
1. 将净利润调节为经营活动现金流量		
净利润		
加：资产减值准备		
固定资产折旧、油气资产折耗、生产性生物资产折旧		
无形资产摊销		
长期待摊费用摊销		
处置固定资产、无形资产和其他长期资产的损失（收益以"－"号填列）		
固定资产报废损失（收益以"－"号填列）		
公允价值变动损失（收益以"－"号填列）		
财务费用（收益以"－"号填列）		
投资损失（收益以"－"号填列）		
递延所得税资产减少（增加以"－"号填列）		
递延所得税负债增加（减少以"－"号填列）		
存货的减少（增加以"－"号填列）		
经营性应收项目的减少（增加以"－"号填列）		
经营性应付项目的增加（减少以"－"号填列）		
其他		
经营活动产生的现金流量净额		
2. 不涉及现金收支的重大投资和筹资活动		

（续表）

补充资料	本期金额	上期金额
债务转为资本		
一年内到期的可转换公司债券		
融资租入固定资产		
3. 现金及现金等价物净变动情况		
现金的期末余额		
减：现金的期初余额		
加：现金等价物的期末余额		
减：现金等价物的期初余额		
现金及现金等价物净增加额		

三、现金流量表的编制方法

现金流量表的编制方法有直接法和间接法两种。

直接法是指通过现金收入和现金支出的主要类别直接反映来自企业经营活动的现金流量。采用直接法编制经营活动的现金流量时，一般以利润表中的营业收入为起算点，调整与经营活动有关的项目的增减变动，然后计算出经营活动产生的现金流量。我国现金流量表正表中经营活动产生的现金流量就是以直接法来列报。投资活动和筹资活动这两部分现金流量的填列均采用直接法。

间接法是指以本期净利润为起点，调整不涉及现金的收入、费用、营业外收支等有关项目剔除投资活动、筹资活动对现金流量的影响，据此计算出经营活动产生的现金流量。我国现金流量表补充资料中的经营活动产生的现金流量就是按间接法来反映的，起到对正表中按直接法反映的经营活动产生的现金流量进行核对和补充说明的作用。

现金流量表的编制较为复杂，各有关项目的具体填列方法将在以后的《中级财务会计》中介绍，本教材不予详述。

第五节　所有者权益变动表

一、所有者权益变动表概述

所有者权益变动表是反映构成所有者权益的各组成部分当期增减变动情况的财务报表。

所有者权益变动表不仅能为报表使用者提供所有者权益总量增减变动的信息，还能提供所有者权益总量增减变动的结构性信息，让报表使用者理解所有者权益增减变动的根源。所有者权益变动表全面反映了企业的所有者权益在年度内的变化情况，便于会计信息使用者深入分析企业所有者权益的增减变化情况，进而对企业的资本保值增值情况作出正确判断，获得对决策有用的信息。

二、所有者权益变动表的格式与内容

所有者权益变动表至少应当单独列示下列信息：①综合收益总额；②会计政策变更和差错更正的累积影响额；③所有者投入资本和向所有者分配利润等；④按照规定提取的盈余公积；⑤所有者权益各组成部分的期初和期末余额及其调节情况。

所有者权益变动表以矩阵的形式列示：横行列示导致所有者权益变动的交易或事项，即所有者权益变动的来源，对一定时期所有者权益的变动情况进行全面反映；纵列按照所有者权益的各组成部分[实收资本（或股本）、其他权益工具、资本公积、其他综合收益、专项储备、盈余公积、未分配利润]及其总额列示交易或事项对所有者权益各部分的影响。

我国一般企业所有者权益变动表的格式如表8-10所示。

表8-10　　　　　　　　　　　　　所有者权益变动表

会企04表

编制单位：　　　　　　　　　　　　年　月　　　　　　　　　　　　单位：元

项目	本年金额									上年金额								
	实收资本（或股本）	其他权益工具			资本公积	减：库存股	其他综合收益	专项储备	盈余公积	未分配利润	所有者权益合计	实收资本（或股本）	其他权益工具			资本公积	减：库存股	其他综合收益	专项储备	盈余公积	未分配利润	所有者权益合计
		优先股	永续债	其他									优先股	永续债	其他							
一、上年年末余额																						
加：会计政策变更																						
前期差错更正																						
其他																						
二、本年年初余额																						
三、本年增减变动金额（减少以"－"号填列）																						
（一）综合收益总额																						
（二）所有者投入和减少资本																						
1. 所有者投入的普通股																						
2. 其他权益工具持有者投入资本																						
3. 股份支付计入所有者权益的金额																						
4. 其他																						
（三）利润分配																						
1. 提取盈余公积																						
2. 对所有者（或股东）的分配																						
3. 其他																						
（四）所有者权益内部结转																						
1. 资本公积转增资本（或股本）																						

(续表)

项目	本年金额									上年金额								
	实收资本(或股本)	其他权益工具			资本公积	减:库存股	其他综合收益	专项储备	盈余公积	未分配利润	所有者权益合计	实收资本(或股本)	其他权益工具			资本公积	减:库存股	其他综合收益	专项储备	盈余公积	未分配利润	所有者权益合计
		优先股	永续债	其他									优先股	永续债	其他							
2. 盈余公积转增资本(或股本)																						
3. 盈余公积弥补亏损																						
4. 设定受益计划变动额结转留存收益																						
5. 其他综合收益结转留存收益																						
6. 其他																						
四、本年年末余额																						

三、所有者权益变动表的编制方法

所有者权益变动表各项目均需填列"本年金额"和"上年金额"两栏。

(一)"本年金额"栏的列报方法

所有者权益变动表"本年金额"栏内各项数字,一般应根据"实收资本(或股本)""其他权益工具""资本公积""库存股""其他综合收益""专项储备""盈余公积""未分配利润"账户的发生额分析填列。

(二)"上年金额"栏的列报方法

所有者权益变动表"上年金额"栏内各项数字,应根据上年度所有者权益变动表"本年金额"栏内所列数字填列。上年度所有者权益变动表规定的各个项目的名称和内容同本年度不一致的,应对上年度所有者权益变动表各项目的名称和数字按照本年度的规定进行调整,填入所有者权益变动表的"上年金额"栏内。

本章习题

一、单项选择题

1. 关于资产负债表的格式,下列各项表述中,不正确的是( )。
   A. 我国企业的资产负债表采用报告式结构
   B. 资产负债表左方为资产项目,按资产的流动性大小排列
   C. 资产负债表右方为负债和所有者权益项目,按清偿时间的先后顺序排列
   D. 资产负债表的结构主要有账户式和报告式两种

2. 下列各项中,会影响企业营业成本的项目是( )。
   A. 主营业务收入   B. 营业外支出
   C. 其他业务成本   D. 所得税费用

3. 某企业 2023 年 12 月编制的利润表中"本期金额"栏反映了( )。

A. 2023年12月31日利润或亏损的形成情况
B. 2023年1~12月累计利润或亏损的形成情况
C. 2023年12月份利润或亏损的形成情况
D. 2023年第四季度利润或亏损的形成情况

4. 某企业2023年8月份"原材料"账户期末余额为200 000元,"库存商品"账户的期末余额为240 000元,"生产成本"账户期末余额为60 000元,"存货跌价准备"账户期末余额为10 000元,"固定资产"账户的期末余额为400 000元,则本月月末资产负债表中"存货"项目的期末金额应填列( )元。
   A. 430 000　　　　B. 440 000　　　　C. 490 000　　　　D. 890 000

5. 资产负债表是根据( )这一会计等式编制的。
   A. 收入－费用＝利润
   B. 现金流入－现金流出＝现金净流量
   C. 资产＝负债＋所有者权益＋收入－费用
   D. 资产＝负债＋所有者权益

6. 2023年年末,光明公司"应收账款"账户的借方余额为200万元(其明细账无贷方余额);"预收账款"账户贷方余额为150万元,其中,明细账的借方余额为15万元,贷方余额为165万元;"应收账款"账户对应的"坏账准备"期末贷方余额为8万元。该企业年末资产负债表中"应收账款"项目的金额为( )万元。
   A. 265　　　　B. 250　　　　C. 215　　　　D. 207

7. 在资产负债表中,资产是按照( )排列的。
   A. 清偿时间的先后顺序　　　　B. 会计人员的填写习惯
   C. 金额大小　　　　D. 流动性大小

8. 某企业"应付账款"明细账期末余额情况如下:X企业贷方余额为150 000元,Y企业借方余额为180 000元,Z企业贷方余额为300 000元。假如该企业"预付账款"明细账均为借方余额,则根据以上数据计算的反映在资产负债表上"应付账款"项目的数额为( )元。
   A. 630 000　　　　B. 270 000　　　　C. 80 000　　　　D. 450 000

9. 下列关于现金流量表的描述中,正确的是( )。
   A. 现金流量表是反映企业在一定会计期间库存现金流入和流出的报表
   B. 现金流量表是反映企业在一定会计期间现金和现金等价物流入和流出情况的报表
   C. 现金等价物指的是企业的银行存款以及其他货币资金
   D. 企业购买的股票投资也属于企业现金等价物

10. 下列各项中,填制资产负债表时不计入存货项目的是( )。
    A. 原材料　　　　B. 库存商品　　　　C. 低值易耗品　　　　D. 工程物资

11. 下列各项中,不属于在企业四张主要报表上提供的信息是( )。
    A. 财务状况　　　　B. 经营成果　　　　C. 现金流量　　　　D. 物资流量

12. 下列各项中,根据母子公司的财务报表,由母公司编制的财务报表是( )。
    A. 中期财务报表　　B. 个别财务报表　　C. 合并财务报表　　D. 年度财务报表

13. 资产负债表中,"固定资产"和"无形资产"项目填列应采用的方法是( )。

A. 根据有关总账账户期末借方余额或贷方余额直接填列
B. 根据若干有关总账账户期末余额加计汇总填列
C. 根据有关账户余额减去其备抵账户余额后的净额填列
D. 根据有关总账账户及其所属明细账户期末余额分析计算填列

14. 下列各项中,不属于财务报表附注披露内容的是(　　)。
   A. 企业的基本情况　　　　　　　　B. 财务报表的编制过程
   C. 遵循企业会计准则的声明　　　　D. 重要会计政策和会计估计

15. 我国资产负债表中,资产项目是按照(　　)排列。
   A. 各项资产流动性的大小　　　　　B. 各项资产的重要程度
   C. 各项资产的金额大小　　　　　　D. 各项资产的增加顺序

二、多项选择题

1. 利润表是(　　)。
   A. 对外报表　　　　　　　　　　　B. 静态报表
   C. 动态报表　　　　　　　　　　　D. 反映企业财务成果的报表

2. 一套完整的财务报表至少应包括(　　)。
   A. 资产负债表　　　　　　　　　　B. 利润表
   C. 所有者权益变动表　　　　　　　D. 现金流量表

3. 下列各项中,可以通过资产负债表反映的有(　　)。
   A. 某一时点的财务状况　　　　　　B. 某一时点的偿债能力
   C. 某一期间的经营成果　　　　　　D. 某一期间的获利能力

4. 资产负债表中,"应收账款"项目应根据(　　)之和减去"坏账准备"账户中有关应收账款计提的坏账准备期末余额填列。
   A. "应收账款"账户所属明细账的借方余额
   B. "应收账款"账户所属明细账的贷方余额
   C. "应付账款"账户所属明细账的贷方余额
   D. "预收账款"账户所属明细账的借方余额

5. 资产负债表中"期末数"栏的资料来源是(　　)。
   A. 总账余额　　　　　　　　　　　B. 明细账余额
   C. 日记账余额　　　　　　　　　　D. 备查登记簿记录

6. 下列各项中,影响企业利润表中营业利润的项目有(　　)。
   A. 销售费用　　B. 管理费用　　C. 投资收益　　D. 所得税费用

7. 下列资产负债表项目中,应根据明细账户余额计算填列的有(　　)。
   A. 货币资金　　B. 预收款项　　C. 应收账款　　D. 实收资本

8. 下列各项对财务报表编制的基本要求表述中,正确的有(　　)。
   A. 至少按年编制　　　　　　　　　B. 各项目之间的金额不能相互抵销
   C. 项目列报遵守重要性原则　　　　D. 以持续经营为基础

9. 编制财务报表的目的是向(　　)等财务报表的使用者提供全面、系统的财务会计信息。
   A. 投资者　　　　　　　　　　　　B. 债权人
   C. 政府及相关机构　　　　　　　　D. 社会公众

10. 下列资产负债表项目中,应根据明细账余额计算填列的有( )。
    A. 应收票据　　　B. 预收款项　　　C. 应收账款　　　D. 应付账款
11. 企业的现金流量可以分为( )。
    A. 经营活动产生的现金流量　　　B. 投资活动产生的现金流量
    C. 筹资活动产生的现金流量　　　D. 借款产生的现金流量
12. 下列各项中,在编制资产负债表时应列入"存货"项目的有( )。
    A. 原材料　　　　　　　　　　　B. 存货跌价准备
    C. 委托加工物资　　　　　　　　D. 工程物资
13. 利润表的格式有( )。
    A. 账户式　　　B. 单步式　　　C. 报告式　　　D. 多步式
14. 利润表是( )。
    A. 根据有关账户的发生额编制的　B. 动态报表
    C. 反映财务状况的报表　　　　　D. 静态报表
15. 资产负债表是( )。
    A. 根据有关账户余额编制的　　　B. 静态报表
    C. 反映财务成果的报表　　　　　D. 反映财务状况的报表

三、判断题

1. 收入、费用和利润之间的恒等关系是复式记账法的理论基础,也是企业编制利润表的基础。( )
2. 所有者权益变动表是反映构成所有者权益的各组成部分当期增减变动情况的报表。( )
3. 季度、月度财务报表至少应该包括资产负债表、利润表、现金流量表和所有者权益变动表。( )
4. 资产负债表中,资产类项目金额总计与负债类和所有者权益类项目金额总计必须相等,各项资产与负债的金额一般不应相互抵销。( )
5. 资产负债表中,各个项目的"期末余额"都可以根据总账账户和有关明细账户的期末余额直接填列。( )
6. 利润表中的项目都是根据损益类账户的余额分析计算填列。( )
7. 现金流量表中的"现金"是指企业的库存现金。( )
8. 资产负债表中的"未分配利润"项目是反映企业尚未分配的利润,应根据"利润分配"账户的余额直接填列。( )
9. 12月份的资产负债表中,"未分配利润"项目应和"利润分配"总账的年末余额一致。( )
10. 编制利润表时,如果"公允价值变动收益"和"投资收益"账户的净额为借方发生额,则填写的方法为以正数填列。( )
11. 所谓中期财务报表是每半年度终了时编制的财务报表。( )
12. 财务报表附注是账簿中所列示项目的文字描述或明细资料。( )
13. 现金流量表可以帮助财务报表使用者了解和评价企业获取现金和现金等价物的能力,并据以预测企业未来现金流量。( )

14. 营业利润扣除管理费用、销售费用、财务费用和所得税后得到净利润。　　　　（　　）

四、业务题

1. X 公司 2023 年 11 月 30 日的有关总账和明细账户的余额如表 8-11 所示。

表 8-11　　　　　　　　　　　　总账和明细账户余额

单位：元

资产类账户	借或贷	余额	负债和所有者权益账户	借或贷	余额
库存现金	借	1 500	短期借款	贷	250 000
银行存款	借	800 000	应付票据	贷	25 500
其他货币资金	借	90 000	应付账款	贷	71 000
交易性金融资产	借	115 000	——丙企业	贷	91 000
应收票据	借	20 000	——丁企业	借	20 000
应收账款	借	75 000	预收账款	贷	14 700
——甲公司	借	80 000	——C 公司	贷	14 700
——乙公司	贷	5 000	其他应付款	贷	12 000
坏账准备	贷	2 000	应交税费	贷	28 000
——甲公司	贷	2 000	长期借款	贷	506 000
预付账款	借	36 100	应付债券	贷	563 700
——A 公司	借	31 000	其中：一年内到期的应付债券	贷	23 000
——B 公司	借	5 100	实收资本	贷	4 040 000
其他应收款	借	8 500	盈余公积	贷	158 100
原材料	借	774 400	利润分配	贷	1 900
生产成本	借	265 400	——未分配利润	贷	1 900
库存商品	借	193 200	本年利润	贷	36 700
固定资产	借	2 888 000			
累计折旧	贷	4 900			
在建工程	借	447 400			
资产总计		5 707 600	负债和所有者权益总计		5 707 600

要求：请代 X 公司编制 2023 年 11 月 30 日的简化资产负债表（见表 8-12）。

表 8-12　　　　　　　　　　　　资产负债表（简表）

制表单位：X 公司　　　　　　　　　2023 年 11 月 30 日　　　　　　　　　单位：元

资　产	期末余额	年初余额	负债和所有者权益（或股东权益）	期末余额	年初余额
流动资产：		（略）	流动负债：		（略）
货币资金			短期借款		
交易性金融资产			应付票据		
应收票据			应付账款		

(续表)

资　产	期末余额	年初余额	负债和所有者权益（或股东权益）	期末余额	年初余额
应收账款			预收款项		
预付款项			应交税费		
其他应收款			其他应付款		
存货			一年内到期的非流动负债		
流动资产合计			流动负债合计		
非流动资产：			非流动负债：		
固定资产			长期借款		
在建工程			应付债券		
非流动资产合计			非流动负债合计		
			负债合计		
			所有者权益(或股东权益)：		
			实收资本(或股本)		
			盈余公积		
			未分配利润		
			所有者权益(或股东权益)合计		
资产总计			负债和所有者权益（或股东权益）总计		

2. 新世纪公司 2023 年 12 月份的各损益类账户发生额如表 8-13 所示。

表 8-13 　　　　　　　　　损益类账户发生额

单位：元

账户	借方	贷方	账户	借方	贷方
主营业务收入		90 000	其他业务收入		3 000
主营业务成本	50 000		其他业务成本	1 000	
税金及附加	4 500		投资收益		1 500
销售费用	2 000		营业外收入		3 500
管理费用	8 500		营业外支出	1 800	
财务费用	2 000		所得税费用	9 400	
其中：利息支出	2 000				

要求：根据上述资料编制该公司 2023 年 12 月份的简化利润表（见表 8-14）。

表 8-14 　　　　　　　　　利　润　表(简表)

会企 02 表

编制单位：　　　　　　　　　　　年　月　　　　　　　　　　　单位：元

项　目	本期金额	上期金额
一、营业收入		

(续表)

项　　目	本期金额	上期金额
减：营业成本		
税金及附加		
销售费用		
管理费用		
研发费用		
财务费用		
其中：利息费用		
利息收入		
加：其他收益		
投资收益(损失以"－"号填列)		
二、营业利润(亏损以"－"号填列)		
加：营业外收入		
减：营业外支出		
三、利润总额(亏损总额以"－"号填列)		
减：所得税费用		
四、净利润(净亏损以"－"号填列)		

第九章 账务处理程序

学习目标

1. 熟悉账务处理程序的概念和种类
2. 掌握记账凭证账务处理程序的特点、核算步骤、优缺点及适用范围
3. 掌握科目汇总表账务处理程序的特点、核算步骤、优缺点及适用范围
4. 熟悉汇总记账凭证账务处理程序的特点、核算步骤、优缺点及适用范围
5. 掌握科目汇总表的编制
6. 熟悉汇总记账凭证的编制

重点与难点

1. 记账凭证账务处理程序
2. 各种账务处理程序的特点、优缺点及适用范围

知识框架结构

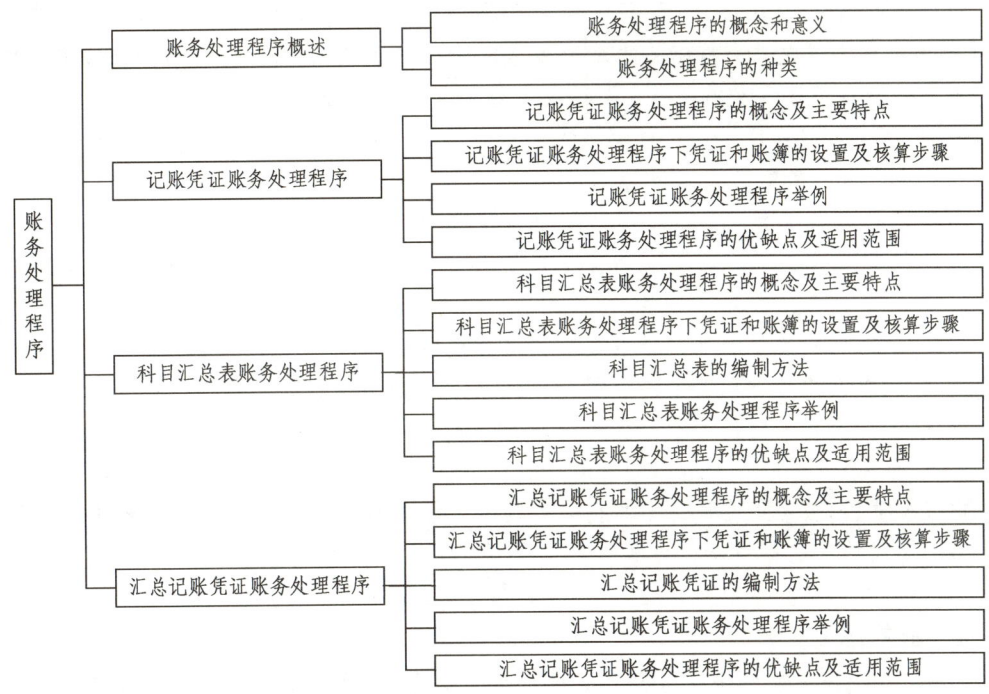

案例导入

瑞幸咖啡 22 亿元财务造假引爆"连环炸"
小蓝杯还有哪些大麻烦?

北京时间 2020 年 4 月 2 日晚,瑞幸咖啡在美国股市开盘前突然发布公告称,已经成立特别委员会,调查内部交易造假问题,并指出首席运营官刘剑和部分员工伪造交易 22 亿元人民币,相关的费用和支出也相应虚增,而这一内部调查正处在初步调查阶段。

公告一出,不仅导致瑞幸咖啡股价暴跌,也引发了业内关注以及各方谴责。

4 月 3 日,证监会表示,高度关注瑞幸咖啡财务造假事件,对该公司财务造假行为表示强烈谴责。

然而,小蓝杯的麻烦恐怕至此才刚刚开始。美国多家律师事务所发布声明,提醒投资者有关瑞幸咖啡的集体诉讼即将到最后提交期限。有律所表示,在 2019 年 11 月 13 日至 2020 年 1 月 31 日间购买过瑞幸咖啡股票的投资者如果试图追回损失,可以与律所联系,2020 年 4 月 13 日是首席原告截止日期。与此同时,网友纷纷在微博上留言:"会倒闭吗?""以后还能有瑞幸咖啡喝吗?""还能喝到便宜咖啡吗?""我还有好多券没用。"

受此影响,美股盘前,瑞幸咖啡股价大跌 84.16%。美股开盘后,瑞幸咖啡开盘暴跌 80.95%,最低报 4.99 美元,创历史新低,市值蒸发近 50 亿美元。

盘初瑞幸咖啡触发熔断,熔断前跌 78.55%。恢复交易后,再数次触发熔断机制。开盘后的 40 分钟的时间里先后触发了 6 次熔断。

截至收盘,瑞幸咖啡股价下跌 19.80 美元,报收 6.40 美元,远低于其 17 美元的发行价,跌幅达 75.57%。

按当日收盘价计算,瑞幸咖啡市值约 16.1 亿美元。

根据瑞幸咖啡公告,内部调查此初步阶段确定的信息表明,从 2019 年第二季度到 2019 年第四季度与虚假交易相关的总销售金额约为人民币 22 亿元。在此期间,某些成本和费用也因虚假交易而大幅膨胀。上述数字尚未经过特别委员会、其顾问或公司的独立审计师的独立验证,并且可能会随着内部调查的进行而改变。公司正在评估不当行为对其财务报表的整体财务影响。

瑞幸特别委员会于 4 月 2 日提请董事会注意以下信息:从 2019 年第二季度开始,公司首席运营官兼董事刘剑以及向他报告的几名员工从事了不当行为,包括捏造某些交易。

根据公告,特别委员会建议采取某些临时补救措施,包括中止刘剑先生和涉嫌不当行为的此类雇员,以及中止与已确定的虚假交易涉及方的合同和交易。董事会接受了特别委员会的建议,并针对目前确定的参与伪造交易的个人和当事方实施了这些建议。瑞幸将对负责不当行为的个人采取一切适当的行动,包括法律行动。

瑞幸咖啡称,公司正在评估不当行为对其财务报表的整体财务影响。因此,投资者不应再依赖公司以前的财务报表和截至 2019 年 9 月 30 日的 9 个月的收益发布。调查正在进行中,公司将继续评估其先前发布的财务状况和作出其他可能调整。

业务技能思考:

(1) 财务造假手段有哪些?财务造假会带来哪些影响?投资者应该如何进行防范?

(2) 企业应该如何进行会计核算来有效杜绝财务造假？

[摘自"瑞幸咖啡22亿元财务造假引爆'连环炸' 小蓝杯还有哪些大麻烦?"《华西都市报》，2020-04-04)，作者佚名]

第一节 账务处理程序概述

一、账务处理程序的概念和意义

（一）账务处理程序的概念

通过前面的学习，我们知道，填制会计凭证、登记账簿、编制财务报表都是会计核算的重要方法，它们之间不是相互孤立的，而是以一定的形式紧密联系在一起。编制财务报表的资料主要来源于账簿，财务报表的内容对账簿的种类、格式和记录又有制约作用；账簿的登记依据是会计凭证，账簿的种类、格式又决定着会计凭证的种类和格式。正是由于三者之间相互联系又相互制约的关系，说明三者之间以及各种凭证之间、账簿之间、报表之间的配合，决定着会计核算资料的全面性、综合性和及时性。因此，每一个单位都应根据实际情况，科学设计和合理组织会计凭证、账簿和财务报表及其传递程序，这便形成了账务处理程序。

账务处理程序也称会计核算组织程序、会计核算形式，是指会计凭证、会计账簿、财务报表的种类和格式与一定的记账程序有机结合的方法和步骤。

账务处理程序主要包括账簿组织和记账程序两部分内容。账簿组织是指会计凭证、会计账簿和财务报表的种类、格式及会计凭证与会计账簿、会计账簿与财务报表之间的关系。记账程序是指运用一定的记账方法，从填制和审核会计凭证、登记会计账簿到编制财务报表的工作程序，即对发生的经济业务利用会计凭证、会计账簿和财务报表进行核算的步骤与过程。

不同的单位，采用不同的账簿组织和记账程序，构成不同的账务处理程序。

（二）账务处理程序的意义

账务处理程序是否科学、合理，将对整个会计核算工作带来多方面的影响。比如会计凭证、会计账簿和财务报表的作用是否能够充分发挥，会计信息的提供是否能够满足会计信息使用者的需要，会计人员之间的分工是否能够合理、明确，会计工作的效率是否能够不断提高等，都会受到账务处理程序的影响。因此，确定科学合理的账务处理程序，是企业会计制度设计的一项重要内容，是会计部门和会计人员的一项重要工作。科学合理的账务处理程序对于保证及时提供准确、完整和系统的会计信息，更好地完成会计的任务具有十分重要的意义。具体来说，其意义在于：

(1) 有利于减少不必要的会计核算环节和手续，节约人力、物力和财力，提高核算工作效率。

(2) 有利于会计信息的形成和传递，使会计数据的处理过程有条不紊地进行，确保会计记录正确、完整，会计信息相关、可靠，从而提高会计信息质量。

(3) 有利于会计核算工作的分工协作、责任划分，明确岗位职责，合理分工协作。

二、账务处理程序的种类

在会计实践中,不同的账簿组织、记账程序和记账方法及其不同的结合方式,形成了不同种类的账务处理程序。账务处理程序可以分为记账凭证账务处理程序、科目汇总表账务处理程序、汇总记账凭证账务处理程序、多栏式日记账账务处理程序和日记总账账务处理程序。

在我国,企业常用的账务处理程序主要有以下三种:记账凭证账务处理程序、科目汇总表账务处理程序和汇总记账凭证账务处理程序。

各种账务处理程序之间的不同之处主要表现在登记总账的依据和方法不同。

第二节　记账凭证账务处理程序

一、记账凭证账务处理程序的概念及主要特点

(一)记账凭证账务处理程序的概念

记账凭证账务处理程序是指对发生的经济业务事项,根据原始凭证或原始凭证汇总表编制记账凭证,然后根据记账凭证逐笔登记总分类账,并定期编制会计报表的一种账务处理程序。

(二)记账凭证账务处理程序的主要特点

记账凭证账务处理程序的主要特点是直接根据记账凭证逐笔登记总分类账。它是最基本的账务处理程序,其他各种账务处理程序都是在此基础上,根据经济管理的需要发展而形成的。

二、记账凭证账务处理程序下凭证和账簿的设置及核算步骤

(一)记账凭证账务处理程序下凭证和账簿的设置

在记账凭证账务处理程序下,企业记账凭证的设置一般采用两种形式:一是采用收款凭证、付款凭证和转账凭证三种记账凭证;二是采用通用记账凭证。

企业需要设置的账簿有库存现金日记账、银行存款日记账、总分类账和明细分类账。其中,库存现金日记账、银行存款日记账和总分类账一般采用订本式账簿与三栏式账页;明细分类账可根据管理的需要,采用三栏式、数量金额式或多栏式账页。

(二)记账凭证账务处理程序的核算步骤

记账凭证账务处理程序主要包括以下步骤:

(1)根据原始凭证编制原始凭证汇总表。

(2)根据原始凭证或原始凭证汇总表,填制收款凭证、付款凭证和转账凭证(或通用记账凭证)。

(3)根据收款凭证和付款凭证,逐笔登记库存现金日记账和银行存款日记账。

(4)根据原始凭证、原始凭证汇总表或记账凭证,登记各种明细分类账。

(5)根据记账凭证逐笔登记总分类账。

（6）期末，库存现金日记账、银行存款日记账和各明细分类账的余额分别与有关总分类账余额核对相符。

（7）期末，根据核对无误的总分类账和明细分类账，编制财务报表。

记账凭证账务处理程序的核算步骤如图 9-1 所示。

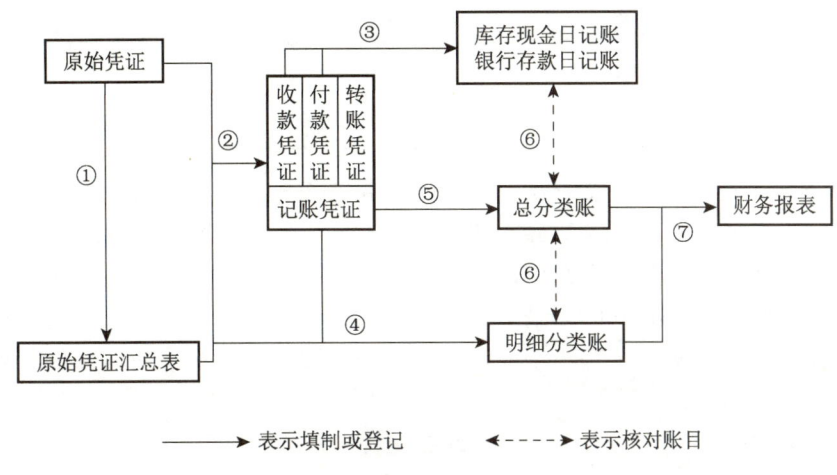

图 9-1　记账凭证账务处理程序核算程序图

三、记账凭证账务处理程序举例

【例 9-1】 大生公司为增值税一般纳税人，增值税税率为 13%，公司会计核算采用记账凭证账务处理程序，存货按实际成本计价核算。大生公司 2023 年 11 月 30 日各总分类账户期末余额如表 9-1 所示。

表 9-1　　　　　　　　　　　总分类账户余额表

2023 年 11 月 30 日　　　　　　　　　　　　　　　单位：元

账户名称	借方余额	账户名称	贷方余额
库存现金	5 138	累计折旧	9 370
银行存款	51 000	短期借款	46 000
原材料	5 632	应付账款	9 500
库存商品	12 600	应交税费	1 200
生产成本	1 500	实收资本	100 000
应收账款	6 000	本年利润	55 300
其他应收款	1 800	利润分配	12 300
固定资产	150 000		
合计	233 670	合计	233 670

大生公司 2023 年 11 月 30 日有关明细账户期末余额如下：

(1) 原材料明细账如表9-2所示。

表9-2 　　　　　　　　　　　原材料明细账

单位：元

材料名称	计量单位	数量	单价	金额
A材料	千克	1 200	4.02	4 824
B材料	千克	400	2.02	808
合计	—	—	—	5 632

(2) 生产成本明细账中，"生产成本——甲产品"明细账期末余额共计1 500元，其中，直接材料600元，直接人工600元，制造费用300元。

大生公司12月份发生下列经济业务：

(1) 1日，购入A材料2 000千克，每千克4元；B材料3 000千克，每千克2元，供货方代垫运费100元，增值税额为1 829元，材料尚未到达，价税款及运费均以银行存款支付（运费按材料重量标准分配）。

(2) 4日，从银行提取现金30 000元，准备发放职工工资。

(3) 8日，以现金30 000元支付上月职工工资。

(4) 10日，职工张明出差预借差旅费4 000元，以现金支付。

(5) 12日，上述A、B两种材料运达本企业并已验收入库，并按实际采购成本入账。

(6) 14日，张明出差回来报销差旅费3 800元，退回现金200元。

(7) 16日，生产甲产品，领用A材料1 200千克，每千克4.02元；B材料1 700千克，每千克2.02元。

(8) 20日，向力源公司销售甲产品500件，每件售价110元，货款为55 000元，增值税税率为13%，款项收到并存入银行。

(9) 22日，以银行存款支付甲产品广告费3 000元，增值税额为180元。

(10) 23日，收到大地公司前欠货款4 000元，存入银行。

(11) 25日，以银行存款支付本月水电费，其中，生产车间4 500元，公司管理部门1 000元。

(12) 31日，计算分配本月应付职工工资30 000元，其中，甲产品生产工人工资15 000元，车间管理人员工资9 000元，厂部管理人员工资6 000元。

(13) 31日，按工资总额的14%提取福利费。

(14) 31日，计提本月固定资产折旧4 000元，其中，生产车间固定资产折旧2 800元，行政管理部门固定资产折旧1 200元。

(15) 31日，结转本月甲产品负担的制造费用（假定本月只生产了甲产品）。

(16) 31日，本月甲产品全部完工，验收入库，结转完工产品成本。

(17) 31日，结转已售产品销售成本（单位成本为60元）。

(18) 31日，结转费用类账户到"本年利润"账户。

(19) 31日，结转收入类账户到"本年利润"账户。

(20) 31日，计算本月应交所得税，假定无纳税调整，所得税税率为25%。

(21) 31日,结转所得税费用账户余额。
(22) 31日,结转全年净利润。
(23) 31日,按本年净利润的10%计提法定盈余公积。
(24) 31日,决定按本年净利润的30%向投资者分配利润。
(25) 31日,结转"利润分配"其他明细账户。

大生公司采用记账凭证账务处理程序,具体核算步骤如下。

1. 根据原始凭证或原始凭证汇总表,填制记账凭证

记账凭证可以采用通用记账凭证或专用记账凭证,本例采用专用记账凭证(现收、现付、银收、银付、转)。根据上述经济业务编制记账凭证,如表9-3至表9-28所示。

表9-3　　　　　　　　　　　付 款 凭 证

贷方科目:银行存款　　　　　2023年 12月 01日　　　　　银付字第 1 号

摘要	借方科目			金额								
	总账科目	明细科目	√	百	十	万	千	百	十	元	角	分
购买材料,货到	在途物资	A材料	√			8	0	4	0	0	0	0
款已付	在途物资	B材料	√			6	0	6	0	0	0	0
	应交税费	应交增值税（进项税额）	√			1	8	2	9	0	0	0
合 计				¥	1	5	9	2	9	0	0	0

附件 3 张

财务主管 张 博　　　记账 王长江　　　出纳 严冬梅　　　复核 黄 浩　　　制单 李明辉

表9-4　　　　　　　　　　　付 款 凭 证

贷方科目:银行存款　　　　　2023年 12月 04日　　　　　银付字第 2 号

摘要	借方科目			金额								
	总账科目	明细科目	√	百	十	万	千	百	十	元	角	分
提取现金	库存现金		√				3	0	0	0	0	0
合 计					¥		3	0	0	0	0	0

附件 1 张

财务主管 张 博　　　记账 王长江　　　出纳 严冬梅　　　复核 黄 浩　　　制单 李明辉

表 9-5

付 款 凭 证

贷方科目：库存现金　　　　　2023 年 12 月 08 日　　　　　现付字第 1 号

摘　要	借方科目			金　额								
	总账科目	明细科目	√	百	十	万	千	百	十	元	角	分
用现金发放工资	应付职工薪酬		√			3	0	0	0	0	0	0
合　计				¥		3	0	0	0	0	0	0

附件 1 张

财务主管 张 博　　　记账 王长江　　　出纳 严冬梅　　　复核 黄 浩　　　制单 李明辉

表 9-6

付 款 凭 证

贷方科目：库存现金　　　　　2023 年 12 月 10 日　　　　　现付字第 2 号

摘　要	借方科目			金　额								
	总账科目	明细科目	√	百	十	万	千	百	十	元	角	分
预借差旅费	其他应收款	张明	√				4	0	0	0	0	0
合　计					¥		4	0	0	0	0	0

附件 1 张

财务主管 张 博　　　记账 王长江　　　出纳 严冬梅　　　复核 黄 浩　　　制单 李明辉

表 9-7

转 账 凭 证

2023 年 12 月 12 日　　　　　转字第 1 号

摘　要	总账科目	明细科目	√	借方金额									贷方金额								
				百	十	万	千	百	十	元	角	分	百	十	万	千	百	十	元	角	分
材料入库	原材料	A材料	√				8	0	4	0	0	0									
	原材料	B材料	√				6	0	6	0	0	0									
	在途物资	A材料	√													8	0	4	0	0	0
	在途物资	B材料	√													6	0	6	0	0	0
合　计					¥	1	4	1	0	0	0	0		¥	1	4	1	0	0	0	0

附件 1 张

财务主管 张 博　　　记账 王长江　　　复核 黄 浩　　　制单 李明辉

表 9-8

转 账 凭 证

2023 年 12 月 14 日   转字第 2 号

摘要	总账科目	明细科目	√	借方金额 百 十 万 千 百 十 元 角 分	贷方金额 百 十 万 千 百 十 元 角 分	
报销差旅费	管理费用	差旅费	√	3 8 0 0 0 0		附件2张
	其他应收款	张明	√		3 8 0 0 0 0	
合 计				¥ 3 8 0 0 0 0	¥ 3 8 0 0 0 0	

财务主管 张 博　　　记账 王长江　　　复核 黄 浩　　　制单 李明辉

表 9-9

收 款 凭 证

2023 年 12 月 14 日   现收字第 1 号

借方科目：库存现金

摘要	贷方科目			金额	
	总账科目	明细科目	√	百 十 万 千 百 十 元 角 分	
报销差旅费退回现金	其他应收款	张明	√	2 0 0 0 0	附件见转2#张
合 计				¥ 　2 0 0 0 0	

财务主管 张 博　　记账 王长江　　出纳 严冬梅　　复核 黄 浩　　制单 李明辉

表 9-10

转 账 凭 证

2023 年 12 月 16 日   转字第 3 号

摘要	总账科目	明细科目	√	借方金额 百 十 万 千 百 十 元 角 分	贷方金额 百 十 万 千 百 十 元 角 分	
领用材料	生产成本	甲产品	√	8 2 5 8 0 0		附件1张
	原材料	A材料	√		4 8 2 4 0 0	
	原材料	B材料	√		3 4 3 4 0 0	
合 计				¥ 8 2 5 8 0 0	¥ 8 2 5 8 0 0	

财务主管 张 博　　　记账 王长江　　　复核 黄 浩　　　制单 李明辉

表 9-11

收 款 凭 证

借方科目：银行存款　　　　　　2023 年 12 月 20 日　　　　　　银收字第 1 号

摘要	贷方科目			金额							
	总账科目	明细科目	√	百	十	万	千	百	十	元	角	分
销售产品，款已收	主营业务收入	甲产品	√			5	5	0	0	0	0	0
	应交税费	应交增值税（销项税额）	√				7	1	5	0	0	0
合　计				¥		6	2	1	5	0	0	0

附件 2 张

财务主管 张　博　　记账 王长江　　出纳 严冬梅　　复核 黄　浩　　制单 李明辉

表 9-12

付 款 凭 证

贷方科目：银行存款　　　　　　2023 年 12 月 22 日　　　　　　银付字第 3 号

摘要	借方科目			金额							
	总账科目	明细科目	√	百	十	万	千	百	十	元	角	分
支付销售费用	销售费用		√				3	0	0	0	0	0
	应交税费	应交增值税（进项税额）	√					1	8	0	0	0
合　计				¥			3	1	8	0	0	0

附件 1 张

财务主管 张　博　　记账 王长江　　出纳 严冬梅　　复核 黄　浩　　制单 李明辉

表 9-13

收 款 凭 证

借方科目：银行存款　　　　　　2023 年 12 月 23 日　　　　　　银收字第 2 号

摘要	贷方科目			金额							
	总账科目	明细科目	√	百	十	万	千	百	十	元	角	分
收回前欠货款	应收账款	大地公司	√				4	0	0	0	0	0
合　计				¥			4	0	0	0	0	0

附件 1 张

财务主管 张　博　　记账 王长江　　出纳 严冬梅　　复核 黄　浩　　制单 李明辉

表 9-14 付 款 凭 证

贷方科目:银行存款　　　　　　　2023 年 12 月 25 日　　　　　　　银付字第 4 号

摘要	借方科目		√	金额							
	总账科目	明细科目		百	十	万	千	百	十	元	角	分
支付水电费	制造费用	水电费	√				4	5	0	0	0	0
	管理费用	水电费	√				1	0	0	0	0	0
合 计						¥	5	5	0	0	0	0

附件 1 张

财务主管 张博　　记账 王长江　　出纳 严冬梅　　复核 黄浩　　制单 李明辉

表 9-15 转 账 凭 证

2023 年 12 月 31 日　　　　　　　转字第 4 号

摘要	总账科目	明细科目	√	借方金额									贷方金额								
				百	十	万	千	百	十	元	角	分	百	十	万	千	百	十	元	角	分
分配工资	生产成本	甲产品	√			1	5	0	0	0	0	0									
	制造费用	工资	√				9	0	0	0	0	0									
	管理费用	工资	√				6	0	0	0	0	0									
	应付职工薪酬	工资	√												3	0	0	0	0	0	0
合 计					¥	3	0	0	0	0	0	0		¥	3	0	0	0	0	0	0

附件 1 张

财务主管 张博　　记账 王长江　　复核 黄浩　　制单 李明辉

表 9-16 转 账 凭 证

2023 年 12 月 31 日　　　　　　　转字第 5 号

摘要	总账科目	明细科目	√	借方金额									贷方金额								
				百	十	万	千	百	十	元	角	分	百	十	万	千	百	十	元	角	分
计提工会经费	生产成本	甲产品	√				2	1	0	0	0	0									
	制造费用	福利费	√				1	2	6	0	0	0									
	管理费用	福利费	√					8	4	0	0	0									
	应付职工薪酬	福利费	√													4	2	0	0	0	0
合 计						¥	4	2	0	0	0	0			¥	4	2	0	0	0	0

附件 1 张

财务主管 张博　　记账 王长江　　复核 黄浩　　制单 李明辉

表 9-17

转 账 凭 证

2023 年 12 月 31 日　　　　　　　　　转字第 6 号

摘要	总账科目	明细科目	√	借方金额 百十万千百十元角分	贷方金额 百十万千百十元角分	
计提折旧	制造费用	折旧费	√	2 8 0 0 0 0		附件1张
	管理费用	折旧费	√	1 2 0 0 0 0		
	累计折旧		√		4 0 0 0 0 0	
合计				¥ 4 0 0 0 0 0	¥ 4 0 0 0 0 0	

财务主管 张 博　　　记账 王长江　　　复核 黄 浩　　　制单 李明辉

表 9-18

转 账 凭 证

2023 年 12 月 31 日　　　　　　　　　转字第 7 号

摘要	总账科目	明细科目	√	借方金额 百十万千百十元角分	贷方金额 百十万千百十元角分	
结转制造	生产成本	甲产品	√	1 7 5 6 0 0 0		附件1张
费用	制造费用		√		1 7 5 6 0 0 0	
合计				¥ 1 7 5 6 0 0 0	¥ 1 7 5 6 0 0 0	

财务主管 张 博　　　记账 王长江　　　复核 黄 浩　　　制单 李明辉

表 9-19

转 账 凭 证

2023 年 12 月 31 日　　　　　　　　　转字第 8 号

摘要	总账科目	明细科目	√	借方金额 百十万千百十元角分	贷方金额 百十万千百十元角分	
完工产品	库存商品	甲产品	√	4 4 4 1 8 0 0		附件1张
验收入库	生产成本	甲产品	√		4 4 4 1 8 0 0	
合计				¥ 4 4 4 1 8 0 0	¥ 4 4 4 1 8 0 0	

财务主管 张 博　　　记账 王长江　　　复核 黄 浩　　　制单 李明辉

表 9-20

转 账 凭 证

2023 年 12 月 31 日　　　　　　　转字第 9 号

摘 要	总账科目	明细科目	√	借方金额 百十万千百十元角分	贷方金额 百十万千百十元角分	
结转产品	主营业务成本	甲产品	√	3 0 0 0 0 0 0		附件1张
销售成本	库存商品	甲产品	√		3 0 0 0 0 0 0	
合 计				￥　　3 0 0 0 0 0 0	￥　　3 0 0 0 0 0 0	

财务主管 张 博　　　　记账 王长江　　　　复核 黄 浩　　　　制单 李明辉

表 9-21

转 账 凭 证

2023 年 12 月 31 日　　　　　　　转字第 10 号

摘 要	总账科目	明细科目	√	借方金额 百十万千百十元角分	贷方金额 百十万千百十元角分	
结转费用	本年利润		√	4 5 8 4 0 0 0		附件1张
	主营业务成本		√		3 0 0 0 0 0 0	
	管理费用		√		1 2 8 4 0 0 0	
	销售费用		√		3 0 0 0 0 0	
合 计				￥　　4 5 8 4 0 0 0	￥　　4 5 8 4 0 0 0	

财务主管 张 博　　　　记账 王长江　　　　复核 黄 浩　　　　制单 李明辉

表 9-22

转 账 凭 证

2023 年 12 月 31 日　　　　　　　转字第 11 号

摘 要	总账科目	明细科目	√	借方金额 百十万千百十元角分	贷方金额 百十万千百十元角分	
结转收入	主营业务收入		√	5 5 0 0 0 0 0		附件1张
	本年利润		√		5 5 0 0 0 0 0	
合 计				￥　　5 5 0 0 0 0 0	￥　　5 5 0 0 0 0 0	

财务主管 张 博　　　　记账 王长江　　　　复核 黄 浩　　　　制单 李明辉

表 9-23

转 账 凭 证

2023 年 12 月 31 日　　　　　　　　　转字第 12 号

摘要	总账科目	明细科目	√	借方金额 百十万千百十元角分	贷方金额 百十万千百十元角分
计算所得税	所得税费用		√	2 2 9 0 0 0	
	应交税费	应交所得税	√		2 2 9 0 0 0
合　计				￥　　2 2 9 0 0 0	￥　　2 2 9 0 0 0

附件 1 张

财务主管 张博　　　记账 王长江　　　复核 黄浩　　　制单 李明辉

表 9-24

转 账 凭 证

2023 年 12 月 31 日　　　　　　　　　转字第 13 号

摘要	总账科目	明细科目	√	借方金额 百十万千百十元角分	贷方金额 百十万千百十元角分
结转所得税	本年利润		√	2 2 9 0 0 0	
	所得税费用		√		2 2 9 0 0 0
合　计				￥　　2 2 9 0 0 0	￥　　2 2 9 0 0 0

附件 1 张

财务主管 张博　　　记账 王长江　　　复核 黄浩　　　制单 李明辉

表 9-25

转 账 凭 证

2023 年 12 月 31 日　　　　　　　　　转字第 14 号

摘要	总账科目	明细科目	√	借方金额 百十万千百十元角分	贷方金额 百十万千百十元角分
结转净利润	本年利润		√	6 2 1 7 0 0 0	
	利润分配	未分配利润	√		6 2 1 7 0 0 0
合　计				￥　　6 2 1 7 0 0 0	￥　　6 2 1 7 0 0 0

附件 1 张

财务主管 张博　　　记账 王长江　　　复核 黄浩　　　制单 李明辉

表 9-26

转 账 凭 证

2023 年 12 月 31 日　　　　转字第 15 号

摘　要	总账科目	明细科目	√	借方金额 百 十 万 千 百 十 元 角 分	贷方金额 百 十 万 千 百 十 元 角 分	
提取盈余公积	利润分配	提取法定盈余公积	√	6 2 1 7 0 0		附件1张
	盈余公积	法定盈余公积	√		6 2 1 7 0 0	
合　计				￥ 　 　 6 2 1 7 0 0	￥ 　 　 6 2 1 7 0 0	

财务主管 张 博　　记账 王长江　　复核 黄 浩　　制单 李明辉

表 9-27

转 账 凭 证

2023 年 12 月 31 日　　　　转字第 16 号

摘　要	总账科目	明细科目	√	借方金额 百 十 万 千 百 十 元 角 分	贷方金额 百 十 万 千 百 十 元 角 分	
分配利润	利润分配	应付现金股利	√	1 8 6 5 1 0 0		附件1张
		应付股利	√		1 8 6 5 1 0 0	
合　计				￥ 　 1 8 6 5 1 0 0	￥ 　 1 8 6 5 1 0 0	

财务主管 张 博　　记账 王长江　　复核 黄 浩　　制单 李明辉

表 9-28

转 账 凭 证

2023 年 12 月 31 日　　　　转字第 17 号

摘　要	总账科目	明细科目	√	借方金额 百 十 万 千 百 十 元 角 分	贷方金额 百 十 万 千 百 十 元 角 分	
结转利润	利润分配	未分配利润	√	2 4 8 6 8 0 0		附件1张
分配	利润分配	提取法定盈余公积	√		6 2 1 7 0 0	
	利润分配	应付现金股利	√		1 8 6 5 1 0 0	
合　计				￥ 　 2 4 8 6 8 0 0	￥ 　 2 4 8 6 8 0 0	

财务主管 张 博　　记账 王长江　　复核 黄 浩　　制单 李明辉

表9-29 银行存款日记账

银行账号：003869

2023年		凭证		摘要	借方	贷方	结算凭证		余额
月	日	类	号				类	号	
12	1			期初余额					5 100 000.00
	1	银付	1	购买材料		15 900.00		√	3 507 100.00
	4	银付	2	提取现金		3 000.00			3 504 100.00
	20	银收	1	销售甲产品	6 215 000.00			√	6 719 100.00
	22	银付	3	支付销售广告费		4 000.00		√	6 715 100.00
	23	银收	2	收到前欠货款	6 000.00			√	6 721 100.00
	25	银付	4	支付水电费		600.00		√	6 720 500.00
	31			本月合计	6 215 000.00	54 600.00			6 720 500.00

表9-30 原材料明细分类账

最高储存量：10 000　最低储存量：3 000
编号：　　　　规格：　　　　名称：A材料
本账页数：　本户页数：　　单位：千克

2023年		凭证		摘要	收入			发出			结存		
月	日	种类	号数		数量	单价	金额	数量	单价	金额	数量	单价	金额
12	1			期初结存							1 200	4.02	4 824.00
	2	转	1	材料入库	2 000	4.02	8 040.00				3 200	4.02	12 864.00
	16	转	2	生产领用				1 200	4.02	4 824.00	2 000	4.02	8 040.00
	30			本月合计	2 000	4.02	8 040.00	1 200	4.02	4 824.00	2 000	4.02	8 040.00

表 9-31 生产成本明细分类账

产品名称：甲产品

2023年		凭证		摘要	直接材料	直接人工	制造费用	合计
月	日	种类	号数					
12	1			期初余额				15000.00
	16	转	2	生产产品领用材料	60000.00			60000.00
	31	转	3	分配工资费用		82580.00		82580.00
	31	转	4	提取福利费		15000.00		15000.00
	31	转	6	结转制造费用			21000.00	21000.00
	31	转	7	结转完工产品成本	88580.00	177000.00	178600.00	444180.00
	31			本月合计	0	0	0	0

表 9-32 生产成本总分类账

2023年		凭证		摘要	借方	贷方	借或贷	余额
月	日	字	号					
12	1			期初余额			借	15000.00
	16	转	2	生产产品领用材料	82500.00		借	97500.00
	31	转	3	分配工资	210000.00		借	268500.00
	31	转	4	提取福利费	175600.00		借	444180.00
	31	转	6	结转制造费用	291800.00		借	444180.00
	31	转	7	结转完工产品成本		444180.00	平	0
	31			本月合计			平	

2. 根据收款凭证和付款凭证，逐笔登记现金日记账和银行存款日记账

本例中，以银行存款日记账的登记为例来阐述"日记账的登记"，具体如表9-29所示。

3. 根据原始凭证、原始凭证汇总表和记账凭证，登记各种明细分类账

本例中，以"原材料——A材料"明细账为例，阐述数量金额式明细账的登记，具体如表9-30所示；以"生产成本——甲产品"明细账为例，阐述多栏式明细账的登记，具体如表9-31所示。

4. 根据记账凭证，逐笔登记总分类账

本例中，以生产成本总分类账的登记为例，阐述三栏式总分类账的登记，具体如表9-32所示。

5. 对账

月末，将库存现金日记账、银行存款日记账的余额，以及各种明细分类账的余额合计数，分别与总分类账中相应账户的余额核对（略），核对无误之后，编制总分类账户本期发生额及余额试算平衡表（见表9-33），以检查账户记录是否正确。

表9-33　　　　　　　　　　**总分类账户本期发生额及余额试算平衡表**

2023年12月31日　　　　　　　　　　　　　　　　　　单位：元

账户名称	期初余额		本期发生额		期末余额	
	借方	贷方	借方	贷方	借方	贷方
库存现金	5 138		30 200	34 000	1 338	
银行存款	51 000		66 150	54 609	62 541	
在途物资			14 100	14 100		
原材料	5 632		14 100	8 258	11 474	
库存商品	12 600		44 418	30 000	27 018	
生产成本	1 500		42 918	44 418		
应收账款	6 000			4 000	2 000	
其他应收款	1 800		4 000	4 000	1 800	
固定资产	150 000				150 000	
累计折旧		9 370		4 000		13 370
短期借款		46 000				46 000
应付账款		9 500				9 500
应交税费		1 200	2 009	9 440		8 631
应付职工薪酬			30 000	34 200		4 200
应付股利				18 651		18 651

(续表)

账户名称	期初余额		本期发生额		期末余额	
	借方	贷方	借方	贷方	借方	贷方
实收资本		100 000				100 000
盈余公积				6 217		6 271
本年利润		55 300	110 300	55 000		
利润分配		12 300	49 736	87 038		49 602
制造费用			17 560	17 560		
主营业务收入			55 000	55 000		
主营业务成本			30 000	30 000		
销售费用			3 000	3 000		
管理费用			12 840	12 840		
所得税费用			2 290	2 290		
合计	233 670	233 670	528 621	528 621	256 171	256 171

6. 编制资产负债表和利润表

月末,根据核对无误的总分类账和明细分类账相关资料,编制大生公司 12 月份资产负债表和利润表。具体如表 9-34、表 9-35 所示。

表 9-34　　　　　　　　　　　　资产负债表

会企 01 表

编制单位:大生公司　　　　　　2023 年 12 月 31 日　　　　　　单位:元

资产	期末余额	年初余额	负债和所有者权益（或股东权益）	期末余额	年初余额
流动资产:			流动负债:		
货币资金	63 879	(略)	短期借款	46 000	(略)
交易性金融资产			交易性金融负债		
应收票据			应付票据		
应收账款	2 000		应付账款	9 500	
预付款项			预收款项		
其他应收款	1 800		应付职工薪酬	4 200	
存货	38 492		应交税费	8 631	

(续表)

资　　产	期末余额	年初余额	负债和所有者权益（或股东权益）	期末余额	年初余额
一年内到期的非流动资产			应付股利	18 651	
其他流动资产			其他应付款		
流动资产合计	106 171		一年内到期的非流动负债		
非流动资产：			其他流动负债		
债权投资			流动负债合计	86 982	
其他债权投资			非流动负债：		
长期应收款			长期借款		
长期股权投资			应付债券		
其他权益工具投资			其中：优先股		
其他非流动金融资产			永续债		
投资性房地产			长期应付款		
固定资产	136 630		预计负债		
在建工程			递延收益		
无形资产			递延所得税负债		
开发支出			其他非流动负债		
商誉			非流动负债合计	0	
长期待摊费用			负债合计	86 982	
递延所得税资产			所有者权益（或股东权益）：		
其他非流动资产			实收资本（或股本）	100 000	
非流动资产合计	136 630		其他权益工具		
			资本公积		
			减：库存股		
			其他综合收益		
			盈余公积	6 217	
			未分配利润	49 602	
			所有者权益合计	155 819	
资产总计	242 801		负债和所有者权益总计	242 801	

注：此资产负债表列示项目有所简化，账户式资产负债表的完整项目与格式可参照本教材第八章中的表8-4。

表 9-35　　　　　　　　　利　润　表

编制单位：大生公司　　　　2023 年 12 月　　　　　　　　　会企 02 表　单位：元

项　　目	行次	本月数	本年累计数
一、营业收入		55 000	（略）
减：营业成本		30 000	
税金及附加			
销售费用		3 000	
管理费用		12 840	
研发费用			
财务费用			
二、营业利润（亏损以"－"号填列）		9 160	
加：营业外收入			
减：营业外支出			
三、利润总额（亏损总额以"－"号填列）		9 160	
减：所得税费用		2 290	
四、净利润（净亏损以"－"号填列）		6 870	

注：此利润表所列示项目有所简化，多步式利润表的完整项目与格式可参照本教材第八章中的表 8-7。

四、记账凭证账务处理程序的优缺点及适用范围

记账凭证账务处理程序简单明了，易于理解和运用。该程序的总分类账是直接根据各种记账凭证逐笔登记的，能比较详细和具体地反映各项经济业务的来龙去脉，账户对应关系清楚，便于用账和查账。在电算化条件下，总账、明细账同时登记，便于月末及时结账。

但也正是因为其总分类账是根据记账凭证逐笔登记的，导致登记总分类账的工作量较大。对于经济业务较多、经营规模较大的企业，总账的登记工作过于繁重。

综合来看，记账凭证账务处理程序一般适用于规模较小、经济业务量少、经济业务较为简单的单位。

第三节　科目汇总表账务处理程序

一、科目汇总表账务处理程序的概念及主要特点

（一）科目汇总表账务处理程序的概念

科目汇总表账务处理程序又称记账凭证汇总表账务处理程序，它是定期根据记账凭证

编制科目汇总表,再根据科目汇总表汇总登记总分类账的一种账务处理程序。科目汇总表账务处理程序是在记账凭证账务处理程序的基础上发展起来的。

(二) 科目汇总表账务处理程序的主要特点

科目汇总表账务处理程序的主要特点是定期(5 天或 10 天)对记账凭证进行汇总编制科目汇总表,然后根据科目汇总表汇总登记总分类账。

二、科目汇总表账务处理程序下凭证和账簿的设置及核算步骤

(一) 科目汇总表账务处理程序下凭证和账簿的设置

在科目汇总表账务处理程序下,记账凭证可以采用通用记账凭证,也可以采用专用记账凭证,同时还应设置科目汇总表。其账簿组织与记账凭证账务处理程序相类似。

(二) 科目汇总表账务处理程序的核算步骤

科目汇总表账务处理程序主要包括以下步骤:

(1) 根据原始凭证编制原始凭证汇总表。

(2) 根据原始凭证或原始凭证汇总表,填制收款凭证、付款凭证和转账凭证(或通用记账凭证)。

(3) 根据收款凭证和付款凭证,逐笔登记库存现金日记账和银行存款日记账。

(4) 根据原始凭证、原始凭证汇总表和记账凭证,登记各种明细分类账。

(5) 根据记账凭证,定期编制科目汇总表。

(6) 根据科目汇总表登记总分类账。

(7) 期末,库存现金日记账、银行存款日记账和各明细分类账的余额分别与有关总分类账的余额核对相符。

(8) 期末,根据核对无误的总分类账和明细分类账,编制财务报表。

科目汇总表账务处理程序的核算步骤如图 9-2 所示。

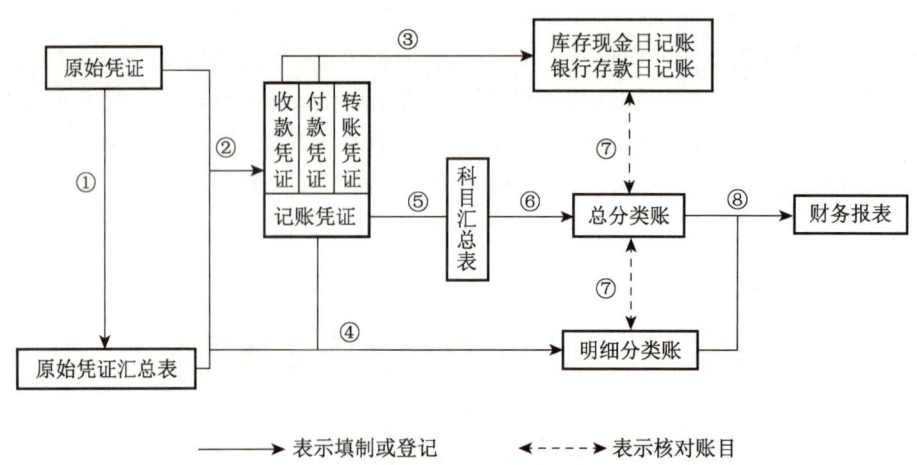

图 9-2 科目汇总表账务处理程序核算程序图

三、科目汇总表的编制方法

科目汇总表又称记账凭证汇总表,是企业通常定期对全部记账凭证进行汇总后,按不同的会计科目分别列示各账户借方发生额和贷方发生额的一种汇总凭证。科目汇总表的编制时间,应根据单位业务量的大小而定。业务量较少的单位可以每半个月或一个月汇总一次,其格式如表 9-36 所示;业务量较多的单位,可以按旬汇总,其格式如表 9-37 所示。每次汇总都应注明汇总记账凭证的起讫字号,以便检查。

表 9-36

科目汇总表

年 月 日至 年 月 日　　　　　　　　　第 号

会计科目	本期发生额		总账页数	记账凭证起讫号数
	借方	贷方		
合计				

表 9-37

科目汇总表

年 月　　　　　　　　　第 号

会计科目	1~10日		11~20日		21~31日		合计		总账页数
	借方	贷方	借方	贷方	借方	贷方	借方	贷方	

科目汇总表的编制方法是,根据一定时期内的全部记账凭证,按照会计科目进行归类,定期汇总出每一账户的借方本期发生额和贷方本期发生额,填写在科目汇总表的相关栏内。全部科目的借方发生额合计数应与贷方发生额合计数相等。根据科目汇总表登记总分类账时,只需将该表中汇总起来的各科目的本期借、贷方发生额的合计数分次或月末一次记入相应总分类账的借方或贷方即可。

【提示】
编制科目汇总表时,只对各个会计科目的发生额进行汇总,不包括余额。

为了便于编制科目汇总表,使得在分别汇总计算其借方和贷方金额时不易发生差错,平时填制转账凭证时,应尽可能使账户的对应关系保持"一借一贷",避免"一借多贷""一贷多借"和"多借多贷"。

任何格式的科目汇总表,都只反映各个账户的借方本期发生额和贷方本期发生额,不反映各个账户的对应关系。

四、科目汇总表账务处理程序举例

由于科目汇总表账务处理程序与记账凭证账务处理程序的主要区别在于登记总分类账的依据和方法不同,故此处将两者相同的核算步骤省略,只进行科目汇总表的编制,以及根据科目汇总表登记总分类账。

【例 9-2】 承[例 9-1],大生公司每旬编制科目汇总表,如表 9-38 所示。

表 9-38　　　　　　　　　　　　　科目汇总表　　　　　　　　　　科汇字第 1 号

2023 年 12 月　　　　　　　　　　　　　　　　单位:元

会计科目	1～10 日 借方	1～10 日 贷方	11～20 日 借方	11～20 日 贷方	21～31 日 借方	21～31 日 贷方	合计 借方	合计 贷方
库存现金	30 000	34 000	200				30 200	34 000
银行存款		45 929			66 150	8 680	66 150	54 609
在途物资	14 100			14 100			14 100	14 100
原材料			14 100	8 258			14 100	8 258
生产成本			8 258		34 660	44 418	42 918	44 418
应收账款						4 000		4 000
其他应收款	4 000			4 000			4 000	4 000
累计折旧						4 000		4 000
应交税费	1 829		7 150	180	2 290	2 009	9 440	
应付职工薪酬	30 000					34 200	30 000	34 200
应付股利						18 651		18 651
盈余公积						6 217		6 217
本年利润					110 300	55 000	110 300	55 000
利润分配					49 736	87 038	49 736	87 038
制造费用					17 560	17 560	17 560	17 560
主营业务收入				55 000	55 000		55 000	55 000
主营业务成本					30 000	30 000	30 000	30 000
销售费用					3 000	3 000	3 000	3 000
管理费用			3 800		9 040	12 840	12 840	12 840
所得税费用					2 290	2 290	2 290	2 290

本例中,以银行存款总分类账(见表 9-39),以及生产成本总分类账(见表 9-40)为例,阐述如何依据科目汇总表来登记总账。

表 9-39 银行存款总分类账

2023年		凭证		摘要	借方	贷方	借或贷	余额
月	日	字	号		亿千百十万千百十元角分	亿千百十万千百十元角分		亿千百十万千百十元角分
12				期初余额			借	5 1 0 0 0 0 0 0 0
	10	科汇	1	1~10日发生额	6 2 1 5 0 0 0	4 5 9 2 9 0 0	借	5 0 7 1 0 0
	20	科汇	1	11~20日发生额	4 0 0 0 0	8 6 8 0 0	借	6 7 2 2 1 0 0
	31	科汇	1	21~31日发生额	6 6 1 5 0 0 0	5 4 6 0 9 0 0	借	6 2 5 4 1 0 0
	31			本月合计	6 6 1 5 0 0 0	5 4 6 0 9 0 0	借	6 2 5 4 1 0 0

表 9-40 生产成本总分类账

2023年		凭证		摘要	借方	贷方	借或贷	余额
月	日	字	号		亿千百十万千百十元角分	亿千百十万千百十元角分		亿千百十万千百十元角分
12				期初余额			借	1 5 0 0 0 0
	20	科汇	1	11~20日发生额	8 2 5 8 0 0	4 4 1 8 0 0	平	9 7 5 8 0
	31	科汇	1	21~31日发生额	3 4 6 6 0 0	4 4 1 8 0 0	平	0
	31			本月合计	4 2 9 1 8 0 0			0

五、科目汇总表账务处理程序的优缺点及适用范围

科目汇总表账务处理程序简化了登记总分类账的工作量；在登记总分类账之前，通过编制科目汇总表，能起到试算平衡的作用，有利于保证总分类账记录的正确性。但在科目汇总表和总分类账中，不能清晰地反映账户之间的对应关系，因而不便于查对账目和分析经济业务的来龙去脉。

科目汇总表账务处理程序一般适用于规模较大、经济业务量较多的单位。

第四节 汇总记账凭证账务处理程序

一、汇总记账凭证账务处理程序的概念及主要特点

（一）汇总记账凭证账务处理程序的概念

汇总记账凭证账务处理程序是指定期根据记账凭证分类编制汇总记账凭证（汇总收款凭证、汇总付款凭证、汇总转账凭证），然后根据汇总记账凭证登记总分类账的一种账务处理程序。

（二）汇总记账凭证账务处理程序的主要特点

汇总记账凭证账务处理程序的主要特点是按照账户的对应关系，定期根据记账凭证分类编制汇总记账凭证，再根据汇总记账凭证登记总分类账。

二、汇总记账凭证账务处理程序下凭证和账簿的设置及核算步骤

（一）汇总记账凭证账务处理程序下凭证和账簿的设置

在汇总记账凭证账务处理程序下，记账凭证一般采用专用记账凭证，也可采用通用记账凭证，同时应设置汇总记账凭证。如果采用专用记账凭证格式，则应分别设置汇总收款凭证、汇总付款凭证、汇总转账凭证；如果采用通用记账凭证，设置的汇总记账凭证也应相应采用通用格式，以作为登记总账的依据。

在汇总记账凭证账务处理程序下，各种账簿设置的格式和要求与前述记账凭证账务处理程序相同。

（二）汇总记账凭证账务处理程序的核算步骤

汇总记账凭证账务处理程序的核算包括以下步骤：

（1）根据原始凭证编制原始凭证汇总表。

（2）根据原始凭证或原始凭证汇总表，填制收款凭证、付款凭证和转账凭证（或通用记账凭证）。

（3）根据收款凭证和付款凭证，逐笔登记库存现金日记账和银行存款日记账。

（4）根据原始凭证、原始凭证汇总表和记账凭证，登记各种明细分类账。

（5）根据记账凭证，定期编制汇总记账凭证。

（6）根据汇总记账凭证，登记总分类账。

（7）期末，库存现金日记账、银行存款日记账和各明细分类账的余额分别与相关总分类

账的余额核对相符。

(8) 期末,根据核对无误的总分类账和明细分类账,编制财务报表。

汇总记账凭证账务处理程序如图 9-3 所示。

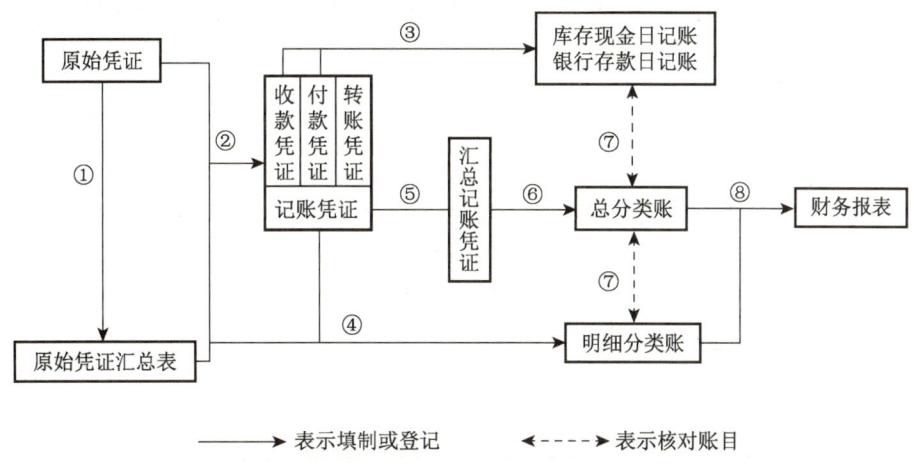

图 9-3　汇总记账凭证账务处理程序核算程序图

三、汇总记账凭证的编制方法

汇总记账凭证分为汇总收款凭证、汇总付款凭证和汇总转账凭证三种,其各自的编制方法有所不同。

1. 汇总收款凭证的编制方法

汇总收款凭证是指按"库存现金"和"银行存款"科目的借方分别设置的一种汇总记账凭证。它汇总了一定时期内库存现金和银行存款的收款业务。

汇总收款凭证根据"库存现金"和"银行存款"科目的借方进行编制。汇总收款凭证是在各账户对应的贷方分类之后,进行汇总填制。总分类账根据各汇总收款凭证的合计数进行登记,分别记入"库存现金"和"银行存款"总分类账户的借方,并将汇总收款凭证上各账户贷方的合计数分别记入有关总分类账户的贷方。一般可按 5 天、10 天或 15 天汇总一次,月终计算出合计数,据以登记总分类账。

2. 汇总付款凭证的编制

汇总付款凭证是指按"库存现金"和"银行存款"科目的贷方分别设置的一种汇总记账凭证。它汇总一定时期内库存现金和银行存款的付款业务。

汇总付款凭证根据"库存现金"和"银行存款"科目的贷方进行编制。汇总付款凭证是在各账户对应的借方分类之后,进行汇总填制。总分类账根据各汇总付款凭证的合计数进行登记,分别记入"库存现金"和"银行存款"总分类账户的贷方,并将汇总付款凭证上各账户借方的合计数分别记入有关总分类账户的借方。一般可按 5 天、10 天或 15 天汇总一次,月终计算出合计数,据以登记总分类账。

3. 汇总转账凭证的编制

汇总转账凭证是指按每一贷方科目分别设置,用来汇总一定时期内转账业务的一种汇总记账凭证。

汇总转账凭证根据所设置账户的贷方进行编制。汇总转账凭证是在对所设置账户时相对应的借方账户分类之后，进行汇总填制。总分类账根据各汇总转账凭证的合计数进行登记，分别记入对应账户的总分类账户的贷方，并将汇总转账凭证上各账户借方的合计数分别记入有关总分类账户的借方。一般可 5 天、10 天或 15 天汇总一次，月终计算出合计数，据以登记总分类账。

四、汇总记账凭证账务处理程序举例

【例 9-3】 承[例 9-1][例 9-2]，若大生公司采用汇总记账凭证账务处理程序，具体核算与前面两种账务处理程序的主要区别在于登记总分类账的依据和方法不同，故此处将两者相同的核算步骤省略，只进行汇总记账凭证的编制，其他核算步骤不再重复。

根据[例 9-1]中大生公司 12 月份发生的经济业务，若大生公司按旬编制汇总记账凭证，其汇总记账凭证如表 9-41、表 9-42、表 9-43、表 9-44 所示。

表 9-41　　　　　　　　　　汇总收款凭证

借方科目：银行存款　　　　　2023 年 12 月　　　　　　汇收字第 1 号

贷方科目	金额				总账页数	
	1 日至 10 日收款凭证 号至 号	11 日至 20 日收款凭证 1 号至 1 号	21 日至 31 日收款凭证 2 号至 2 号	合计	借方	贷方
主营业务收入		55 000		55 000	（略）	（略）
应交税费		7 150		7 150		
应收账款			4 000	4 000		
本月合计		62 150	4 000	62 150		

表 9-42　　　　　　　　　　汇总付款凭证

贷方科目：银行存款　　　　　2023 年 12 月　　　　　　汇付字第 1 号

借方科目	金额				总账页数	
	1 日至 10 日付款凭证 1 号至 2 号	11 日至 20 日付款凭证 号至 号	21 日至 31 日付款凭证 3 号至 4 号	合计	借方	贷方
在途物资	14 100			14 100	（略）	（略）
应交税费	1 829		180	2 009		
库存现金	30 000			30 000		
销售费用			3 000	3 000		
制造费用			4 500	4 500		
管理费用			1 000	1 000		
本月合计	45 929		8 680	54 609		

表 9-43　　　　　　　　　　　　　　汇总转账凭证

贷方科目：原材料　　　　　　　　　　2023 年 12 月　　　　　　　　　　汇转字第 1 号

借方科目	金　额				总账页数	
	1 日至 10 日 转账凭证 号至 号	11 日至 20 日 转账凭证 1 号至 3 号	21 日至 31 日 转账凭证 号至 号	合计	借方	贷方
生产成本		8 258		8 258		
本月合计		8 258		8 258		

表 9-44　　　　　　　　　　　　　　汇总转账凭证

贷方科目：应付职工薪酬　　　　　　　2023 年 12 月　　　　　　　　　　汇转字第 1 号

借方科目	金　额				总账页数	
	1 日至 10 日 转账凭证 号至 号	11 日至 20 日 转账凭证 号至 号	21 日至 31 日 转账凭证 4 号至 17 号	合计	借方	贷方
生产成本			17 100	17 100		
制造费用			10 260	10 260		
管理费用			6 840	6 840		
本月合计			34 200	34 200		

【提示】
　　如果在一个月内某一贷方账户的转账凭证不多，可不编制汇总转账凭证，直接根据转账凭证登记总分类账。
　　在编制的过程中，贷方账户必须是唯一的，借方账户可一个或多个，即转账凭证必须是"一借一贷"或"多借一贷"，避免"一借多贷"或"多借多贷"。

　　编制完汇总记账凭证，据以登记总分类账。总分类账的登记在月终进行。根据汇总收款凭证的合计数，记入总分类账"库存现金"和"银行存款"账户的借方，以及有关账户的贷方；根据汇总付款凭证的合计数，记入总分类账"库存现金"和"银行存款"账户的贷方，以及有关账户的借方；根据汇总转账凭证的合计数，记入总分类账户设置科目的贷方，以及有关账户的借方。

五、汇总记账凭证账务处理程序的优缺点及适用范围

　　汇总记账凭证账务处理程序的优点是汇总记账凭证能够清晰地反映相关账户之间的对应关系，便于了解经济业务的来龙去脉；可以大大地简化登记总分类账的工作量。
　　汇总记账凭证账务处理程序的缺点是定期编制汇总记账凭证的工作量较大；在汇总过程中可能存在的错误不易被发现；按每一贷方科目编制汇总转账凭证，不利于会计分工。
　　汇总记账凭证账务处理程序一般适用于规模较大，经济业务量较多的单位。

本章习题

一、单项选择题

1. 科目汇总表账务处理程序与汇总记账凭证账务处理程序的共同优点是（   ）。
   A. 保持科目之间的对应关系   B. 简化总分类账登记工作
   C. 进行发生额试算平衡   D. 总括反映同类经济业务

2. 科目汇总表账务处理程序适用于（   ）。
   A. 规模较小，业务较少的单位   B. 规模较小，业务较多的单位
   C. 规模较大，业务较多的单位   D. 规模较大，业务较少的单位

3. 汇总记账凭证账务处理程序的主要缺点在于（   ）。
   A. 不利于会计分工   B. 不能反映经济业务
   C. 不能保持科目之间的对应关系   D. 不能节省会计工作时间

4. 各种账务处理程序的主要区别在于（   ）。
   A. 汇总的记账凭证不同   B. 登记总账的依据不同
   C. 汇总的凭证格式不同   D. 节省工作时间不同

5. 在下列账务处理程序中，最基本的是（   ）。
   A. 汇总记账凭证账务处理程序   B. 科目汇总表账务处理程序
   C. 记账凭证账务处理程序   D. 多栏式日记账账务处理程序

6. （   ）账务处理程序适用于规模较小、业务量不多的单位。
   A. 记账凭证   B. 汇总记账凭证   C. 科目汇总表   D. 多栏式日记账

7. 根据记账凭证逐笔登记总账的会计核算形式是（   ）。
   A. 记账凭证核算形式   B. 汇总记账凭证核算形式
   C. 科目汇总表核算形式   D. 多栏式日记账核算形式

8. 科目汇总表核算形式的缺点是（   ），不便于了解经济活动的内容。
   A. 不利于会计核算分工   B. 不能进行试算平衡
   C. 不能反映账户对应关系   D. 限制会计科目数量

9. 汇总转账凭证是按每一账户的（   ）方设置，按（   ）方归类汇总。
   A. 借 借   B. 借 贷   C. 贷 借   D. 贷 贷

10. 科目汇总表定期汇总的是（   ）。
    A. 每一账户的本期借方发生额   B. 每一账户本期借、贷方发生额
    C. 每一账户本期借、贷方余额   D. 每一账户本期贷方发生额

二、多项选择题

1. 账务处理程序也称会计核算形式，它是指（   ）相结合的方法和步骤。
   A. 会计凭证   B. 会计账簿   C. 会计报表   D. 会计科目

2. 科目汇总表账务处理程序的优点有（   ）。
   A. 简化总账登记工作   B. 反映账户对应关系
   C. 可进行试算平衡   D. 便于查对账目

3. 各种账务处理程序的主要相同点有(　　)。
   A. 填制记账凭证的依据相同　　　　B. 登记明细账的依据相同
   C. 登记总账的依据和方法相同　　　D. 编制会计报表的依据和方法相同
4. 登记总分类账的依据有(　　)。
   A. 记账凭证　　　B. 科目汇总表　　　C. 日记账　　　D. 原始凭证
5. 明细分类账要根据(　　)登记。
   A. 记账凭证　　　B. 科目汇总表　　　C. 原始凭证汇总表　D. 原始凭证
6. 账务处理程序有(　　)。
   A. 记账凭证账务处理程序　　　　　B. 科目汇总表账务处理程序
   C. 汇总记账凭证账务处理程序　　　D. 日记总账账务处理程序
7. 下列各项中,属于科目汇总表账务处理程序的正确步骤的有(　　)。
   A. 根据原始凭证编制记账凭证
   B. 根据收、付凭证登记现金、银行存款日记账
   C. 根据记账凭证编制科目汇总表
   D. 根据记账凭证登记总分类账
8. 关于记账凭证账务处理程序,下列说法中,正确的有(　　)。
   A. 根据记账凭证逐笔登记总分类账,是最基本的账务处理程序
   B. 简单明了,易于理解,总分类账可以较详细地反映经济业务的发生情况
   C. 登记总分类账的工作量较大
   D. 适用于规模较大、经济业务量较多的单位
9. 对于汇总记账凭证账务处理程序,下列说法中,错误的有(　　)。
   A. 登记总账的工作量大
   B. 不能体现账户之间的对应关系
   C. 明细账与总账无法核对
   D. 当转账凭证较多时,汇总转账凭证的编制工作量较大
10. 记账凭证账务处理程序、汇总记账凭证账务处理程序和科目汇总表账务处理程序应共同遵循的程序有(　　)。
    A. 根据原始凭证、汇总原始凭证和记账凭证登记各种明细分类账
    B. 期末,库存现金日记账、银行存款日记账和明细分类账的余额与有关总分类账的余额核对相符
    C. 根据记账凭证逐笔登记总分类账
    D. 根据总分类账和明细分类账的记录,编制会计报表

三、判断题

1. 记账凭证账务处理程序是其他账务处理程序的基础。　　　　　　　　　　(　　)
2. 记账凭证账务处理程序适合于任何一种企业。　　　　　　　　　　　　　(　　)
3. 所有的账务处理程序,第一步都是必须将全部原始凭证汇总编制为汇总原始凭证。(　　)
4. 汇总记账凭证必须按月填制,每月填写一次。　　　　　　　　　　　　　(　　)
5. 在汇总记账凭证账务处理程序下,总账可以根据记账凭证逐笔登记,也可以定期汇总登记。　　　　　　　　　　　　　　　　　　　　　　　　　　　　(　　)

6. 在记账凭证账务处理程序下,由于总分类账是根据记账凭证逐笔登记的,因而期末不需要对有关账簿的记录进行核对。 （　　）

7. 科目汇总表汇总了有关科目的借方、贷方发生额及余额。 （　　）

8. 科目汇总表不仅是登记总分类账的依据,而且可以根据科目汇总表了解企业资金的来龙去脉。 （　　）

9. 记账凭证账务处理程序手续简单,但登记总账的工作量大。 （　　）

10. 在科目汇总表账务处理程序下,必须设置收款凭证、付款凭证和转账凭证。 （　　）

四、业务题

大生公司为增值税一般纳税人,适用的增值税税率为13％,2023年5月初有关总分类账户余额如表9-45所示。

表9-45　　　　　　　　　　　　总分类账户余额表

2023年5月1日　　　　　　　　　　　　　　　　　　单位:元

账户名称	余额	账户名称	余额
库存现金	3 000	累计折旧	31 200
银行存款	75 000	应付职工薪酬	12 000
应收账款	13 000	实收资本	150 000
原材料	62 800	资本公积	23 000
生产成本	8 000	盈余公积	20 000
库存商品	11 000	本年利润	10 000
固定资产	100 000	利润分配	22 600
		应交税费	4 000
合计	272 800	合计	272 800

其中,原材料明细分类账中,A材料数量1 200千克,金额60 000元,C材料数量70千克,金额2 800元;生产成本明细分类账中,甲产品的期末余额中,直接材料3 000元,直接人工2 000元,制造费用1 000元。库存商品明细分类账中,甲产品结存55件。

2023年5月,该公司发生的全部经济业务(同第五章业务题)如下:

(1) 2日,向光明股份有限公司购入A材料100千克,货款为5 000元,增值税进项税额650元,材料已验收入库,款项尚未支付。

(2) 2日,以银行存款解缴应交所得税4 000元。

(3) 3日,采购员赵鑫预借差旅费2 000元,以现金支付。

(4) 3日,从银行提取现金5 000元。

(5) 4日,以现金150元为公司购买办公用品。

(6) 4日,以现金600元支付职工困难补助费。

(7) 5日,向工商银行借入短期借款50 000元,存入银行。

(8) 5日,生产车间制造产品领用A材料45 000元,车间一般性消耗C材料1 000元。

(9) 8日,以银行存款支付前欠益民公司货款20 000元。

(10) 9 日,售给嘉丰股份有限公司 100 件产品,每件售价为 350 元,增值税税率为 13%,款项尚未收到。

(11) 10 日,以银行存款购入不需要安装的设备一台,买价为 30 000 元,增值税进项税额为 3 900 元,当即交付生产车间使用。

(12) 12 日,以银行存款支付公司电话费 800 元。

(13) 13 日,售给上海电器股份有限公司 300 件产品,每件售价为 350 元,增值税税率为 13%,款项收讫,存入银行。

(14) 14 日,向银行提取现金 40 000 元,准备发放工资。

(15) 15 日,以现金发放工资 40 000 元。

(16) 18 日,采购员赵鑫出差回来,报销差旅费 1 500 元,交回现金 500 元。

(17) 20 日,向益民公司购入 A 材料,买价为 15 000 元,增值税进项税额为 1 950 元,材料已验收入库,款项以银行存款支付。

(18) 20 日,以银行存款 5 650 元支付所欠光明股份有限公司货款。

(19) 26 日,售给海达股份有限公司产品 100 件,每件售价为 350 元,增值税税率为 13%,款项尚未收到。

(20) 28 日,收到嘉丰股份有限公司所欠款项 39 550 元,存入银行。

(21) 31 日,计算并分配本月工资,其中,生产甲产品工人工资为 34 200 元,车间管理人员工资为 3 420 元,公司管理人员工资为 7 980 元。

(22) 31 日,按规定计提本月固定资产折旧 15 000 元,其中,车间用固定资产折旧为 12 000 元,公司管理部门用固定资产折旧为 3 000 元。

(23) 31 日,分配结转本月应付的电费,其中,车间生产用电费为 4 500 元、照明用电费为 400 元,公司管理部门照明用电费为 800 元。

(24) 31 日,以银行存款支付本月应负担银行短期借款利息 1 000 元。

(25) 31 日,以库存现金支付本月应负担的车间生产设备保险费 400 元。

(26) 31 日,归集本月制造费用,全部转入甲产品的生产成本。

(27) 31 日,本月完工甲产品 480 件,实际成本为 100 920 元,予以结转。

(28) 31 日,结转本月 500 件的产品销售成本 105 170 元。

(29) 31 日,结转收入类、费用类账户余额至"本年利润"账户。

(30) 31 日,按利润总额的 25% 计算并结转应交所得税。

(31) 31 日,按照税后利润的 10% 提取法定盈余公积。

(32) 31 日,经决定,给投资者分配利润 15 000 元。

要求:

(1) 若大生公司采用记账凭证账务处理程序,请为其登记银行存款总分类账;

(2) 若大生公司采用科目汇总表账务处理程序,请为其按旬编制科目汇总表,并登记银行存款总分类账;

(3) 若大生公司采用汇总记账凭证账务处理程序,请为其按旬编制汇总收款凭证、汇总付款凭证,并登记银行存款总分类账。

第十章　会计工作组织

学习目标

1. 熟悉会计机构的设置
2. 熟悉会计人员的职责和权限
3. 掌握会计职业道德的内容
4. 掌握我国会计法规体系的构成
5. 熟悉会计档案的内容和保管期限

重点与难点

1. 会计机构的设置
2. 会计职业道德的内容
3. 会计档案的保管期限

知识框架结构

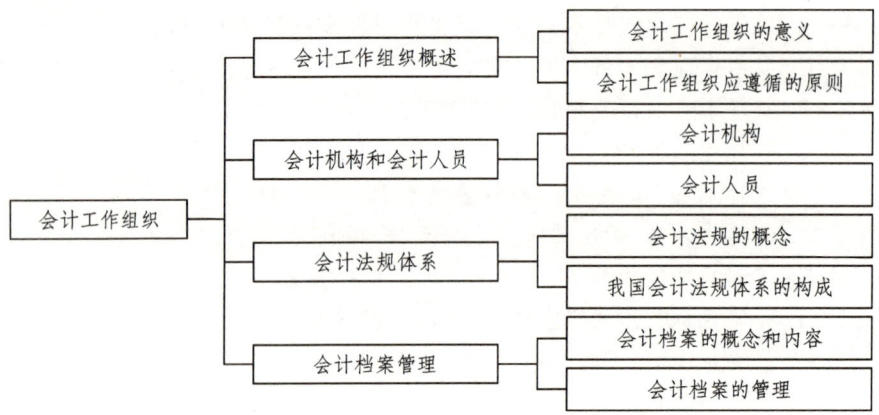

案例导入

浙大原副校长销毁会计档案获刑 3 年 3 个月

据新华社 2017 年 1 月 16 日报道，浙江省湖州市中级人民法院一审公开审理并当庭宣判浙江大学原副校长褚健贪污及故意销毁会计凭证、会计账簿案，认定被告人褚健犯贪污罪判处有期徒刑3年,并处罚金人民币40万元;犯故意销毁会计凭证、会计账簿罪,判处有期徒刑1年,并处罚金人民币10万元,数罪并罚决定执行有期徒刑3年3个月,并处罚金人民币50万元;对褚健贪污所得财物予以追缴。

法院审理查明,1999年至2002年,被告人褚健利用担任浙江大学工业自动化工程研究中心副主任,浙江浙大海纳中控自动化有限公司董事、总经理等职务便利,侵吞、骗取公款共计人民币238.180 3万元;2012年下半年,被告人褚健指使他人销毁浙江中控软件有限公司、杭州浙大中控自动化公司、浙江大学工业自动化工程研究中心等相关公司单位的会计账册,情节严重。

法院审理认为,被告人褚健的行为已构成贪污罪及故意销毁会计凭证、会计账簿罪,应依法数罪并罚。鉴于在法庭审理过程中,褚健能如实供述自己的犯罪事实,并自愿认罪悔罪,且赃款已全部追缴,具有酌定从轻处罚情节,依法予以从轻处罚。

业务技能思考:

对于会计凭证、会计账簿等会计档案要按规定进行归档、保管和销毁,上例中被告人违反了会计档案管理的哪些规定?应承担什么样的法律责任?

[摘自"浙大原副校长褚健获刑三年三个月"(搜狐网,2017-01-16),作者湖州中院]

第一节 会计工作组织概述

一、会计工作组织的意义

(一) 会计工作组织的内容

为更好地完成会计工作的任务,发挥会计在经济管理中的积极作用,每一个单位都必须结合本单位的特点和会计工作的具体情况,合理组织本单位的会计工作。会计工作组织包括会计机构的设置、会计人员的配备及岗位责任、会计法规和会计制度的制定与执行、会计档案的保管。正确地组织会计工作对完成会计任务、充分发挥会计在经济管理中的职能作用具有重要的意义。

(二) 会计工作组织的意义

1. 有利于提高会计信息质量

会计工作是一项细致而严密的工作,它所反映的经济活动是错综复杂的,所提供的信息要经过一系列计算、记录、分类、汇总、分析、检查的手续和处理程序,各种手续、各个步骤和各项数据之间存在密切的联系。在实际工作中,任何一个步骤脱节、一个手续遗漏或一项数据错记都会使会计信息不正确、不及时,进而影响整个经济管理、预测和决策活动。如果没有专门的会计机构并配备高素质的会计人员认真制定并严格执行会计法规和会计制度,就无法保证这一系列程序的顺利进行。

2. 有利于确保会计工作与其他经济管理工作协调一致

会计是经济管理的一个重要组成部分,它既有独立的职能,又与其他经济管理工作有着密切的联系。它们在共同的目标下相互补充、相互促进,又相互影响。这一特点要求企业在组织会计工作的过程中,注意处理好财会部门与其他经济管理部门的关系,使各个部门在分工的基础上进行配合,进而开展协作,共同实现经济管理目标。

3. 有利于加强各单位内部的经济责任制

实行内部经济责任制是经济管理的有效方式,有助于正确地组织会计工作。而正确地组织会计工作,可以促使单位按照经济核算的原则行事,有效利用资金,提高经济管理水平,取得最佳经济效益。

二、会计工作组织应遵循的原则

要保证科学、有效地组织和管理会计工作,必须符合以下三项原则。

(一)统一性原则

统一性要求是指组织会计工作必须按照《会计法》《企业会计准则》以及其他相关会计法律、法规制度对会计工作的统一要求,贯彻执行国家规定的法令制度。只有按照统一要求组织会计工作,才能发挥会计工作在维护社会主义市场经济秩序,加强经济管理,提高经济效益的作用。

(二)适应性原则

适应性要求是指组织会计工作必须适应本单位经营管理的特点。各单位应在遵守国家法规和准则的前提下,根据自身业务特点及规模大小等情况,制定出相应的具体办法,采用不同的账簿组织、记账方法和程序处理相应的经济业务,以适应企业发展的需要。

(三)效益性原则

效益性要求是指组织会计工作时,在保证会计工作质量的前提下,应讲求效益,尽量节约会计工作所耗费的时间和所需的费用,杜绝机构设置重复、人员配备冗余,努力提高会计工作的效率和效益。

第二节 会计机构和会计人员

一、会计机构

(一)会计机构的设置

会计机构是执行会计准则,负责组织、领导和处理会计工作的职能部门,是由会计人员组成的。在我国,由于会计机构往往行使会计工作和财务工作的全部职权,因此,会计机构又称为财务会计机构。

由于企事业单位规模和经营管理的特点不同,其会计机构的设置不可能完全相同。《会计法》规定,各单位应当根据会计业务的需要,设置会计机构,或者在有关机构中设置会计人员并指定会计主管人员;不具备设置条件的,应当委托经批准设立从事会计代理记账业务的中介机构代理记账。一个单位是设置财务会计机构还是在有关机构中设置专职的会计人员,由各单位根据实际需要确定。一般来说,会计机构的设置既要考虑"精兵简政"的原则,又要满足加强经营管理的要求。如果会计机构设置过于庞大,会计工作分工过细,容易造成工作中相互牵扯;但如果设置过于精简,会计工作分工过于粗略,又会影响各种会计工作之间的内部牵制,不利于会计内部监督。

(二)会计机构内部组织形式

会计机构内部组织形式有集中核算和非集中核算两种。

1. 集中核算组织形式

集中核算组织形式又称统一核算形式,是指整个单位的会计工作全部集中在财务部门进行,由财务部门全面进行各项经济业务的核算,包括经济业务的总分类核算、明细分类核算、财务报表编制以及分析、检查等工作。

单位内部的各个部门、组织只对发生的经济业务进行原始记录,并对原始凭证进行初步的审核与汇总,为进行集中核算提供原始资料。

2. 非集中核算形式

非集中核算形式又称分散核算形式,是指在单位财会部门的指导下,各部门对发生的经济业务进行比较全面的核算,包括经济业务的明细分类核算、内部财务报表的编制等,而财务会计部门只根据各部门报送的资料进行总分类核算。

以上两种会计工作组织形式各有利弊。各单位可以根据本单位的实际情况选择使用相应的组织形式。但是,无论采用哪种组织形式,企业的库存现金、银行存款的收支以及债权、债务的结算都应由单位财会部门集中核算。

二、会计人员

(一)会计人员的范围

设置了会计机构,还必须配备相应的会计人员。会计人员是指具备了会计的专门知识和技能,并从事会计工作的专业技术人员。

会计人员包括从事下列具体会计工作的人员:①出纳;②稽核;③资产、负债和所有者权益(净资产)的核算;④收入、费用(支出)的核算;⑤财务成果的核算;⑥财务会计报告(决算报告)编制;⑦会计监督;⑧会计机构内会计档案管理;⑨其他会计工作。担任单位会计机构负责人(会计主管人员)、总会计师的人员,也属于会计人员。

(二)会计工作岗位设置

会计工作岗位是指一个单位会计机构内部根据业务分工而设置的职能岗位。根据《会计基础工作规范》的要求,各单位应当根据会计业务需要设置会计工作岗位。

会计工作岗位一般可分为:会计机构负责人或会计主管,出纳,财产物资核算,工资核算,财务成果核算,资金核算,往来结算,总账报表,稽核,档案管理等。开展会计电算化和管理会计的单位,可以根据需要设置相应工作岗位,也可以与其他工作岗位相结合。

会计工作岗位,可以一人一岗,也可以一人多岗或一岗多人,但出纳人员不得兼管稽核、会计档案保管和收入、费用、债权债务的登记工作。会计人员的工作岗位应当有计划地进行轮换。

档案管理部门的人员管理会计档案,不属于会计岗位。

(三)会计人员的职责和权限

1. 会计人员的职责

会计人员的职责是指会计人员在自己的工作岗位上应尽的职务和责任。根据《会计法》的规定,会计人员的主要职责包括以下内容:

(1)进行会计核算。会计人员要以实际发生的经济业务为依据,记账、算账、报账,做到手续完备,内容真实,数字准确,账目清楚,日清月结,按期报账,如实反映财务状况、经营成果和财务收支情况。进行会计核算,及时提供真实可靠、能满足各方需要的会计信息,是会计人员最基本的职责。

(2) 实行会计监督。各单位的会计机构、会计人员对本单位实行会计监督。会计人员对不真实、不合法的原始凭证,不予受理;对记载不准确、不完整的原始凭证,予以退回,要求更正补充;发现账簿记录与实物、款项不符的时候,应当按照有关规定进行处理;无权自行处理的,应当立即向本单位行政领导人报告,请求查明原因,作出处理;对违反国家统一的财政制度、财务制度规定的收支,不予办理。

(3) 拟订本单位办理会计事务的具体办法。国家规定的统一的会计法规只对会计工作管理和会计事务处理办法作出一般规定,各单位要依据国家颁发的会计法规,结合本单位的特点和需要,建立健全本单位内部使用的会计事项处理办法。

(4) 办理其他会计事项。

2. 会计人员的权限

为了保障会计人员能够很好地履行自己的职责,国家赋予了会计人员必要的工作权限。其工作权限主要有以下内容:

(1) 会计人员有权要求本单位有关部门、人员认真执行国家批准的计划、预算,即督促本单位有关部门严格遵守国家财经纪律和财务会计制度。如果本单位有关部门有违反国家法规的情况,会计人员有权拒绝付款、拒绝报销或拒绝执行,并及时向本单位领导或上级有关部门报告。

(2) 会计人员有权参与本单位编制计划、制定定额、对外签订经济合同及参加有关的生产、经营管理会议和业务会议,即会计人员有权以其特有的专业地位参加企业的各种管理活动,了解企业的生产经营情况,并提出自己的建议。

(3) 会计人员有权对本单位各部门进行会计监督,即会计人员有权监督、检查本单位有关部门的财务收支、资金使用和财产保管、收发、计量、检验等情况,本单位有关部门要大力协助会计人员的工作。

(四) 会计专业技术资格

会计专业技术职务指的是衡量会计人员业务技能技术等级的会计专业职务,从高到低依次分为正高级会计师、高级会计师、会计师、助理会计师和会计员。正高级会计师和高级会计师为高级职务,会计师为中级职务,助理会计师和会计员为初级职务。

会计专业技术资格是指担任会计专业职务的任职资格,分为初级资格、中级资格、高级资格和正高级资格。初级、中级会计资格实行全国统一的会计专业技术资格考试,高级会计师资格实行考试与评审相结合方式,正高级会计师一般采取评审方式。

通过全国统一考试取得会计专业技术资格的会计人员,表明其已具备担任相应级别会计专业技术职务的任职资格。用人单位可根据工作需要和德才兼备的原则,从获得会计专业技术资格的会计人员中择优聘任。

(五) 会计职业道德

《会计法》规定,会计人员应当遵守职业道德,提高业务素质。会计职业道德主要包括爱岗敬业、诚实守信、廉洁自律、客观公正、坚持准则、提高技能、参与管理、强化服务等八个方面。

(1) 爱岗敬业。要求会计人员正确认识会计职业,树立职业荣誉感;热爱会计工作,敬重会计职业;安心工作,任劳任怨;严肃认真,一丝不苟;忠于职守,尽职尽责。爱岗敬业是会计职业道德的基础。

(2) 诚实守信。要求会计人员做老实人,说老实话,办老实事,不搞虚假,保密守信,不为利益所诱惑;执业谨慎,信誉至上。

(3) 廉洁自律。要求会计人员树立正确的人生观和价值观;公私分明、不贪不占;遵纪守法,一身正气。廉洁自律是会计职业道德的前提,也是会计职业道德的内在要求。

(4) 客观公正。要求会计人员端正态度,依法办事;实事求是,不偏不倚;如实反映,保持应有的独立性。

(5) 坚持准则。要求会计人员熟悉国家法律、法规和国家统一的会计制度,始终坚持按法律、法规和国家统一的会计制度的要求进行会计核算,实施会计监督。会计人员在实际工作中,应当以准则作为自己的行动指南,在发生道德冲突时,应坚持准则,维护国家利益、社会公众利益和正常的经济秩序。

(6) 提高技能。要求会计人员具有不断提高会计专业技能的意识和愿望;具有勤学苦练的精神和科学的学习方法,刻苦钻研,不断进取,提高业务水平。

(7) 参与管理。要求会计人员在做好本职工作的同时,努力钻研业务,全面熟悉本单位经营活动和业务流程,主动提出合理化建议,积极参与管理,使管理活动更有针对性和实效性。

(8) 强化服务。要求会计人员树立服务意识,提高服务质量,努力维护和提升会计职业的良好形象。

第三节　会计法规体系

一、会计法规的概念

会计法规是调整会计关系、规范会计活动的法规文件,是制定其他一切会计规章制度的法律依据。

制定和执行会计法规,可以使会计规则适应社会主义市场经济发展的需要,有利于贯彻执行财经方针和政策,维护财经纪律;可以加强和规范会计工作,使会计工作有法可依、有章可循;可以保障会计人员依法行使职权,充分发挥会计在维护社会主义市场经济秩序、加强经济管理、提高经济效益中的作用。

二、我国会计法规体系的构成

我国会计法规体系按权威和法律效力区分,可分为四个层次,如图10-1所示。

(一) 会计法律

会计法律是由全国人民代表大会及其常务委员会经过一定的立法程序制定的有关会计工作的法律,是调整我国经济生活中会计关系的总规范。我国目前有两部会计法律,分别是《会计法》和《中华人民共和国注册会计师法》(以下简称《注册会计师法》)。

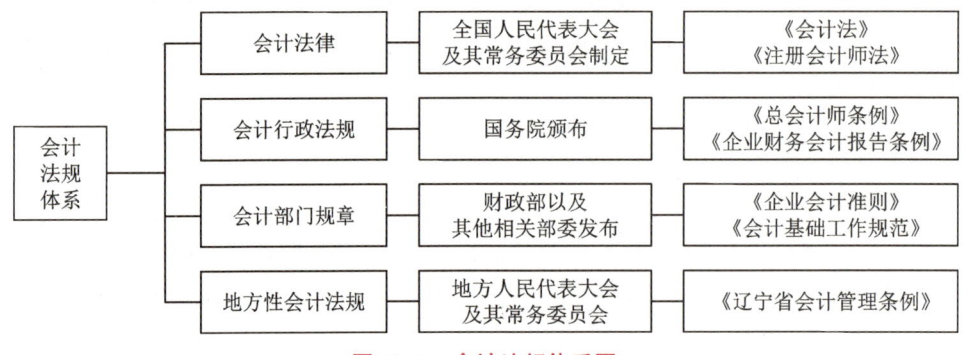

图 10-1 会计法规体系图

《会计法》是我国会计法律规范体系中层次最高、最具有法律效力的法律规范,是制定其他会计法规的依据,其他任何会计法律法规都不得与之相违背。

我国第一部《会计法》于 1985 年 1 月 21 日由第六届全国人民代表大会常务委员会第九次会议通过,分别于 1993 年 12 月 29 日经第八届全国人民代表大会常务委员会第五次会议修正、于 1999 年 10 月 31 日经第九届全国人民代表大会常务委员会第十二次会议修订。现行的《会计法》是于 2017 年 11 月 4 日由第十二届全国人民代表大会常务委员会第三十次会议修正,自 2017 年 11 月 5 日起开始实施的。

(二)会计行政法规

会计行政法规是指由国家国务院制定并发布,或者由国务院有关部门拟定并经国务院批准发布,调整经济生活中某些方面会计关系的法律规范。

会计行政法规制定的依据是《会计法》,会计行政法规的法律地位和法律效力仅次于会计法律,是一种重要的法律形式。我国当前施行的会计行政法规主要有两部,分别是《总会计师条例》和《企业财务会计报告条例》。

(三)会计部门规章

会计部门规章是指由国家主管会计工作的行政管理部门即财政部以及其他相关部委根据法律和国务院行政法规、决定、命令,在部门的权限范围内制定,调整会计工作中某些方面内容的国家统一的会计准则和规范性文件,包括国家统一的会计核算制度、会计监督制度、会计机构和会计人员管理制度及会计工作管理制度等,如《企业会计准则》《政府会计准则》《小企业会计准则》《企业会计制度》《会计基础工作规范》《会计信息化工作规范》等。

会计准则是会计人员从事会计工作的规则和指南。我国的《企业会计准则》由财政部制定,于 2006 年 2 月 15 日发布,自 2007 年 1 月 1 日起施行,此后历经多次修订和增补。我国企业会计准则主要由三部分内容构成:一是基本准则。基本准则在整个准则体系中起统驭作用,主要规范财务报告目标,会计假设,会计信息质量要求,会计要素的确认、计量和报告原则等。基本准则的作用是指导具体准则的制定和为尚无具体准则规范的会计实务问题提供处理原则。二是具体准则。具体准则主要规范企业发生的具体交易或事项的会计处理,是按照基本准则的指导原则要求对有关业务或报告做出的具体规定。三是应用指南。应用指南主要包括具体准则解释和会计科目、主要账务处理等,为企业执行会计准则提供操作性规范。基本准则是纲,具体准则是目,应用指南是补充。这三项内容既相对独立,又互为关联,构成统一整体。

(四) 地方性会计法规

地方性会计法规是指由省、自治区、直辖市人民代表大会及其常务委员会在同宪法、会计法律、行政法规和国家统一的会计准则制度不相抵触的前提下,根据本地区情况制定并发布的关于会计核算、会计监督、会计机构和会计人员以及会计工作管理的规范性文件,如《天津市代理记账管理办法》《辽宁省会计管理条例》等。

第四节　会计档案管理

一、会计档案的概念和内容

(一) 会计档案的概念

会计档案是指单位在进行会计核算等过程中接收或形成的,记录和反映单位经济业务事项的,具有保存价值的文字、图表等各种形式的会计资料,包括通过计算机等电子设备形成、传输和存储的电子会计档案。

各单位的预算、计划、制度等文件材料属于文书档案,不属于会计档案。

(二) 会计档案的内容

会计档案的内容是指会计档案的范围,具体包括以下内容:

(1) 会计凭证,包括原始凭证、记账凭证。

(2) 会计账簿,包括总账、明细账、日记账、固定资产卡片及其他辅助性账簿。

(3) 财务会计报告,包括月度、季度、半年度、年度财务会计报告。

(4) 其他会计资料,包括银行存款余额调节表、银行对账单、纳税申报表、会计档案移交清册、会计档案保管清册、会计档案销毁清册、会计档案鉴定意见书及其他具有保存价值的会计资料。

(5) 同时满足下列条件的,单位内部形成的属于归档范围的电子会计资料可仅以电子形式保存,形成电子会计档案:①形成的电子会计资料来源真实有效,由计算机等电子设备形成和传输;②使用的会计核算系统能够准确、完整、有效地接收和读取电子会计资料,能够输出符合国家标准归档格式的会计凭证、会计账簿、财务会计报表等会计资料,设定了经办、审核、审批等必要的审签程序;③使用的电子档案管理系统能够有效接收、管理、利用电子会计档案,符合电子档案的长期保管要求,并建立了电子会计档案与相关联的其他纸质会计档案的检索关系;④采取有效措施,防止电子会计档案被篡改;⑤建立电子会计档案备份制度,能够有效防范自然灾害、意外事故和人为破坏的影响;⑥形成的电子会计资料不属于具有永久保存价值或其他重要保存价值的会计档案。

二、会计档案的管理

(一) 会计档案的归档

单位的会计机构或会计人员所属机构(以下统称单位会计管理机构)按照归档范围和归档要求,负责定期将应当归档的会计资料整理立卷,编制会计档案保管清册。

当年形成的会计档案,在会计年度终了后,可由单位会计管理机构临时保管 1 年,再移交单位档案管理机构保管。因工作需要推迟移交的,应当经单位档案管理机构同意。单位会计管理机构临时保管会计档案最长不超过 3 年。临时保管期间,会计档案的保管应当符合国家档案管理的有关规定,且出纳人员不得兼管会计档案的保管。

(二)会计档案的保管

会计档案应分类保存。《会计档案管理办法》规定,会计档案的保管期限分为永久保管和定期保管两类,其中,定期保管期限一般为 10 年和 30 年,时间从会计年度终了后的第一天算起。企业会计档案的具体保管期限如表 10-1 所示。

表 10-1　　　　　　　　企业和其他组织会计档案保管期限表

序号	档案名称	保管期限	备注
一	会计凭证		
1	原始凭证	30 年	
2	记账凭证	30 年	
二	会计账簿		
3	总账	30 年	
4	明细账	30 年	
5	日记账	30 年	
6	固定资产卡片		固定资产报废清理后保管 5 年
7	其他辅助性账簿	30 年	
三	财务会计报告		
8	月度、季度、半年度财务报告	10 年	
9	年度财务报告	永久	
四	其他会计资料		
10	银行存款余额调节表	10 年	
11	银行对账单	10 年	
12	纳税申报表	10 年	
13	会计档案移交清册	30 年	
14	会计档案保管清册	永久	
15	会计档案销毁清册	永久	
16	会计档案鉴定意见书	永久	

(三)会计档案的查阅和复制

单位应当按照相关制度利用会计档案,在进行会计档案查阅、复制、借出时履行登记手续,严禁篡改和损坏。单位保存的会计档案一般不得对外借出。确因工作需要且根据国家有关规定必须借出的,应当严格按照规定办理相关手续。会计档案借用单位应当妥善保管和利用借入的会计档案,确保借入会计档案的安全完整,并在规定时间归还。单位的会计档案及其复制件需要携带、寄运或者传输至境外的,应当按照国家有关规定执行。

(四) 会计档案的移交

单位会计管理机构在办理会计档案移交时,应当编制会计档案移交清册,并按照国家档案管理的有关规定办理移交手续。纸质会计档案移交时应当保持原卷的封装。电子会计档案移交时应当符合国家档案管理的有关规定。特殊格式的电子会计档案应当与其读取平台一并移交。单位档案管理机构接收电子会计档案时,应当对电子会计档案的准确性、完整性、可用性、安全性进行检测,符合要求的才能接收。

单位之间交接会计档案时,交接双方应当办理会计档案交接手续。移交会计档案的单位,应当编制会计档案移交清册,列明应移交的会计档案名称、卷号、册数、起止年度、档案编号、应保管期限和已保管期限等内容。交接会计档案时,交接双方应当按照会计档案移交清册所列内容逐项交接,并由交接双方的单位有关负责人负责监督。交接完毕后,交接双方经办人和监督人应当在会计档案移交清册上签名或盖章。

(五) 会计档案的销毁

单位应当定期对已到保管期限的会计档案进行会计鉴定,并形成会计档案鉴定意见书。经鉴定,仍需继续保存的会计档案,应当重新划定保管期限;对保管期满、确无保存价值的会计档案,可以销毁。会计档案鉴定工作应当由单位档案管理机构牵头,组织单位会计、审计、纪检监察等机构或人员共同进行。

经鉴定可以销毁的会计档案,应当按照以下程序销毁:第一,单位档案管理机构编制会计档案销毁清册,列明拟销毁会计档案的名称、卷号、册数、起止年度、档案编号、应保管期限、已保管期限和销毁时间等内容。第二,单位负责人、档案管理机构负责人、会计管理机构负责人、档案管理机构经办人、会计管理机构经办人在会计档案销毁清册上签署意见。第三,单位档案管理机构负责组织会计档案销毁工作,并与会计管理机构共同派员监销。监销人在会计档案销毁前,应当按照会计档案销毁清册所列内容进行清点核对;在会计档案销毁后,应当在会计档案销毁清册上签名或盖章。电子会计档案的销毁还应当符合国家有关电子档案的规定,并由单位档案管理机构、会计管理机构和信息系统管理机构共同派员监销。会计档案销毁清册要永久保存。

保管期满但未结清的债权、债务会计凭证和涉及其他未了事项的会计凭证不得销毁,纸质会计档案应当单独抽出立卷,电子会计档案单独转存,保管到未了事项完结时为止。单独抽出立卷或转存的会计档案,应当在会计档案鉴定意见书、会计档案销毁清册和会计档案保管清册中列明。

本章习题

一、单项选择题

1. 下列各项中,不属于会计专业职务的是(   )。
   A. 高级会计师   B. 助理会计师   C. 会计师   D. 总会计师
2. 下列企业会计档案中,最低保管期限为10年的是(   )。
   A. 原始凭证   B. 日记账   C. 总账   D. 银行对账单
3. 我国会计工作行政管理的主管部门是(   )。

A. 财政部　　　　B. 国家统计局　　　　C. 审计署　　　　D. 国家税务总局

4. 会计人员的职责不包括( )。
   A. 进行会计核算　　　　　　　　B. 实行会计监督
   C. 编制预算　　　　　　　　　　D. 决定经营方针

5. 会计机构和会计人员对不真实、不合法的原始凭证和违法收支,应当( )。
   A. 不予受理　　B. 予以受理　　C. 予以纠正　　D. 予以反映

6. 企业的库存现金日记账和银行存款日记账的保管期限为( )。
   A. 15 年　　　　B. 3 年　　　　C. 30 年　　　　D. 永久

7. 国有的和国有资产占控股地位或主导地位的大、中型企业应设置( )。
   A. 会计师　　　B. 高级会计师　　C. 总会计师　　D. 助理会计师

8. 高级会计师资格的取得实行( )。
   A. 全国统一考试制度　　　　　　B. 考试和评审相结合制度
   C. 地方统一考试制度　　　　　　D. 评审制度

二、多项选择题

1. 下列各项工作中,出纳不得兼任的有( )。
   A. 会计档案保管　　　　　　　　B. 稽核
   C. 收入、费用账目的登记工作　　D. 债权、债务账目的登记工作

2. 根据会计法律制度的规定,下列关于总会计师地位的表述中,正确的有( )。
   A. 直接对单位主要行政领导人负责　　B. 是单位行政领导成员
   C. 是单位会计机构负责人　　　　　　D. 是单位内部审计机构负责人

3. 根据会计法律制度的规定,下列各项中,属于会计档案的有( )。
   A. 原始凭证　　B. 记账凭证　　C. 会计账簿　　D. 年度预算

4. 根据会计法律制度的规定,企业和其他组织的下列会计档案中,属于永久保管的有( )。
   A. 年度财务报告　　　　　　　　B. 纳税申报表
   C. 半年度财务报告　　　　　　　D. 会计档案销毁清册

5. 下列各项中,属于会计职业道德内容的有( )。
   A. 坚持准则　　B. 客观公正　　C. 参与管理　　D. 廉洁自律

三、判断题

1. 会计档案销毁之后,监销人应该在销毁清册上签名和盖章。　　　　　　　　( )
2. 会计工作岗位必须一人一岗。　　　　　　　　　　　　　　　　　　　　( )
3. 会计档案的保管期限是从会计年度终了后的第一天算起。　　　　　　　　( )
4. 单位应当定期对已到保管期限的会计档案进行鉴定,对保管期已满的会计档案应当按照法定程序全部销毁。　　　　　　　　　　　　　　　　　　　　　　　　( )
5. 不具备会计机构设置条件的单位,可以委托会计师代理记账。　　　　　　( )

四、业务题

1. 某公司于某年 2 月发生如下事项:

(1) 12 日,公司会计科会同档案科对单位会计档案进行了清理,编制了会计档案销毁清册,将保管期已满的会计档案按规定程序全部销毁,其中包括一些保管期满但尚未结清债

权配备的原始凭证。

(2) 23 日,会计科在例行审核有关单据时,发现一张购买计算机的发票,其"金额"栏中"10 000"元的数字有更改迹象。经查阅相关买卖合同、单据,确认更改后的金额数字是正确的。于是,会计科要求该发票的出具单位在发票"金额"栏更改之处加盖出具单位印章。之后,该公司予以受理并据此登记入账。

要求:根据会计法律制度的有关规定,回答下列问题:

(1) 该公司在销毁会计档案中是否有违反会计法律制度规定之处?说明理由。

(2) 该公司对购买计算机的发票的处理是否符合法律规定?说明理由。

2. 某汽车制造股份有限公司是国有资产占控股地位的大型企业,该公司在设立初期,经营状况良好。2023 年 9 月后,该公司在内部管理上出现混乱,公司的总会计师有严重的失职行为,为了改善该公司的内部管理,将两名会计调离会计工作岗位,其工作由该公司的出纳刘某兼任,具体负责稽核、会计档案保管工作。2023 年 11 月,该公司聘任张某担任公司的会计机构负责人,具体负责会计机构的管理工作。张某到任后,发现该公司的许多会计账簿记录与实物、款项不相符合,财务问题比较严重。

要求:根据会计法律制度的有关规定,回答下列问题:

(1) 该公司出纳人员兼任会计工作,具体负责稽核、会计档案保管工作的行为是否合法?为什么?

(2) 张某发现该公司的会计账簿与实物、款项不相符合,应当采取什么措施?